Schriftenreihe des Instituts für betriebswirtschaftliche
Forschung an der Universität Zürich

Band 53

D1722449

Dr. Peter Beriger

Quality Circles und Kreativität

Das Quality Circle-Konzept im Rahmen der Kreativitätsförderung in der Unternehmung

3., unveränderte Auflage

Verlag Paul Haupt Bern · Stuttgart · Wien

1. Auflage: 1986
2. Auflage: 1987

Die Deutsche Bibliothek – CIP-Einheitsaufnahme

Beriger, Peter:
Quality circles und Kreativität :
das Quality-circle-Konzept im Rahmen der Kreativitätsförderung in der Unternehmung /
Peter Beriger. –
3., unveränd. Aufl. –
Bern ; Stuttgart ; Wien : Haupt, 1995
(Schriftenreihe des Instituts für betriebswirtschaftliche Forschung
an der Universität Zürich ; Bd. 53)
Zugl.: Zürich, Univ., Diss., 1986
ISBN 3-258-05148-8
NE: Institut für betriebswirtschaftliche Forschung <Zürich>:
Schriftenreihe des Instituts...

Meinen Eltern
und Käthi

Quality Circles

Seit dem Erscheinen der ersten Auflage dieses Buches im Sommer 1985 sind fast zehn Jahre vergangen! Der Quality Circle Boom hat sich gelegt. An seine Stelle sind andere Quality Konzepte getreten. Total Quality Management, Lean Management, Total Quality Leadership, Business Reengineering, Qualitäts-Zertifizierung heissen diese umfassenderen Ansätze, die den Qualitätsgedanken mit Hilfe eines ganzen Pakets von Führungs-, Organisations- und Qualitätssicherungsmassnahmen ins Unternehmen tragen wollen.

Trotzdem: Die Quality Circles haben sich bewährt! Das Quality Circle Konzept ist ein Ansatz, mit dem das Leistungspotential der Mitarbeiter gefördert und ihre Kreativität geweckt werden kann!

Mit den Quality Circles können die "vielen, kleinen Probleme" am Arbeitsplatz, im Arbeitsprozess und in der Zusammenarbeit zwischen Personen und Abteilungen gelöst werden. Das QC Konzept ist weder ein Business Reengineering noch ein Turnaround-Programm und deshalb nicht geeignet, akute Krisensituationen im Unternehmen zu bewältigen oder verfehlte Organisation und Führung zu korrigieren.

Auch die Quality Circles haben einen Lebenszyklus! In einem bestimmten Unternehmensbereich können sie über 1-3 Jahre hinweg innovative Beiträge leisten und werden nachher wieder aufgelöst. Von prioritärer Bedeutung für den Erfolg ist die Auswahl und Ausbildung der QC-Moderatoren. Die Quality Circle Moderation bietet eine gute Chance für Nachwuchsleute, sich in einer Moderations- und Coaching Funktion zu bewähren, im Sinne des Mangement Developments.

Als Unternehmensberater konnte ich in einigen Firmen mithelfen, das QC Konzept einzuführen und so den Schritt "von der Theorie zur Praxis" zu vollziehen. Erfreulichstes Element dieser Beratertätigkeit ist die Erfahrung, dass sich zahlreiche Quality Circles erstaunlich schnell mit der neuen Arbeitsweise zurechtfinden und unter der Leitung eines kompetenten Moderators sehr positive Resultate hervorbringen. Die vorliegenden Erfahrungen in der Wirtschaftspraxis zeigen, dass die Quality Circles in der Lage sind, einen Beitrag zur Verbesserung von Produktivität und Motivation im Unternehmen zu leisten. Dies macht Mut, sich vertieft mit dem QC Konzept und den damit verbundenen Arbeits- und Kreativitätstechniken zu befassen.

Dazu möchte ich Sie persönlich auffordern!

Peter Beriger

"Unternehmen heisst Durchsetzen von neuen
Kombinationen"

(J. Schumpeter, 1912)

INHALTSÜBERSICHT

INHALTSVERZEICHNIS   Seite

ABBILDUNGSVERZEICHNIS

---

1. KAPITEL: GRUNDLAGEN

1.1. Einführung

Erfahrungsobjekt unserer Ausführungen sind Unternehmen, d.h. Betriebe in marktwirtschaftlichen Wirtschaftssystemen. Unternehmen sehen sich, als Sub-Systeme des marktwirtschaftlichen Systems, einer Vielzahl von immer rascher ändernden Faktoren gegenübergestellt, die ihr Gedeihen entweder begünstigen oder behindern. So ist ein beschleunigter **technologischer Wandel** festzustellen, der die Lebenszyklen von Produkten und Dienstleistungen verkürzt (Bierter 1981, 3). Der Entwicklungsrhythmus bei den Mikroelektronik-Bauelementen zum Beispiel, beträgt gegenwärtig von 1 1/2 - 2 Jahre (Klein 1982, 3). Auch die Lebensdauer unseres "Know-How's" nimmt ständig ab. Dies gilt sowohl für technisches Wissen, wie auch für Management-Wissen (Holtgrewe 1976, 30).
Die **Internationalisierung der Märkte** stellt neue Anforderungen an das Unternehmen. In zahlreichen Branchen ist eine Firma nur noch dann konkurrenzfähig, wenn sie ihre Angebote auf dem Weltmarkt durchsetzen kann. Anschauliches Beispiel dafür ist der Markt für Unterhaltungselektronik, auf dem nur noch wenige Unternehmen aus Japan und Europa ernstzunehmende Anbieter sind. Zudem drängen **neue Konkurrenten** auf dem Weltmarkt. Nachdem Japan vor einigen Jahren den Anschluss an die westlichen Industrienationen gefunden hat und diese nun gar bedrängt, arbeiten sich die sog. "Schwellenländer", wie Taiwan und Korea, zu hochindustrialisierten Nationen empor.
In den siebziger Jahren ging die bisher längste Periode anhaltenden wirtschaftlichen Wachstums zu Ende. Eine Phase der Turbulenz setzte ein. Seither wechseln die **Konjunkturzyklen** rascher und in unregelmässigeren Abständen. Dies erhöht die Anforderungen an

- 11 -

die Reaktions- und Anpassungsfähigkeit der Unternehmen (vgl.
Drucker 1980, 14).

Zunehmendes Umweltbewusstsein und die Erkenntnis, dass der Roh-
stoffvorrat der Erde begrenzt ist, führen zu schärferer Gesetzge-
bung gegenüber **Umweltbelastungen** durch das Unternehmen. Dies
schlägt vor allem auf der Kostenseite zu Buche und schmälert die
Ertragsmöglichkeiten. Ein auffallender Wandel in der **Bevölkerungsstruktur** und in der
soziokulturellen Umwelt des Unternehmens ist festzustellen. Arbeitszeitverkürzung, veränderte Konsum- und Kaufgewohnheiten,
geändertes Freizeitverhalten, Partizipation, Emanzipation und
Selbstverwirklichung sind Stichworte dafür (vgl. Kratz 1982, 17).

Diese Faktoren bewirken eine **zunehmende Komplexität der Lebens-
zusammenhänge** und stellen neue, grössere Anforderungen an die
Problemlösungskapazität von Unternehmen und Individuen (vgl.
Blümle 1983, 1). Krulis-Randa umschreibt diese Situation mit dem
Stichwort **"Umweltbedrohung"** (Krulis-Randa 1983, 1). In einem
Umfeld der Bedrohung wird nur dasjenige Unternehmen bestehen, das
ständig auf der Suche nach neuen und besseren Ideen, Alternativen
und Lösungen ist. Zudem muss es über Führungskräfte verfügen, die
das Unternehmen dementsprechend steuern können (vgl. Hayek 1983,
104). Peter Drucker drückt es so aus: "Unternehmensstrategie zielt
somit darauf ab, die neuen und neuartigen Chancen der Zukunft zu
verwerten" (Drucker 1980, 70). Bei Kieser ist zu lesen: "Das
Ueberleben der Unternehmung ist nur dann gesichert, wenn sie kontinuierlich Produkt-, Verfahrens- und Strukturinnovationen realisiert" (Kieser 1981, 1). Verbesserung von **Innovationskraft** und
Flexibilität werden zu Schlüsselfaktoren. Dem gesteigerten Bedarf an neuen und neuartigen Lösungen kann nur entsprochen werden,
wenn das durch die Mitarbeiter repräsentierte **Problemlösungs-
und Kreativitätspotential** des Unternehmens in stärkerem Umfang
genutzt wird. Eine empirische Untersuchung des Battelle-Instituts,
Frankfurt kommt zum Schluss, dass in Deutschland der Nutzungsgrad
dieses "problemlösenden Potentials" nur bei ca. 30-40% liegt (vgl.
Schlicksupp 1980, 9). Um Innovationskraft und Flexibilität im
Unternehmen zu verbessern, braucht es **Kreativität!**

Kreativitätsförderung im Unternehmen

Mit Hilfe der Kreativitätsförderung soll das Problemlösungs- und Kreativitätspotential der Mitarbeiter verstärkt genutzt werden. Dies soll zu verbesserter Effizienz, gesteigerter Innovationskraft und letztlich zu besseren Marktchancen führen. Kreativitätsförderung möchte Initiative, Teamgeist und Arbeitsmotivation der Mitarbeiter anregen (vgl. Blümle 1983, 8). Kreativität wird die Fähigkeit genannt: "Beziehungen zwischen vorher unbezogenen Erfahrungen zu finden, die sich in Form neuer Denkschemata als neue Erfahrungen, Ideen oder Produkte ergeben" (Ulrich 1975, 18). Häufig befindet sich das Unternehmen heute in sog. **"schlecht definierten Entscheidungssituationen"** (Schlicksupp 1977, 16). Es gilt komplexe Probleme zu bewältigen, für die es keine exakten Lösungen gibt und die in ähnlicher Weise zuvor noch nicht aufgetreten sind. Kreativitätsförderung im Unternehmen soll dazu beitragen, für solche schlechtstrukturierten, offenen Probleme bessere Lösungen zu finden. Kreativitätsförderung setzt beim Individuum (beim Mitarbeiter) an. Jeder Mensch verfügt über kreatives Potential; kein noch so fortgeschrittener Computer kann als kreativ bezeichnet werden (vgl. Schlicksupp 1980, 20). **Kreativitätsförderung** beinhaltet drei wichtige Komponenten:
- **Umfassende Information** über das Problem und die Gesamtzusammenhänge, in denen es zu lösen ist (=Informationsaspekt).
- Im Unternehmen muss eine **Atmosphäre** (=Arbeitsklima und Motivationsstruktur der Mitarbeiter) geschaffen werden, in der Kreativität sich entfalten kann (=Motivationsaspekt).
- Die **Methoden** kreativer Wissensverarbeitung müssen ins Unternehmen eingeführt und gefördert werden (=methodischer Aspekt) (vgl. Schlicksupp 1980, 25ff).

Wird in unseren Unternehmen Kreativitätsförderung betrieben? - Problemlösungs- und Kreativitätstechniken stehen in grosser Anzahl zur Verfügung. Die Methoden werden jedoch keineswegs ihren Möglichkeiten entsprechend praktiziert. Nachdem in den USA Mitte der fünfziger Jahre und vor allem in den sechziger Jahren ein eigentlicher **"Kreativitätsboom"** festzustellen war, griff diese Entwicklung Ende der sechziger Jahre auf Europa über. Unzählige Bü-

cher und Artikel wurden veröffentlicht. Kreativitätsseminare und
-trainings hatten ihre Blütezeit (vgl. Landau 1969, 9). In den
rezessiven siebziger Jahren wurde es wieder ruhiger um diese kreative "Euphorie". Redimensionierungs-, Restrukturierungs- und Wert-
analyseprogramme lösten das Interesse an Innovation und Kreativität ab. In den letzten Jahren kann wieder verstärktes Interesse an
Innovations- und Kreativitätsförderung festgestellt werden. Viele
Unternehmen sind sich bewusst, dass mit einem ständigen Wechsel
der wirtschaftlichen Rahmenbedingungen zu rechnen ist und Zukunftschancen vor allem über neuartige, kreative Lösungsansätze
realisiert werden können.

Das Quality Circle-Konzept (QC-Konzept)

Durch die Arbeit in sog. "Quality Circles" soll das Problem-
lösungs- und Kreativitätspotential der Mitarbeiter verstärkt genutzt werden. Durch diese Zielsetzung kann das QC-Konzept zu einem
Teil der Kreativitätsförderung im Unternehmen werden. Quality
Circles sind Gruppen von Mitarbeitern, meistens aus dem gleichen
Arbeitsbereich des Unternehmens, die sich freiwillig und regelmässig zu Arbeitssitzungen treffen. Sie identifizieren Probleme aus
dem eigenen Arbeitsbereich, suchen nach Lösungen im Hinblick auf
die Verbesserung von Arbeitsprodukt und -prozess und realisieren
die gefundenen Lösungen (Spiess 1982, 35).
Seit einigen Jahren wird dem QC-Konzept von europäischen und amerikanischen Wirtschaftspraktikern erhebliche Beachtung geschenkt.
Dies ist vor allem dem Umstand zuzuschreiben, dass die Quality
Circles in Japan stark verbreitet sind. Durch den Erfolg, den die
japanischen Unternehmen heute auf dem Weltmarkt erleben, sind
westliche Führungskräfte mehr interessiert, Erfolgsgeheimnisse der
japanischen Wirtschaft zu ergründen. "Theorie Z", "Japanische
Arbeitsmoral", "Ringi-System", "Lifelong-Employment" und "Quality
Circles" sind Stichworte zu japanischen Management-Techniken, die
in westlichen Breitengraden diskutiert werden. Nun ist das QC-Konzept sicher nicht der einzige Schlüsselfaktor für den japanischen
Erfolg. Unbestreitbar ist aber, dass diese Arbeitsgruppen in den
letzten zwanzig Jahren massgeblich zum Gedeihen der japanischen

Wirtschaft beigetragen haben (vgl. Dewar 1979, 9). In der japanischen Wirtschaft zählt man heute weit über zehn Millionen QC-Mitglieder. Amerikanische Experten schätzen die Gesamtauswirkung des
QC-Konzepts für die japanischen Unternehmen auf 20-25 Milliarden
Dollar pro Jahr (vgl. Ingle 1982, 3). Dies sind eindrückliche
Erfolgszahlen für das Konzept, das in den fünfziger Jahren von
amerikanischen Qualitätskontrollwissenschaftern nach Japan gebracht wurde. Inzwischen hat sich das Konzept auch in anderen
Ländern bewährt. Die europäischen Unternehmen befassen sich seit
etwa vier Jahren damit. Für den Einsatz in westlichen Unternehmen
muss das QC-Konzept auf das hier anzutreffende Arbeitsumfeld abge-
stimmt werden. Es lässt sich nicht einfach von Japan kopieren.

Die **Ziele des QC-Konzepts** liegen auf drei Ebenen:
- Auf der **Sachebene** sollen Arbeitsabläufe verbessert und die
  Qualität der Produkte gesteigert werden.
- Auf der **Beziehungsebene** soll die innerbetriebliche Kommunikation, die Arbeitsmotivation und die Fähigkeit zur Teamarbeit
  gefördert werden.
- Auf der Ebene der **Persönlichkeitsentwicklung** soll die Problemlösungsfähigkeit der QC-Teilnehmer verbessert und ihr kreatives Potential verstärkt genutzt werden (vgl. Spiess 1982, 36).

Kein einziges Unternehmen nutzt 100% der Leistungsreserven seiner
Mitarbeiter. Ueberall schlummern noch **Reserven an Fähigkeiten,
Ideen und ungenutzten Möglichkeiten.** In unserer Arbeit befassen
wir uns mit Konzepten, die dieses brachliegende Potential erschliessen möchten. Dabei wenden wir uns nicht solchen Ansätzen
zu, die mit Druck und Drohung zum Ziel gelangen wollen, sondern
jenen, die die Mitarbeiter verstärkt **einbeziehen** und **motivieren** möchten. Der Präsident einer grossen japanischen Autorei-
fen-Fabrik hat diesen Gedanken so umschrieben: "Through everyone's
participation we will become best!" (Ingle 1982, 3).
Welchen Beitrag leistet das Quality Circle-Konzept im Rahmen der
Kreativitätsförderung in der Unternehmung? Sind das QC-Konzept und
Kreativitätsförderung geeignet die Zukunftschancen des Unternehmens zu verbessern?

1.2. Aufgabenstellung und Zielsetzung

In dieser Arbeit wird untersucht, welchen **Beitrag** das **Quality Circle-Konzept** an die **Kreativitätsförderung im Unternehmen** leisten kann. Es interessiert uns auch, welcher Stellenwert
den **Problemlösungs-** und **Kreativitätstechniken** in diesem Zusammenhang zukommt. In Abbildung 1 ist das Untersuchungsobjekt dargestellt:

Abb. 1: Untersuchungsobjekt:

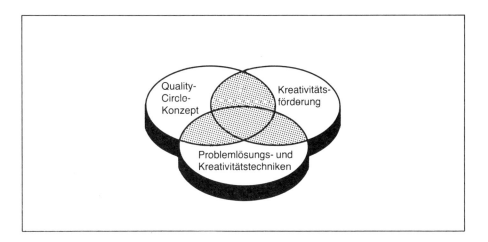

Unser Untersuchungsobjekt ist abgegrenzt, einerseits durch den
Problemkreis der Kreativitätsförderung im Unternehmen, andererseits durch das QC-Konzept und die Problemlösungs- und Kreativitätstechniken. Für unsere Arbeit sind vor allem die Schnittstellen
zwischen diesen Problemkreisen interessant.

Abbildung 2 verdeutlicht die Aufgabenstellung mit Hilfe einer Ziel-/Mitteldarstellung:

Abb. 2: **Ziel-/Mitteldarstellung des Untersuchungsobjekts**

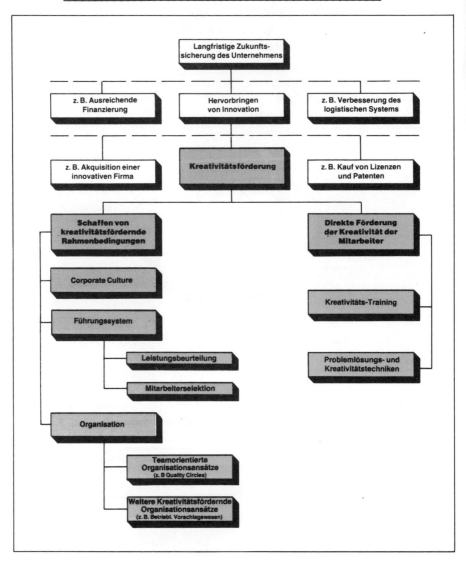

In Abbildung 2 ist der Rahmen unserer Untersuchung abgesteckt:

Für die **langfristige Zukunftssicherung** muss das Unternehmen Innovationen hervorbringen. Dies wird umso eher gelingen, in je stärkerem Umfang das kreative Potential der Mitarbeiter genutzt wird. **Kreativitätsförderung** ist ein Weg hierfür, als Alternative käme z.B. das Aufkaufen von Patenten und Lizenzen in Frage.

Im Rahmen der Kreativitätsförderung können einerseits die **kreativitätsfördernden Rahmenbedingungen** (Führung, Organisation, Corporate Culture) verbessert werden, andererseits muss **direkte Kreativitätsförderung** (Kreativitätstraining, Einsatz von Kreativitätstechniken) betrieben werden. Das Quality Circle-Konzept wird in dieser Darstellung als ein teamorientiertes Organisationsprinzip verstanden, das einen Beitrag an die kreativitätsfördernden Rahmenbedingungen leisten kann. Durch den Einsatz von Problemlösungs- und Kreativitätstechniken in Quality Circles wird auch direkte Kreativitätsförderung betrieben.

Der **Wirtschaftspraxis** sollen Anregungen vermittelt werden, wie heute Kreativitätsförderung betrieben werden kann. Die Arbeit beschränkt sich nicht auf die Darstellung von theoretischen Konzepten und Methoden, sondern schildert, wo immer möglich, praktische Erfahrung. Dies soll dem Praktiker Hilfestellung bei der Implementierung leisten.
Dem **wissenschaftlichen Bereich** möchte die Arbeit Anstoss geben, neue Möglichkeiten der Kreativitätsförderung vermehrt zu diskutieren. Zum Thema Kreativität und Kreativitätsförderung steht sehr umfassende Literatur zur Verfügung. Auch zum QC-Konzept sind in den letzten Jahren, vor allem in den USA, eine Vielzahl von Publikationen erschienen. Es fehlen Arbeiten, die das QC-Konzept unter dem Aspekt der Kreativitätsförderung untersuchen. Wir möchten mithelfen, diese Lücke zu schliessen.

1.3. Vorgehen

Abb. 3: Aufbau der Arbeit

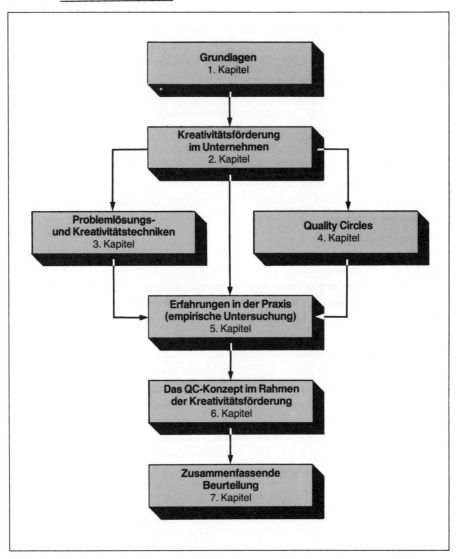

Die Arbeit gliedert sich in drei Hauptteile:

I) Erarbeiten der **theoretischen Grundlagen** zu den Themenkreisen Innovation, Kreativität, Kreativitätsförderung, Pro-
blemlösungs- und Kreativitätstechniken und für das Quality
Circle-Konzept. Dieser Teil der Arbeit umfasst die Kapitel
1-4.

II) Durchführung und Auswertung einer **empirischen Untersuchung.** Die theoretische Basis soll durch diesen Vorgehens-
schritt im Hinblick auf ihre Richtigkeit und Bedeutung für
die betriebliche Realität untersucht werden. Dieser Teil der
Arbeit ist im 5. Kapitel zu finden.

III) Im 6. und 7. Kapitel werden **Schlussfolgerungen** gezogen.
Es wird gezeigt, welchen Beitrag das QC-Konzept im Rahmen der
Kreativitätsförderung in der Unternehmung leisten kann. Es
wird diskutiert, in welchem Umfang die beschriebenen Konzepte
dazu geeignet sind, die Zukunftschancen der Unternehmung zu
verbessern.

1.4. Arbeitsgrundlagen

Der Verfasser konnte im Rahmen seiner Tätigkeit am Zentrum für
Unternehmungsführung an zahlreichen Kursen zur Thematik "Innova
tions- und Kreativitätsförderung", sowie "Arbeit in Quality Circles" teilnehmen. Der Kontakt und die Diskussion mit den Referen-
ten und den teilnehmenden Praktikern aus Unternehmen aller Branchen, brachten Impulse, sich intensiver mit diesem Problemkreis zu
befassen. Bei firmeninternen Ausbildungsveranstaltungen konnte der
Verfasser als Seminarleiter die Anwendung von Kreativitätstechniken unterrichten und als beauftragter Berater in einem schweizerischen Industriebetrieb das QC-Konzept selbst einführen. Interviews, Firmenbesuche und ein Fragebogen, der an ausgewählte Unternehmen verschickt wurde, ergänzten die Arbeitsgrundlagen für den
empirischen Teil. Bearbeitet wurde auch die, in umfangreichem
Masse zur Verfügung stehende Literatur über Kreativitätsforschung,
zu den Problemlösungs- und Kreativitätstechniken, sowie die heute
verfügbaren Erscheinungen zum Quality Circle-Konzept in Europa und
in den USA.

1.5. Forschungsmethode

Erkenntnisobjekt der Arbeit (1) sind Aussagen zur Lösung von Problemen, die sich bei der Kreativitätsförderung in privatwirtschaftlichen Unternehmen stellen. Das gewählte wissenschaftliche Ziel ist **pragmatisch** (2). Es sollen situations-adäquate Handlungsweisen für die Kreativitätsförderung und den Einsatz des QC-Konzepts im Unternehmen aufgezeigt werden. Den theoretischen Aussagen werden, wo immer möglich, Erfahrungen der Wirtschaftspraxis gegenübergestellt. Damit möchten wir den Bezug zur betrieblichen Realität sicherstellen.

(1) Zum Erkenntnisobjekt: (vgl. Brauchlin 1978, 328).

(2) Als pragmatisches Wissenschaftsziel verstehen Hill, Fehlbaum, Ulrich die Nutzbarmachung der Wirklichkeitserkenntnis für die Wirklichkeitsgestaltung (vgl. Hill/Fehlbaum/Ulrich 1974, 34).

2. KAPITEL: KREATIVITÄTSFÖRDERUNG IM UNTERNEHMEN

2.1. Grundlagen zur Kreativitätsproblematik

Die Ansatzpunkte für Kreativitätsförderung im Unternehmen sind vielfältig. In diesem Kapitel wird auf die wichtigsten Möglichkeiten eingegangen. Vorangestellt ist eine Diskussion der grundlegenden Begriffe. Das Kapitel soll einen Ueberblick über den Stand und die Richtungen der Kreativitätsforschung schaffen. Die Rahmenbedingungen für Innovations- und Kreativitätsförderung im Unternehmen werden diskutiert. Dies bildet den Hintergrund, für die Betrachtung von Methoden und Konzepten der Kreativitätsförderung in den folgenden Kapiteln.

2.1.1. Der Kreativitätsbegriff

1950 wurde der Begriff "Kreativität" vom amerikanischen Psychologen Joe P. Guilford geprägt (vgl. Guilford 1971, 6ff). Er verwendete ihn als Oberbegriff über die, bis zu diesem Zeitpunkt durchgeführten Forschungen zu Phänomenen des Erfindens, Entdeckens und produktiven Denkens, in denen mit Begriffen wie "Genialität", "Originalität" und "Imagination" gearbeitet wurde. Eine Vielzahl von unterschiedlichen Begriffsdefinitionen ist seither entstanden. Johannson versteht unter Kreativität "Die Fähigkeit eines Individuums oder einer Gruppe, phantasievoll, assoziativ und gestaltend zu denken und zu handeln, um dadurch mit bewussten oder unbewussten Zielen etwas Neues zu erreichen oder hervorzubringen" (Johannson 1978, 11). Einig sind sich die Kreativitätsforscher darüber, dass jedem kreativen Prozess eine gemeinsame Fähigkeit zu Grunde liegt. Die Fähigkeit, **Beziehungen zwischen vorher unbezogenen Erfahrungen zu finden, die sich in Form neuer Denkschemata als neue Erfahrungen, Ideen oder Produkte ergeben** (Ulrich 1975, 18).

2.12. Abgrenzung von Innovation und Kreativität

Oft werden die beiden Begriffe "Kreativität" und "Innovation" synonym verwendet. Wir erachten es als wichtig, zwischen diesen beiden Begriffen zu **differenzieren** und schliessen uns der Auffassung von Krulis-Randa an, der sinngemäss dazu schreibt: "Kreativität ist der gedankliche Prozess des Schaffens von Ideen zur Problemlösung. Allerdings besteht zwischen dem Erzeugen und dem Realisieren von Ideen ein grosser Unterschied. Kreativität umfasst die Ideenproduktion (den **Input in den Problemlösungsprozess**). Innovation umfasst die Problemlösung, die sich aus der Idee ergibt (den **Output des Problemlösungsprozesses**) (Krulis-Randa 1971, 1).

Abb. 4: Abgrenzung des Innovations- und Kreativitätsbegriffes

INPUT	PROZESS	OUTPUT
Ideen ➡	▨	Problemlösungen ➡
Kreativität		Innovation

Abbildung 4 zeigt die kreative Problemlösung als Input-/Output-Prozess. Es erscheint uns richtig, immer dann von Kreativität zu sprechen, wenn der Aspekt des "Generierens von Ideen" im Vordergrund steht und den Begriff Innovation für die Einführung und praktische Nutzung einer Neuerung zu gebrauchen. Theodore Levitt drückt es so aus: "Kreativ sein heisst etwas Neues erdenken; innovieren heisst etwas Neues tun" (Levitt 1981, 96). Innovationskraft eines Unternehmens zeigt sich in einem kontinuierlichen Strom neuer Produkte und Dienstleistungen, sowie in einer insgesamt

schnelleren Reaktion auf veränderte Marktverhältnisse und andere
Umweltveränderungen (Peters/Waterman 1983, 45). Innovationen sind
Aenderungsprozesse, die von der Unternehmung erstmals durchgeführt
werden. Dabei können folgende Arten von Innovationen auftreten
(vgl. Schwarz 1977, 155):
- **Produkt-** bzw. **Angebotsinnovationen** (neue Produkte oder
  Dienstleistungen)
- **Verfahrensinnovationen** (neue Technologien und Aenderungen
  technologischer Arbeitsprozesse)
- **Strukturinnovationen** (Aenderungen der Aufgabenverteilungs-,
  und Kommunikationsbeziehungen)
- **Personelle Innovationen** (Einstellung, Entlassung und Ver-
  haltensbeeinflussung der Organisationsmitglieder).

Kreativität ist die Voraussetzung für Innovation, letztere die
Folge eines Umsetzungsprozesses. Dieser Umsetzungsprozess wird
immer komplexer (vgl. Vauthier 1979, 19). Von der inspirierenden
Idee bis zur fertigen Marktleistung sind viele Hürden zu nehmen.
Die interdisziplinäre Natur komplexer Probleme bedingt Weitergabe
und Verbreitung der Idee. Voraussetzung für Innovation ist deshalb
nicht nur Kreativität, sondern auch **Kommunikation**.

2.13. Verschiedene Aspekte von Kreativität

Die systematische Erforschung des Phänomens Kreativität ist erst
wenige Jahrzehnte alt, trotzdem liegt umfangreiches, empirisches
Forschungsmaterial zu einzelnen Teilaspekten vor. Zu den wichtigsten Erkenntnissen der Kreativitätsforschung gehören Untersuchungen (1):
- zum Ergebnis kreativen Schaffens (**kreatives Produkt**)
- zum Ablauf des **kreativen Prozesses**
- zur **kreativen Persönlichkeit**
- zum **kreativen Problem** (Situation, die Kreativität bedingt)
- zur **Umweltsituation**, die Kreativität fördert oder verhin-
  dert.

(1) vgl. (Ulrich 1975, 19ff), (Dehr 1981, 8ff)

Abb. 5: Die verschiedenen Aspekte von Kreativität

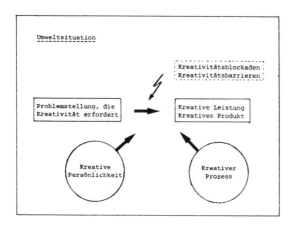

Die Forschungsergebnisse zu den, in Abbildung 5 dargestellten, grundlegenden Erscheinungsformen von Kreativität, erklären jeweils Teilaspekte des Phänomens. Sei dies aus verhaltensanalytischer, gestaltungspsychologischer, intelligenzpsychologischer oder motivationstheoretischer Sicht. Die wichtigsten Ergebnisse werden in den folgenden Abschnitten skizziert.

2.131. Produkt der Kreativität

Den Output des kreativen Problemlösungsprozesses haben wir als Innovation bezeichnet. Kreativität manifestiert sich sehr augenfällig im "innovativen Gehalt", der durch sie geschaffenen Produkte und Ergebnisse. Kreative Leistungen sind jedoch in den wenigsten Fällen absolut neu, sondern meist lediglich neue Kombinationen, neue Anwendungen oder neue Betrachtungsweisen von schon Bekanntem (Ulrich 1975, 20). Wann kann eine Leistung, ein Produkt oder ein Ergebnis als kreativ bezeichnet werden? - Die Ansichten darüber gehen in der Literatur weit auseinander. Für die einen ist eine kreative Leistung alles, was für den Schaffenden subjektiv neu ist; für die anderen ist etwas erst kreativ, wenn es der Allgemeinheit zuvor unbekannt war und von hohem sozialen Nutzen ist. Krulis-Randa zitiert in diesem Zusammenhang den Kreativitätsforscher Morris I. Stein, der folgenden Kompromiss vorschlägt: "The development of new and original ideas that have value to a significant group of other persons is creativity". (Krulis-Randa 1971, 7). Um subjektiv neue Erkenntnisse einordnen zu können, wird zwischen **kreativen** und **imaginativen Leistungen** unterschieden. Imaginative Leistungen existieren in der privaten Welt des Individuums; kreative Leistungen halten der Realität stand. Jedermann hat Träume, Phantasien und Wünsche. Diese bleiben in der Welt der Imagination, wenn sie nicht an andere kommuniziert werden können (Krulis-Randa 1971, 7). Wir wollen uns dieser Auffassung anschliessen und etwas als kreativ bezeichnen, wenn es einen gewissen **Neuigkeits-** und **Originalitätswert** hat und zudem für bestimmte **Personengruppen wertvoll** ist.

2.132. Der kreative Prozess

Die Kreativitätsforschung hat zahlreiche Erklärungsmodelle für den Ablauf kreativer Denkprozesse entwickelt. Für die Unternehmenspraxis sind diese Erkenntnisse aus zwei Gründen interessant: Erstens lassen sich, aufbauend auf solche Forschungsergebnisse, im Unternehmen **Rahmenbedingungen** realisieren, die den kreativen Prozess begünstigen. Zum Zweiten können **Methoden** und Techniken konzipiert werden, die Kreativität stimulieren (vgl. Schlicksupp 1980, 24f).

Der kreative Prozess kann als **intrapersonaler Vorgang** (beim einzelnen Individuum) und als **interpersonaler Vorgang** (innerhalb der Gruppe) ablaufen. Er umfasst bestimmte, aufeinander folgende Phasen, die einzeln analysiert werden können.

Abb. 6: Phasenmodelle des kreativen Prozesses

Poincaré:	Präparation	→	Inkubation	→	Illumination	→	Verifikation

Krulis-Randa:	Fact-Finding		Idea-Finding		Solution-Finding
	- Problemdefi- nition - Problemanalyse	→	- Ideenproduktion - Fortentwicklung und Kon- kretisierung der Ideen	→	- Evaluation - Selektion - Realisierung

Kognitive Hauptaktivität:	Strukturieren	Assoziieren	Kombinieren	Ausgestalten	Kommunizieren

Poincaré hat 1913 als erster die Phasen des kreativen Prozesses definiert und diesen systematisch gegliedert (vgl. Abb. 6). Er unterscheidet vier Hauptphasen: die **Vorbereitungs-**, **Inkubations-**, **Illuminations-** und **Verifikationsphase** (Poincaré, in: Ulrich 1975, 30).

In der **Vorbereitungsphase** tritt das Problem ins Bewusstsein. Die Problemelemente werden identifiziert und analysiert um so eine genaue Definition der zu lösenden Aufgabe zu erarbeiten. In dieser Phase wird strukturiert, rekapituliert, sowie Ideen, Information und Daten gesammelt.

Während der **Inkubationsphase** spielen unbewusste Denkprozesse eine grosse Rolle. Im Unterbewusstsein arbeitet der Mensch am Problem weiter, auch während er sich mit anderen Dingen befasst. Das, in der Vorbereitungsphase erarbeitete problembezogene Material, wird dem eigenen Erfahrungsmaterial verglichen und in Verbindung gebracht. Aus den unzähligen Konstellationen, die in dieser Phase im Unterbewusstsein kombiniert werden, kann die eine oder andere einen weiterführenden Lösungsansatz beinhalten.

In der **Illuminationsphase** (auch Inspirations-, Inventions-
oder Erleuchtungsphase genannt) kommt es zum unvermittelten,
plötzlich auftretenden "Aha-Erlebnis". Das bis dahin noch undurch-
sichtige Denkmaterial wandelt sich zu einer deutlichen und sinnvollen Erkenntnis. Die Idee liegt plötzlich klar umrissen vor,
meistens jedoch noch nicht in einer realisierbaren Form.

In der **Verifikations-**, **Gestaltungs- und Verbreitungsphase** wird
die Idee auf ihre Neuigkeit, Anwendbarkeit und Brauchbarkeit untersucht. Realisations- und Kommunikationsfähigkeit spielen in
dieser Phase eine grosse Rolle. Die Idee, die in der imaginativen
Sphäre des Individuums aufgetreten ist, muss so dargestellt werden, dass sie für die Umwelt greifbar wird und eine sachliche,
kritische Beurteilung möglich ist. Diese Phase ist das Bindeglied
zwischen der kreativen Idee und der im Unternehmen realisierbaren
Innovation (1). Krulis-Randa sieht diesen Prozess ähnlich (vgl.
Krulis-Randa 1971, 14). Am Anfang steht das **"Fact-Finding"**.
Während dieser Phase wird das Problem definiert und analysiert.
Nach ähnlichen Erscheinungen in anderen Bereichen wird geforscht
und alle verfügbaren Daten zusammengetragen. Darauf folgt die
Phase der **Ideenfindung**. Es werden möglichst viele Ideen produziert und die ersten Ideenansätze zu konkreteren Ideen und Vor-
schlägen verdichtet. In der Phase des **"Solution-Finding"** erfolgt die Evaluation und Selektion, sowie die praktische Ausgestaltung und Realisierung der Lösung.

Der kreative Prozess läuft nicht in geradliniger Form in einer
Richtung ab, sondern muss als **komplexer Vorgang mit Feedback-
Möglichkeiten** zwischen den einzelnen Phasen gesehen werden. Pro-
blemlösungs- und Kreativitätstechniken nutzen die Erkenntnisse des
Ablaufs kreativer Denkprozesse. Sie ermöglichen die Umsetzung
dieser theoretischen Forschungsaussagen in wirtschaftlich nutzbare

(1) Zum kreativen Prozess, vgl. (Krulis-Randa 1971, 8ff),
    (Haseloff 1972, 76ff), (Ulrich 1975, 24ff), (Brauchlin 1978,
    297f)

Ergebnisse. Unser Exkurs in die Kreativitätsforschung ist deshalb nicht graue Theorie, sondern bildet den realen Hintergrund praktische Kreativitätsförderung im Unternehmen.

2.133. Die kreative Persönlichkeit

Dieser Zugang zum Kreativitätsbegriff befasst sich mit der Frage: "Welche Menschen sind kreativ?". Der persönlichkeitsorientierte Ansatz ist sehr stark erforscht. Das bekannteste Modell stammt von J.P. Guilford und ist in den fünfziger Jahren mit Hilfe der Faktorenanalyse entwickelt worden (vgl. Guilford 1967, 2ff). Guilford unterscheidet sechs unabhängige, nicht weiter zurückführbare **kreative Eigenschaften** (sog. "Aptitude Trates") und zahlreiche weitere kreative Eigenschaften ("Non-Aptitude Trates"). Nicht weiter zurückführbare Kreativitätsfaktoren sind in Guilford's Modell:

1. **Sensitivität** für Probleme
2. **Gedankengeläufigkeit** (Wort-, Assoziations-, Ausdrucks- und Ideengeläufigkeit)
3. **Flexibilität**
4. **Originalität**
5. **Neudefinitionsfähigkeit**
6. **Ausarbeitungsfähigkeit**

Aufbauend auf diesen Einzelfaktoren sind Tests entwickelt worden, mit denen die kreativen Eigenschaften eines Menschen gemessen werden können. Daraus lässt sich dann mit Hilfe des Guilford'schen Modells ein sog. **"CQ = Kreativitäts Quotient"** errechnen, der ähnlich dem "IQ = Intelligenz Quotient" ein relatives Mass für die kreativen Eigenschaften einer Person darstellen soll (vgl. Guilford/Hoepfner 1976, 167ff). Vor vorschnellen und weitreichenden Schlussfolgerungen aus solchen IQ's und CQ's soll hier jedoch ausdrücklich gewarnt werden.

Zahlreiche weitere kreative Eigenschaften und Charakterzüge sind in der Literatur beschrieben (1): Initiative, Freude an komplexen

(1) vgl. (Delhees 1981, 2ff), (Brauchlin 1978, 294ff), (Nütten/-Sauermann 1985, 26ff), (Smith 1985, 46ff)

und schwierigen Problemen, Erfolgsmotivation, Unkonventionalität, Frustrationstoleranz, Humor usw. gelten als Faktoren, die kreativen Personen zugeschrieben werden. Einschränkend ist hier anzumerken, dass Persönlichkeitsmerkmale nicht unveränderlich vorgegeben sind, sondern sich im Laufe der Zeit weiterentwickeln und verändern. Zudem kann durch Kreativitätstraining eine Verbesserung der kreativen Fähigkeiten erreicht werden. Dies ist ja entscheidend für unsere Bemühungen, Kreativitätsförderung an der Basis des Unternehmens mit Hilfe von Quality Circles betreiben zu wollen. Edison beschreibt das Genie wie folgt: "Genialität ist 1% Inspiration und 99% Perspiration" (Zitat bei Krulis-Randa 1971, 15).

Der kreativen Problemlösung stehen eine ganze Reihe von Sperren entgegen, die im Menschen selbst begründet liegen. Adams hat diese **persönlichkeitsbedingte Sperren** sehr gründlich analysiert (vgl. Adams 1974). **Auffassungssperren** (Perceptional-Blocks) entstehen bei der Problemerfassung. **Emotionale Sperren** (Emotional-Blocks) beeinflussen uns bei der Betrachtung eines Problems. **Kulturelle Sperren** (Cultural-Blocks) entstehen durch vorgegebene kulturelle Muster. **Intellektuelle Sperren** (Intellectual-Blocks) treten auf, wenn Informationen falsch gesammelt, formuliert oder verarbeitet werden. **Ausdruckssperren** (Expressive-Blocks) liegen in der Schwierigkeit begründet Gedanken und Ideen an andere Menschen weiterzugeben. **Phantasiesperren** (Imagination-Blocks) stören die Freiheit, Ideen zu variieren und zu manipulieren. Diese Sperren für kreatives Denken existieren in unterschiedlicher Intensität und Ausprägung in uns allen. Kreativitätsförderung ist deshalb auch **Verhaltensänderung,** Arbeit an uns selbst. Es gilt die stärksten Kreativitätssperren zu erkennen und zu versuchen diese abzubauen.

Faktorenanalytische Persönlichkeitstheorien (wie z.B. das Modell von Guilford) vernachlässigen die wechselseitigen Zusammenhänge zwischen Persönlichkeit und Umweltsituation. Gerade diese Zusammenhänge sind aber, für ein Konzept der Kreativitätsförderung im Unternehmen, äusserst wichtig. Trotzdem spielt die Kenntnis von kreativen Persönlichkeitsmerkmalen in der Praxis eine gewisse

Rolle. Hinweise auf das kreative Potential eines Mitarbeiters oder Bewerbers können mit ihrer Hilfe auf einfache Art und Weise gewonnen werden. Darauf kommen wir in Abschnitt 2.2122. (Mitarbeiterselektion) noch zu sprechen.

2.134. Probleme, die Kreativität erfordern

Welches sind die typischen Merkmale jener Probleme und Situationen, die nur mit Kreativität bewältigt werden können? - Kennzeichen solcher Probleme ist es, dass sie **schlechtstrukturiert** sind. Im Gegensatz zu den wohlstrukturierten Problemen, für die eine richtige, optimale Lösung gefunden werden kann, sind diese Probleme **offen, komplex** und der Problemlöser befindet sich in einer **Pioniersituation** (vgl. Ulrich 1975, 24).

Abb. 7: Schlecht- bzw. wohlstrukturierte Probleme

Wohlstrukturierte Probleme (Routinedenken führt zum Ziel)	Schlechtstrukturierte Probleme (Kreatives Denken ist nötig)
- Ziel bekannt. Ziel kann sicher erreicht werden. - Situation bekannt, schon früher erlebt, bisheriges Wissen passt auf Situation. - Lösung kann optimiert werden, richtige logische genaue Lösung möglich. - Sichere und beruhigende Situation, keine Lernprozesse notwendig, führt nicht zu neuem Wissen.	- Ziel schlecht strukturiert, offen, Ungewissheit, ob Ziel erreicht wird. - Situation neu, Komplex. Bisheriges Wissen muss transformiert werden. - Pioniersituation, nur relativ beste Lösung möglich; alogisch, ungenau, Irrtum, Fehler möglich. - Verwirrende Situation. Lernprozesse sind nötig. Neue Erfahrungen werden gemacht.

Abbildung 7 zeigt Merkmale von wohlstrukturierten und schlechtstrukturierten Problemen. Ein schlechtstrukturiertes Problem ist z.B. die Konzeption einer Werbekampagne für ein neues Produkt. Ein wohlstrukturiertes Problem ist z.B. die Berechnung des Treibstoff-

verbrauches eines Motors bei einer bestimmten Geschwindigkeit.
Die Probleme, die ein Unternehmen zu lösen hat, um in der heutigen
Situation erfolgreich zu sein, sind typischerweise **schlecht-
strukturiert** (vgl. Krulis-Randa 1971, 1). Zu ihrer Lösung
braucht es Kreativität und es sind Lernprozesse zu durchlaufen.
Dies macht deutlich, welche Bedeutung der Kreativitätsförderung im
Unternehmen heute zukommen sollte.

2.135. Kreative Umwelt

Die Umweltsituation (z.B. die Arbeitsumwelt in einem Unternehmen
oder das gesellschaftliche Umfeld) stimuliert und beeinflusst das
Individuum und seine kreativen Möglichkeiten (vgl. Drucker 1967,
49ff). Andererseits verändert und gestaltet das Individuum die
Umwelt. Die Interaktionen zwischen Umwelt und Individuum bestehen
aus Informationen, Gedanken, Ideen, Geld, Waren usw. Sie können
den kreativen Prozess positiv oder negativ beeinflussen.

Das Ziel von Kreativitätsförderung im Unternehmen, muss es darum
sein, den kreativen Prozess entweder direkt positiv zu stimulieren
oder die Umweltfaktoren so zu beeinflussen, dass Kreativität begünstigt wird (Blümle 1983, 2). Durch Kreativitätstrainings, in
denen Methoden eingeübt und angewendet werden, kann der kreative
Prozess **direkt** in Gang gesetzt und beschleunigt werden. Ueber
die Ausgestaltung der Organisationsstruktur, der Unternehmenskultur und des Führungssystems, sowie über die Bereitstellung von
technischen, finanziellen und personellen Hilfsmitteln kann der
kreative Prozess im Unternehmen **indirekt** angeregt werden.

Sind die wesentlichen **Anreiz- und Belohnungsysteme** unserer
Wirtschaft und Gesellschaft kreativitätsfördernd angelegt? - Von
wenigen Ausnahmen abgesehen, muss diese Frage leider mit einem
klaren "Nein" beantwortet werden! Unser Erziehungssystem betont
Rationalität, Intelligenz, Fähigkeit zu sozialer Anpassung und
belohnt einseitig die Wiedergabe von bereits vorgedachtem Wissen.
Die Notengebung in der Schule und später die Beförderungsricht-
linien im Unternehmen sind auf die formellen und informellen Ver-

haltensregeln unserer Gesellschaft ausgerichtet. Sie begünstigen ein bestimmtes Soll-Verhalten. Die meisten Menschen richten sich danach und sind von der Fülle und dem Druck von repetitiven Lern- und Anpassungsvorgängen so überfordert, dass ihre Kreativität verkümmert und nur in Restbereichen (z.B. beim privaten Hobby) erhalten bleibt (vgl. Schlicksupp 1980, 9ff). Das vergessene, kreative Potential der Mitarbeiter muss deshalb wieder zum Vorschein gebracht werden. Kreativitätsfördernde Ausgestaltung der Arbeitsumwelt und Kreativitätstraining sind Massnahmen, mit denen sich das Unternehmen Zugang zu einem grossen Potential neuer Möglichkeit verschaffen kann.

2.2. Kreativitätsförderung

Kreatives Denken und Verhalten unterliegt zahlreichen persönlich-keitsspezifischen und umweltbedingten Einflussfaktoren. Kreativitätsförderung bedeutet die systematische Verbesserung der gesamten Arbeits- und Umweltssituation des Menschen im Unternehmen. Drei Komponenten sind dabei entscheidend (vgl. Schlicksupp 1980, 25ff):

1. **Verfügbares Wissen:** Ueber je mehr Informationen (Wissen um Gesamtzusammenhänge und spezifisches Know-how) der Mitarbeiter verfügt, umso vielfältiger und umfangreicher sind die, von ihm herstellbaren, originellen Denkverbindungen (= Informations-aspekt).

2. **Mechanismen der Wissensverarbeitung:** Die Kenntnis von Denk-methoden, die Phantasie, Originalität und Intuition anregen, stärkt die Fähigkeiten an schlechtstrukturierte Probleme heran-zugehen (= methodischer Aspekt).

3. **Psychologischer Aspekt:** In einer dynamischen, offenen und positiven Atmosphäre gedeiht Kreativität. Kreativität beruht also nicht zuletzt auf der Lösung von motivationalen Problemen.

Diese drei Komponenten der Kreativitätsförderung werden uns im weiteren Verlauf der Arbeit wiederholt beschäftigen. Jedes Kon-

zept, das einen kreativitätsfördernden Beitrag leisten soll, muss
Auswirkungen auf mindestens eine dieser Komponenten zeigen.

Im Systemansatz der Betriebswirtschaftslehre wird die Unternehmung
als "offenes, komplexes System" gesehen (Ulrich 1970, 112). Rühli
präzisiert diese Umschreibung und definiert das Unternehmen als
"offenes, dynamisches, komplexes, teilweise probabilistisches,
teilweise autonomes, zielgerichtetes und zielsuchendes produktives
soziales System" (Rühli 1973, 15). Das System "Unternehmung" birgt
eine Vielzahl von Ursachen für kreativitätsförderndes oder -hem-
mendes Verhalten der Systemteilnehmer. Dehr versucht, in Anlehnung
an den Systemansatz, ein **"Kreativitätssystem der Unternehmung"**
zu skizzieren (vgl. Dehr 1981, 28ff).

Abb. 8: Das Kreativsystem der Unternehmung (aus: Dehr 1981,29)

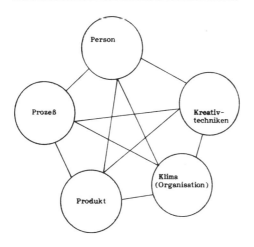

Kreativität wird in diesem Ansatz als ein Beziehungsgefüge von
unterschiedlichen unternehmensspezifischen Faktoren gesehen. Alle
Elemente des Kreativsystems (Personen, Prozesse, Kreativitätstechniken, Produkte, Klima, Organisation) beeinflussen den Grad der
Kreativität des Unternehmens. Das Kreativsystem besteht aus verschiedenen kreativitätsbeeinflussenden Elementen, zwischen denen
Beziehungen bestehen oder hergestellt werden können. Ein Konzept
der Kreativitätsförderung muss diese Elemente und Beziehungsmög-

lichkeiten berücksichtigen. Dies verdeutlicht uns die Komplexität
der Problemstellung.

Kreativitätsförderung im Unternehmen hat in der Regel mit einer
ganzen Reihe von Widerständen zu kämpfen. Diese ergeben sich zum
einen aus den bestehenden Rahmenbedingungen, zum anderen durch
Verhaltensweisen der Mitarbeiter. Müri ist der Ansicht, dass die
Suche nach diesen **"Kreativitätsblockaden"** und **"Ideenkil-
lern"** das Geheimnis der Kreativitätsförderung sei (vgl. Müri
1982, 34ff). Motivationsprobleme, Sicherheitsdenken, Wirtschaft-
lichkeitsüberlegungen, Zielkonflikte zwischen den persönlichen
Zielen und den Firmenzielen sind Faktoren, die Kreativitätsblockaden verursachen (Schlicksupp 1980, 25). Einige typische Blockaden,
wie wir sie in der Praxis häufig antreffen, sind im folgenden kurz
erläutert (1):

- Das Prinzip der **"hinausgeschobenen Beurteilung"** ist Bedin-
  gung für Kreativität. Werden ungewöhnliche Gedankenansätze bereits im Frühstadium durch Sturheit, Tradition oder destrukti-
  ves Denken erstickt, unterbleibt Kreativität. Unternehmensphi-
  losophie und Führungsprinzipien die zu spontanem, vorurteilslo-
  sem und originellem Denken anregen, müssen darum Bestandteil
  eines Konzepts der Kreativitätsförderung sein.

- **Leistungsbeurteilungssysteme** und **Karrieremechanismen**
  können den Einzelegoismus der Mitarbeiter fördern. Dies geht
  soweit, dass man einen potentiellen Konkurrenten nicht bloss
  jede Hilfe versagt, sondern sogar versucht diesem zu schaden.
  Führungs- und Beurteilungrichtlinien müssen darum Teambildung,
  die gemeinsame Verantwortung und das gegenseitige Verständnis
  fördern (vgl. Abschnitt 2.212.).

- **Arbeitsteilung** und **Funktionstrennung** im Unternehmen
  bewirken ein sog. "Kästchendenken". Der Einzelne ist nur über
  einen gewissen Umweltausschnitt im Unternehmen gut informiert.

(1) Vgl. (Nütten-Hart 1978, 34), (Blümle 1983, 4ff), (Kunz 1983,
    1ff)

Kenntnissen übergreifender Zusammenhänge basiert. Kreativitätsfördernde Organisationsformen, wie wir sie in Abschnitt 2.213.
und im Kapitel über das Quality Circle-Konzept besprechen werden, können dem entgegenwirken.

- Eingebrachte Vorschläge bleiben zuweilen im Unternehmen ohne
  jede Begründung liegen. Mitarbeiter, die die Anstrengung der
  kreativen Problemlösung erbracht haben und keinen **Feedback**
  erhalten, sehen für sich keinen Nutzen mehr weitere Ideen zu
  produzieren. Ein Vorgesetzter, der auf neue Ideen nicht oder
  gar negativ reagiert, tötet in seinem Bereich die Kreativität
  ab! Ein gut ausgestaltetes betriebliches Vorschlagswesen (vgl.
  Abschnitt 2.2133.) kann dem entgegewirken. Es wird neue Ideen
  immer anerkennen und dem Promotor einen Feedback geben.

- In grösseren Unternehmen kann auch der sog. **"Not-invented-
  here-Effekt"** als Kreativitätsblockade auftreten. Ideen und
  Vorschläge, die aus einem anderen Funktionsbereich des Unternehmens stammen, werden abgelehnt. Jeder Bereich möchte seine
  eigenen Vorstellungen durchsetzen. Durch geeignete Organisationsformen können entgegenwirkende Verständnisbrücken aufgebaut werden (vgl. Abschnitt 2.213.).

- Viele Unternehmen erwarten als oberste Tugenden von ihren Mitarbeitern **Rationalität, Logik und Unfehlbarkeit.** Im ängst-
  lichen Bemühen, diesem Rollenbild gerecht zu werden und keine
  Fehler zu machen, verschliessen sich die Mitarbeiter gegen
  Neuerungen und Aenderungen. Ungehemmter Gedankenaustausch und
  offene Zusammenarbeit können in einem solchen Klima nicht entstehen. Vertrauen in die Kollegen, Bereitschaft auch Fehler zu
  machen, Mut zu unkonventionellem Denken und Offenheit sind
  Voraussetzungen für ein kreatives Arbeitsklima.

In den nächsten Abschnitten werden Massnahmen der Kreativitätsförderung aufgezeigt. In Anlehnung an unsere "Darstellung des Untersuchungsobjektes" im ersten Kapitel (vgl. 1.2.) sind diese Massnahmen in zwei Hauptgruppen aufgeteilt. Sie umfassen einerseits
indirekte Massnahmen, die das Ziel haben im Unternehmen Rahmen-

bedingungen zu schaffen, die Kreativität erlauben und wenn möglich fördern. Andererseits Massnahmen, die **direkt** darauf abzielen, den kreativen Beitrag der Mitarbeiter zu verbessern. Bezüglich der Notwendigkeit von Kreativitätsförderung stimmen wir mit Ulrich überein, der die Ansicht vertritt: "Die Unternehmung soll die Selbstentfaltung ihrer Mitarbeiter (und damit die Möglichkeit kreativ zu sein) als Wert an sich ermöglichen und fördern und zwar auf allen Ebenen der Hierarchie!" (Ulrich 1975, 46).

2.21. Kreativitätsfördernde Rahmenbedingungen

Die organisatorischen, führungstechnischen und psychologischen Rahmenbedingungen im Unternehmen prägen die Arbeitsatmosphäre, die Arbeitsabläufe und die Zusammenarbeit der Mitarbeiter. Diese Rahmenbedingungen sind darum **mitbestimmend** für den **Kreativitätsgrad** eines Unternehmens. Sie setzen die Grenzen, innerhalb denen für die Mitarbeiter Kreativität erlaubt und wünschenswert ist. In den folgenden Abschnitten wird aufgezeigt, welchen Einfluss Führungs-, Organisationsaspekte und die unternehmensspezifische "Corporate Culture" auf die kreativen Möglichkeiten eines Unternehmens haben. Es kann dabei nicht mehr eindeutig zwischen Kreativität (als Input-Phase des Problemlösungsprozesses) und Innovation (als Output-Phase des Problemlösungsprozesses) unterschieden werden, da die Rahmenbedingungen stets Auswirkungen auf beide Prozessphasen zeigen.

2.211. Corporate Culture

Jede Unternehmung hat eine eigene **"Kultur"**. Diese prägt die Arbeitssituation der Mitarbeiter (vgl. Vedin 1980, 7). Sie wird von den Wertvorstellungen und Denkweisen der Mitarbeiter getragen und zeigt sich:
- in den Normen und **Wertvorstellungen** von Führungskräften und Mitarbeitern
- in der **Unternehmenspolitik** (Ziele, Strategien, Mittelverwendung)

- im **Erscheinungsbild** des Unternehmens nach aussen
- im **Können** und in der **Motivation** der Mitarbeiter
- im **Führungssystem** (Instrumente, Prozesse und Institutionen der Willensbildung und Durchsetzung)
- in der **Aufbau-** und **Ablauforganisation**.

Abb. 9: Das 7-S-Modell von McKinsey (aus: Peters/Waterman; in Search of Excellence: Lessons from America's Best Run Companies, New York 1982)

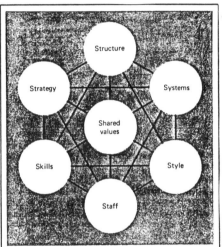

Das bekannte Modell möchte zeigen, wie Strategie, Struktur, Systeme, Stil, Personal und Know-how im Unternehmen zusammenhängen. So entstehen unternehmensspezifische Wertvorstellungen ("Shared Values"), die die firmeneigene **"Corporate Culture"** prägen (vgl. Peters/Waterman 1983, 42ff). Das Zusammenwirken dieser Faktoren schafft eine Unternehmenskultur und ein Arbeitsklima, das sich entweder kreativitätsfördernd oder -blockierend auswirkt. Pümpin sieht die "Corporate Culture" als neue, "Vierte Dimension" der Führungslehre und umschreibt sie als "Meinungs-, Norm- und Wertgefüge, das das Verhalten von Führungskräften und Mitarbeitern prägt" (Pümpin 1984, 9). Die Corporate Culture wirkt weitgehend unbewusst aber doch sehr tiefgehend. Es ist schwierig sie zu verändern (vgl. Hofstede 1980, sp. 1068ff). Zahlreiche Unternehmen machen die schmerzhafte Erfahrung, dass innovationsfördernde Mass-

nahmen scheitern, da die hierfür notwendige **"kulturelle Transformation"** nicht zu bewerkstelligen war. Matenaar schreibt in
diesem Zusammenhang: "Die Organisationskultur stabilisiert das
System nach innen... sie speichert Orientierungsdaten und prägt
damit das Set zukünftiger Strategien und Strukturen einer Unternehmung" (Matenaar 1983, 24). Ouchi beschreibt eine sog. "Type
Z-Organisation." In ihr ist ein hoher Grad an innerer Konsistenz
erreicht worden. Das Verhalten der Organisationsmitglieder gleicht
dem Verhalten eines "Clans" oder eines gut trainierten Fussball-
teams (vgl. Ouchi 1983, 83). Deal/Kennedy sehen in ihrem bekannten
Buch "Corporate Culture" die wahre Antriebsquelle der Mitarbeiter
nicht in den ökonomischen Zielsetzungen, sondern bei psychologischen Motiven, wie Zugehörigkeit und Selbstaktualisierung (vgl.
Deal/Kennedy 1982, 180).

Einer kreativitätsfördernden Corporate Culture wird es gelingen
den **"schöpferischen Funken"** der Mitarbeiter zu zünden (vgl.
Haselbeck 1983, 33ff). Damit ist ein Prozess gemeint, durch den
die Freude an neuen Ideen und unkonventionellen Ueberlegungen bei
einer breiten Basis der Mitarbeiter gefördert wird. Dadurch kann
ein Klima entstehen, in dem sich Kreativität und Motivation gegenseitig verstärken. Dieses Klima ist ansteckend und wird Mitarbeiter, die bis anhin ihr kreatives Potential nicht erkannt haben,
dazu bringen diese Fähigkeit bei sich selbst zu entdecken. Der
Einbezug einer breiten Mitarbeiterbasis ins Quality Circle-Konzept
kann durchaus als Schritt auf dem Weg zu einer solchen kreativitätsfördernden Corporate Culture gesehen werden (in Abschnitt
6.121. werden wir näher hierauf eingehen).

Unternehmensleitbilder, die die Wichtigkeit des Innovationsge-
dankens unterstreichen und umschreiben, können sich kreativitätsfördernd auswirken. Solche Leitbilder prägen die Unternehmenskultur und das Arbeitsklima mit. So ist etwa bei Ciba-Geigy in den
obersten Richtlinien für Führung und Zusammenarbeit folgendes zu
lesen (Ciba-Geigy 1981): Artikel 9: "Jeder Mitarbeiter soll die
Chance haben, durch seine Tätigkeit seine Persönlichkeit und seine
Fähigkeiten zu entwickeln".

Artikel 18: "Er sucht in seinem Tätigkeitsgebiet mit Initiative und Phantasie nach Verbesserungen im fachlichen und menschlichen Bereich. Er kann auch Vorschläge unterbreiten, die über seinen eigentlichen Tätigkeitsbereich hinausgehen".
Die Einführung von Quality Circles, mit der bei Ciba-Geigy 1982 in verschiedenen Unternehmensbereichen begonnen wurde, stützte sich tatsächlich auf diese beiden Leitbilder und Sätze ab. Dies wurde uns von einem für die QC-Einführung verantwortlichen Ciba-Geigy Manager berichtet (Köhler 1984).

Persönlichkeitsstrukturen und Verhaltensweisen der Personen auf der **obersten Führungsebene** eines Unternehmens haben grossen Einfluss auf die Innovationsfreudigkeit. Ein autoritärer, auf traditionellen Befehls- und Arbeitsschemen beharrender Mann an oberster Stelle, kann sämtliche innovationsfördernden Massnahmen zum Scheitern bringen. Dean Berry, der Leiter des Centre for Business Strategy an der London Business School weist in diesem Zusammenhang darauf hin, dass eine starke Persönlichkeit an der Spitze die ganze Wertekultur in einem Unternehmen ändern kann, wenn diese in der Lage ist, einleuchtende Ziele zu kommunizieren und eine "Mission" zu formulieren (vgl. Berry 1984, IV).

Die **obersten Unternehmensziele** beeinflussen die Corporate Culture. Kurzfristiges Profit-, Umsatz- und Marktanteilsdenken wirkt innovationshemmend. Das oberste und wichtigste Unternehmensziel (die langfristige Zukunftssicherung der Firma), wird entscheidend durch die Innovationskraft mitbestimmt (vgl. Fuchs 1984, 2). Die Entwicklung der schweizerischen Uhrenindustrie hat eine zeitlang deutlich gemacht, wie verheerend sich das Uebersehen dieses Umstandes auswirken kann. Unternehmensziele und die daraus abgeleiteten Strategien, müssen darauf ausgerichtet sein, Innovationen hervorzubringen, die die Zukunft des Unternehmens sichern können.

Die unternehmensspezifische Corporate Culture prägt das **Image** einer Firma in der Oeffentlichkeit. Die Reaktionen der Oeffentlichkeit wiederum, haben Einfluss auf die Unternehmenskultur. Kultur und Image werden langfristig übereinstimmen müssen. Ein

Unternehmen, das vom Image her als sehr konventionell und büro-
kratisch eingeschätzt wird, wird es schwer haben eine innovative,
kreative Unternehmenskultur zu fördern. Die Umwertung von Image
und Kultur wird in einem solchen Fall zu einem jahre- oder jahr-
zehntelangen Prozess. Kulturelle Transformation ist **Verhaltensänderung** nicht bloss am einzelnen Menschen (was ja auch enorm
schwierig ist), sondern an einem **komplexen System** was noch
unvergleichbar schwieriger ist! Lern- und Anpassungsvorgänge in
organisatorischen Gebilden laufen sehr langsam ab. Geradezu zwang-
haft wird zuweilen an überkommenen Routinen festgehalten, obwohl
sie für die Praxis längst jeden Sinn verloren haben (vgl. Peters/-
Waterman 1983, 37).

Kreativität am Arbeitsplatz verlangt vom Mitarbeiter volles Engagement. In einem zu verstärkter sozialer Sicherheit tendierenden,
gesellschaftlichen Umfeld wird es schwierig diesen persönlichen
Einsatz zu fördern. Der Arbeitsplatz kann hier zu einem notwendigen Uebel zum Bestreiten des Lebensunterhaltes werden. Unternehmen, denen es gelingt, auch in dieser Situation eine innovationsfreundliche Corporate Culture zu schaffen, werden deshalb mittel-
und langfristig ausgezeichnete Erfolgschancen haben.

2.212. Führung und Kreativitätsförderung

Im Mittelpunkt eines jeden Führungssystems steht der Mensch. Er
bildet das kreative Potential für die langfristige Zukunftssicherung des Unternehmens (Kurka 1982, I). Die Unternehmensführung hat
sich daher an menschlichen Verhaltensweisen, Bedürfnissen und
Erwartungen zu orientieren. Unternehmensführung muss teilweise
diametral auseinanderliegende Aspekte wie Wirtschaftlichkeit,
Leistung, Innovation, Motivation und Humanität integrieren. Rühli
umschreibt den Führungsbegriff wie folgt: "Führung ist die Gesamt-
heit der Institutionen, Prozesse und Instrumente, welche im Rahmen
der Problemlösung durch eine Personengemeinschaft (mit komplexen
zwischenmenschlichen Beziehungen) der Willensbildung (Planung und
Entscheidung) und der Willensdurchsetzung (Anordnung und Kontrolle) dient" (Rühli 1973, 27). Die **Führung** ist somit geprägt

einerseits durch den **Rahmen**, in dem sie sich abspielt (**Institution, Prozesse, Instrumente**), andererseits durch **inhaltliche Aspekte** der zu lösenden Problemstellung. Jeder der führt, beeinflusst andere Menschen bei der gemeinsamen Problemlösung (vgl. Rühli 1973, 20). Führung ist eine spezifische Art der Kommunikation. Sie wird stark von der Struktur, der zu lösenden Aufgabe und von den Fähigkeiten und Persönlichkeiten der beteiligten Personen beeinflusst (vgl. Dehr 1981, 215ff). In einem Unternehmen werden sich deshalb unterschiedliche Führungsarten herauskristallisieren, wobei im Idealfall jedes der praktizierten Führungskonzepte den Personen und Aufgaben angepasst ist. Wir haben es deshalb fast immer mit **situativer Führung** zu tun (vgl. Steinle 1975, 95ff). Dies zwingt, sich darauf zu beschränken, nach Hinweisen zu suchen, die ein kreativitätsförderndes Führungssystem aufweisen müsste.

Es existiert eine Vielzahl von, als optimal angepriesenen Führungskonzepten. "Management by Objectives", "Management by Delegation", "Management by Exception", "Harzburger Modell" usw. sind Stichworte dazu. Diese Ansätze sind hilfreich, können jedoch nicht als allgemeingültiges Konzept für gesamte Führung in einem Unternehmen angesehen werden.

Innovationsprozesse laufen in unterschiedlichen Phasen ab (vgl. Phasenmodell des kreativen Prozesses in Abb. 5). Vieles spricht nun für die Annahme, dass im Verlauf des Innovationsprozesses mehrere, der jeweiligen Phase angepasste Führungsvarianten eingesetzt werden sollten. In der Literatur wird in diesem Zusammenhang in der Phase der Ideengenerierung ein kooperativer, demokratischer Führungsstil empfohlen; in der Phase der Ideenrealisierung und Implementierung dagegen ein eher zentralistischer, autoritärer Führungsstil (1).

Schlechtstrukturierte Probleme verlangen sowohl nach **aufgaben-**, wie auch **mitarbeiterorientierter Führung:**

(1) vgl. (Ulrich 1975, 119f), (Dehr 1981, 216), (Johannson 1978, 304 ff)

Abb. 10: Managerial Grid von Blake and Mouton (Blake/Mouton in:

Schwarz 1977,269)

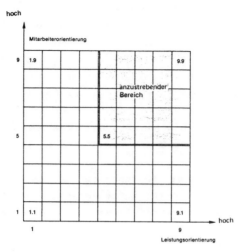

In Abbildung 10 ist die bekannte Darstellung von Blake und Mouton
zu finden. Sie zeigt das gesamte Feld möglicher Führungsarten. Im
schraffierten Bereich, zwischen 5.5 und 9.9, wird sowohl der Aufgabe, wie auch den Menschen die nötige Beachtung geschenkt. Diese
Art der Führung fördert Kreativität. Eigenschaften eines solchen
Führungssystems sind:

- Aufgabenstellung und Zielsetzung werden zwischen Vorgesetzten
  und Mitarbeitern vereinbart (vgl. Drucker 1954, 119ff)
- ein kooperativer Führungsstil auf der Basis funktionaler Autorität wird angewendet
- es herrscht ein sachliches, problembetontes Führungsklima, in
  dem aber auch auf die individuellen Bedürfnisse der beteiligten
  Persönlichkeiten Rücksicht genommen wird (vgl. Ulrich 1975,
  120f).

Diese Art der Führung basiert auf der Erkenntnis, dass kreative
Fähigkeiten, Initiative, Verantwortung und Engagement der Mitarbeiter nur dort entstehen, wo dem Einzelnen die "Chance zur
Selbstverwirklichung durch sinnvoll erlebte Arbeit in einem sozialen Gefüge" geboten wird (Fürstenberg 1964, 108).

Welche Auswirkungen hat ein autoritärer, respektive partizipativer
Führungsstil auf das Unternehmen? - Likert gibt eine Uebersicht
der grundsätzlichen Wirkungsweisen dieser zwei Führungsstilextreme
(vgl. Abb. 11).

Abb. 11: Auswirkungen von autoritären resp. partizipativen Führungssystemen (nach: Likert 1972, 185ff und Likert 1975, 13ff)

	AUTORITAER	PARTIZIPATIV
1. MOTIVATION DER MITARBEITER	Bestrafung: Furcht, gelegentlich Belohnung; starkes Verantwortungsgefühl auf den oberen Ebenen der Unternehmenshierarchie; schwaches Verantwortungsgefühl auf den unteren Ebenen der Hierarchie; Verantwortlichkeit für Zielerreichung obliegt den oberen Ebenen des Managements (Fehlen von Management-Techniken wie mbo,mbe, etc.)	Engagement und Partizipation seitens der Gruppe beim Festsetzen von Zielen (mbo vorhanden); starke gegenseitige Förderung, Mitarbeiter fühlen sich für die Zielerreichung voll verantwortlich, relative Zufriedenheit bezüglich der Unternehmung (gutes Klima)
2. KOMMUNIKATION	Untere Ebenen erhalten Anweisungen in Form von Befehlen; Vorgesetzte haben wenig Interesse an den Problemen ihrer Mitarbeiter; Kommunikation von unten nach oben ist schlecht (sehr gering); starke Kräfte, die empfangenen Informationen zu verzerren und die Vorgesetzten zu täuschen	Starke Kommunikation sowohl aufwärts als auch abwärts im System; untere Ebenen in der Hierarchie akzeptieren Anweisungen von oben, fühlen sich dennoch frei, ergänzende Fragen zu stellen; alle relevanten Informationen werden weitergeleitet
3. ZIELBILDUNG	Keine Teamarbeit; kein Einfluss der untergebenen Mitarbeiter auf den Zielbildungsprozess	Teamarbeit besteht durch die ganze Unternehmung hindurch; grosse Einflussnahme auf den Zielbildungsprozess
4. ENTSCHEIDUNGS-BILDUNGS-PROZESS	Strategische Entscheidungen werden an der Unternehmensspitze getroffen; untere Ebenen sind sich der anstehenden Probleme nicht bewusst; spezielle Kenntnisse werden genutzt, wenn sie auf den oberen Ebenen zur Verfügung stehen; Untergebene werden selten an Entscheidungen beteiligt, an deren Entwicklung sie mitgearbeitet haben	Entscheidungen werden auf allen Stufen der Hierarchie getroffen, und zwar im Rahmen von sich überschneidenden Gruppen; umfassende Information aufgrund horizontaler sowie vertikaler Informationsströme; alle Kenntnisse werden genutzt, ohne Berücksichtigung des hierarchischen Rangs des Mitglieds; Gruppenentscheide verlagern die Entscheidungsbildung auf die Stellen, wo die meisten Informationen vorhanden sind; Beteiligung an der Entscheidungsbildung bewirkt eine bedeutende Motivation
5. ANORDNUNG	Zielsetzung erfolgt mittels Anweisung; es existieren hohe Leistungsziele auf den oberen und niedrige Leistungsziele auf den unteren hierarchischen Stufen	Zielsetzung erfolgt in Gruppenarbeit; hohe Leistungsziele auf allen hierarchischen Stufen
6. KONTROLLE	Kontrollfunktion auf der obersten Ebene angesiedelt (Unternehmensspitze). Messungen zur Steuerung der Kontrollfunktion sind ungenau (Gründe dafür liegen in der Tatsache der Cliquenbildung, Freundschaften, Interssengruppen etc.); es besteht eine informale Organisation, die die Ziele der formalen Organisation bekämpft	Kontrolle vollzieht sich innerhalb der ganzen Organisation: ausgeprägtes Streben, genaue und vollständige Information zu erhalten, um sein eigenes und das Verhalten der Arbeitsgruppen zu steuern: formale und informale Organisation sind identisch; keine Zielkonflikte

Die Darstellung soll verdeutlichen, dass in einem Konzept der Kreativitätsförderung ein autoritärer Führungsstil fehl am Platz ist. Wenn Mitarbeiter zu Befehlsempfängern und -ausführern degradiert werden, ist die Entwicklung zum geschlossenen System ohne Zukunft vorprogrammiert (vgl. Blümle 1983, 4). Partizipative Führung ist viel eher dazu geeignet innovative Lösungen hervorzubringen. Lernprozesse werden angeregt, das Verständnis für die Gesamtzusammenhänge gefördert. Im Sinne einer gemeinsamen Zielbildung werden Aufgaben und Ziele von über- und untergeordneten Stellen gemeinsam erarbeitet und zugewiesen. Die Autorität des Führers ist auf Fachkompetenz ausgerichtet und nicht auf Druck, den er im Rahmen seiner Weisungsbefugnis ausüben kann. Das Ueber- und Unterordnungsverhältnis verliert an Gewicht. Die, zur kreativen Aufgabenerfüllung notwendige Motivation und emotionale Zufriedenheit der Mitarbeiter wird begünstigt (vgl. Barth 1984, 150ff). Folgende kreativitätsrelevante Verhaltensweisen können durch **partizipative Führung** gefördert werden (vgl. Dehr 1981, 220):

- Auslösen von Lernprozessen
- Aufbau einer freien Atmosphäre
- verbesserte Arbeitszufriedenheit
- verstärkte Akzeptanz neuer und fremder Ideen
- grössere Entfaltungs- und Selbstverwirklichungsmöglichkeit
- verbesserte Teamfähigkeit.

Interessant sind die Ergebnisse der McKinsey-Studie, die zum Schluss kommt, dass die besten US-Unternehmen zentralistisch und dezentralisiert zugleich geführt werden (vgl. Peters/Waterman 1983, 38f). Sie praktizieren eine sog. "straff-lockere Führung". Soviel Führung wie nötig, sowenig Kontrolle wie möglich, ist das Motto des Führungskonzeptes. Zum einen sollen Freiräume für unternehmerisches Handeln geschaffen werden, zum anderen sollen die wenigen, wirklich wichtigen Grundwerte des Unternehmens, fanatisch zentralisiert und durchgesetzt werden. Ein solches, innovationsförderndes Führungskonzept hängt stark mit der unternehmensspezifischen Corporate Culture zusammen. Die Mitarbeiter des Unternehmens können ihre individuellen, persönlichen Fähigkeiten ausschöpfen und sich durch das, von allen akzeptierte Firmenselbstverständnis, trotzdem als Teil eines Ganzen fühlen. Diese

Art der Führung entspricht weitgehend unseren Ueberlegungen zu den Hintergründen von Innovation und Kreativität.

Einige weitere Hinweise auf innovationsförderndes Führungsverhalten sollen diese grundlegenden Ueberlegungen verdeutlichen (1):
- Keine starren Schemata, wie bei der Problemlösung zu verfahren ist, sondern Autonomie bei der Sachbearbeitung
- Systematische Personalentwicklung, die die fachliche Entwicklung und die berufliche Zukunft der Mitarbeiter unterstützt
- Einbezug der Mitarbeiter in den Zielbildungs- und Entscheidungsprozess
- Glauben an Selbständigkeit, an Freiräume, an persönliche Leistung
- Politik der offenen Tür
- Sportgeist (Förderung des lockeren internen Wettbewerbs)
- Flexibilität und unpolitisches Verlagern von Resourcen
- Vorgesetzter als lebendiges, mitarbeitendes Vorbild, nicht als Autoritätsperson
- Breite und ausführliche Information über die Unternehmensziele
- Förderung der teamorientierten Problemlösung

Als einfach ausgestaltete Hilfe für den Praktiker finden wir bei Ulrich eine **"Checkliste für Vorgesetzte"** (vgl. Abb. 12). Wie kann ein Vorgesetzter dafür sorgen, dass seine Mitarbeiter bereit sind, ihr kreatives Potential voll auszuschöpfen?

(1) vgl. (Blümle 1983, 5ff), (Peters/Waterman 1983, 364ff)

Abb. 12: Checkliste für Vorgesetzte (Ulrich 1975, 123/124)

1. Kann ich die Aufgabe, meine Mitarbeiter gut zu führen, klar definieren? Was für einen Führungsstil strebe ich an?

2. Wie sehen mich meine Mitarbeiter? Autoritär? Demokratisch? Sachlich? Fair? Stur? Interessiert? Wohlwollend? (Fremdbild - Selbstbild).

3. Gebe ich meinen Mitarbeitern genügend Anerkennung?

4. Fördere ich ihr Selbstvertrauen genügend? Lebt in unseren gegenseitigen Beziehungen ein Geist des "Wir können das Unmögliche schaffen, wenn wir zusammenarbeiten"?

5. Wagen es meine Mitarbeiter, mich um Rat zu fragen, oder sehen sie darin eine Gefährdung ihres Prestiges?

6. Wie reagiere ich auf Vorschläge und Ideen, die mir nicht gefallen? Vertrauen die Mitarbeiter darauf, dass ich auch solche Ideen sachlich prüfe und weiterleite?

7. Bin ich stets bereit, Meinungsdifferenzen über die Lösung eines Problems bei passender Gelegenheit auszudiskutieren?

8. Ist meine Kritik aufbauend? Gebe ich mir genügend Mühe, stets die positiven Seiten eines Vorschlages aufzugreifen?

9. Bringe ich genügend Verständnis für schöpferische Pausen auf? Fallen meine Mitarbeiter in Betriebsamkeit, wenn sie mich sehen?

10. Funktioniert die gegenseitige Orientierung, gibt jeder dem andern offen alle Informationen?

11. Glauben meine Mitarbeiter, ich interessiere mich für ihre Ideen ebensosehr wie für meine eigenen, oder haben sie das Gefühl, dass ich allein alle Erfolge einheimsen will? Unternehme ich genügend, um ihre Ideen auszuwerten und gegenüber der Geschäftsleitung zu vertreten?

12. Betone ich genügend, dass wir uns in einer Lernsituation befinden, in der Fehler dazu da sind, daraus zu lernen?

13. Verstehe ich es, meine Mitarbeiter anzuleiten und über tote Punkte zu führen?

14. Kann jeder meiner Mitarbeiter seine Aufgabe präzis formulieren? Helfen sich meine Mitarbeiter gegenseitig aus - im Hinblick auf die gemeinsame Aufgabe?

15. Legen sie hohen Wert auf neue Problemlösungen? Verstehe ich es, sie dafür zu begeistern und das vorschnelle Festlegen auf konventionelle Lösungen zu vermeiden?

16. Unternehme ich alles, um meine Mitarbeiter zu fördern, ihnen das nötige Rüstzeug zu vermitteln, damit sie sich weiterentwickeln und grössere Verantwortung übernehmen können? Fördere ich ihre Selbständigkeit und Selbstkontrolle, oder habe ich Angst vor meinen tüchtigsten Mitarbeitern?

17. Verhalte ich mich meinen Mitarbeitern gegenüber so, wie ich es von meinem eigenen Vorgesetzten mir gegenüber erwarte?

Jeder Mitarbeiter muss des Verständnisses seines Vorgesetzten sicher sein. Nur dann ist er bereit, den kreativen Prozess, mit dem Risiko auch Falsches zu produzieren, überhaupt einzugehen. Für die Führungspraxis kann eine solche Checkliste durchaus wertvolle Anregungen geben. Wenn jeder Vorgesetzte bereit wäre, an sich selbst zu arbeiten und sich auch nur in ein bis zwei Punkten zu ändern (zugunsten eines kreativitätsfreundlicheren Verhaltens), würde dies erstaunliche Wirkung zeigen.

Als illustratives Beispiel für kreativitätshemmendes Führungsverhalten hat Rosabeth Canter die "zehn Regeln zum Verhindern von
Innovationen" aufgestellt. Diese sind in Abbildung 13 dargestellt:

Abb. 13: Zehn Regeln zum Verhindern von Innovationen
            (Canter, zitiert von Kieser 1985)

 1. Betrachte von unten kommende Ideen mit Misstrauen!
 2. Bestehe auf Zustimmung der höheren Ebene!
 3. Fordere zu Kritik auf!
 4. Kritisiere ungehemmt und unterdrücke Lob!
 5. Behandle das Aufdecken von Problemen als Fehlleistung!
 6. Kontrolliere alles sorgfältig!
 7. Fälle Reorganisationsentscheide heimlich und überfallartig!
 8. Begründe die Innovationsnachfrage!
 9. Delegiere vor allem Einsparungsprogramme!
10. Als Topmann weisst Du schon alles über dieses Geschäft!

Eine These von Wittlin soll die bis jetzt gemachten Ueberlegungen
zu einem kreativitätsfördernden Führungssystem verdeutlichen: "Wer
sich heute als selbständiger Unternehmer oder Manager einer Mitwirkung der Arbeitnehmer im betrieblichen Bereich zu widersetzen
versucht, der vergibt damit die grosse Chance, von einem Führungsmodell zu profitieren, das alle Vorteile einer Integrierung der
verfügbaren Kräfte in den Entwicklungs-, Produktions- und Vermark-
tungsprozess und einer Nutzung der Synergieeffekte zum Inhalt hat"
(Wittlin bei Müri 1982, 34).

Leistungsbeurteilungssystem und die Selektion neuer Mitarbeiter
sind zwei wichtige Führungsinstrumente, die den Kreativitätsgrad
des Unternehmens mitbestimmen. In den nächsten beiden Abschnitten
wird darauf näher eingegangen.

2.2121. Leistungsbeurteilung

Bei der Leistungsbeurteilung werden häufig **kurzfristige Mass-stäbe** angesetzt. Dem Umsatz, Gewinn und Deckungsbeitrag wird grösseres Gewicht beigemessen als langfristigen Beurteilungskriterien. Traditionelles Managment by Objectives mit Umsatz-, Marktanteiles- oder Deckungsbeitragsvorgaben fördert dieses kurzfristige Gewinnmaximierungsdenken auf Kosten langfristiger Ueberlegungen. Bis Innovationen in die Ertragszone gelangen, braucht es jedoch meistens jahrelange, mühsame Aufbauarbeit. Innovative Unternehmen schaffen Qualifikations- und Anreizsysteme, die die Mitarbeiter und Führungskräfte motivieren, ihre Kräfte auch auf neue, schlechtstrukturierte Probleme zu konzentrieren, durch die langfristig zukunftssichernde Innovationen hervorgebracht werden können. Dabei müssen auch Rückschläge in Kauf genommen werden. Innovationsfreundliche Leistungsbeurteilungskonzepte orientieren sich nicht nur an Sachkenntnissen, materiellen Ergebnissen und Erfolgen, sondern beziehen soziale Fähigkeiten, Kooperationsbereitschaft, Teamfähigkeit und Beiträge zu langfristigen Zielsetzungen in die Bewertung mit ein (vgl. Heinen 1978, 622).

Beurteilungssysteme sind häufig **zu kompliziert** ausgestaltet (vgl. Dillhofer 1982, 2ff). Sie enthalten für den zu Beurteilenden bis zu dreissig Ziele pro Jahr. In einem solchen Beurteilungskonzept werden keine Prioritäten gesetzt. Peters/Waterman erwähnen in diesem Zusammenhang die Firma Texas Instruments. Dieses Unternehmen hat bis vor einigen Jahren mit einem ganzen Fächer von Zielvorgaben gearbeitet. Heute wird jedem Spartenleiter pro Quartal nur ein Ziel vorgegeben und dazu lakonisch vermerkt: "Bei einer Sache darf man erwarten (und das tun wir auch), dass einer sie schafft!" (Peters/Waterman 1983, 186).
Es wird also versucht, die Leistungsbeurteilung auf eine **einfachere Basis** zu stellen, selbst wenn dadurch die Beurteilung subjektiver wird. Neue Beurteilungssysteme lassen den Mitarbeiter mitwirken. Vorgesetzter und Mitarbeiter legen zusammen Ziele fest. Am Ende der Periode wird mit einem Interview und mit einer Selbstbeurteilung abgeschätzt, wie weit man gekommen ist und zusammen ein Programm für die nächste Zeitspanne aufgestellt. Es beginnt

sich die Ansicht durchzusetzen, dass der Versuch einer Objektivie-
rung der Personalbeurteilung durch differenzierte Bewertung ein
fragwürdiges Unterfangen ist (Heinen 1978, 623). Ein kreativitätsförderndes Beurteilungskonzept wird einen Mittelweg zwischen Kräf-
teverzettelung und eindimensionaler Sicht beschreiten. Zusätzlich
ist darauf zu achten, dass die gesteckten Ziele nicht aus den
abstrakten Finanzwerten bestehen, sondern aus konkreten Mass-
nahmenpaketen, auf die, der zu Beurteilende, direkten Einfluss
ausüben kann.

Der Stellenwert der Leistungsbeurteilung innerhalb eines kreativitätsfördernden Führungssystems ist stark umstritten (vgl. Kurka
1972, 26ff). Mitarbeiter und Vorgesetzte brauchen regelmässigen
Feedback über den Erfolg ihrer Arbeit. Ein falsch konzipiertes
Leistungsbeurteilungskonzept kann jedoch sehr leicht zu einer
dauernden Quelle der Unzufriedenheit werden (vgl. Raschke 1974,
11ff). Innovationsfreundliche Personalbeurteilung ist **flexibel**
handhabbar und wird **situativ** der Persönlichkeitsstruktur des
zu Beurteilenden und der Art der Zielsetzung der Aufgabe Rechnung
tragen.

2.2122. Mitarbeiterselektion

Jede Organisation muss sich ständig verjüngen, um überleben zu
können (Jeserich 1982, 15). Die Akquisition der richtigen Führungskräfte und Mitarbeiter ist dabei die zentrale Fragestellung.
Es ist naheliegend, **Auswahl- und Testverfahren** einzusetzen,
die es ermöglichen, kreativ veranlagte Bewerber zu identifizieren.
In Abschnitt 2.123. sind die mutmasslichen Persönlichkeitsmerkmale
kreativer Personen behandelt worden. Vor dem Hintergrund dieser
Merkmale, lassen sich Testverfahren anlegen, die den Bewerber im
Hinblick auf einzelne kreativitätsrelevante Persönlichkeitsmerkmale beurteilen. In der Fachliteratur sind Checklisten zu finden,
in denen Eigenschaften, Reaktionen und Verhaltensweisen von kreativen Personen aufgelistet sind. (z.B. bei Crosby 1973, 100f oder
Dehr 1981, 73). Abbildung 14 zeigt ein, in neuester Zeit entwick-
eltes, Messinstrument zur Beurteilung des kreativen Potentials
eines Mitarbeiters oder Bewerbers:

Abb. 14: Instrument zur Messung des kreativen Leistungspotentials (aus Nütten/Sauermann 1985, 31)

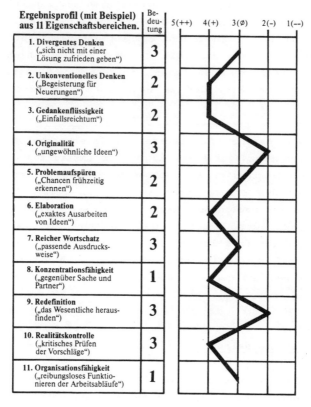

Ergebnisprofil (mit Beispiel) aus 11 Eigenschaftsbereichen.	Bedeutung	5(++)	4(+)	3(∅)	2(-)	1(--)
1. Divergentes Denken („sich nicht mit einer Lösung zufrieden geben")	3					
2. Unkonventionelles Denken („Begeisterung für Neuerungen")	2					
3. Gedankenflüssigkeit („Einfallsreichtum")	2					
4. Originalität („ungewöhnliche Ideen")	3					
5. Problemaufspüren („Chancen frühzeitig erkennen")	2					
6. Elaboration („exaktes Ausarbeiten von Ideen")	2					
7. Reicher Wortschatz („passende Ausdrucksweise")	3					
8. Konzentrationsfähigkeit („gegenüber Sache und Partner")	1					
9. Redefinition („das Wesentliche herausfinden")	3					
10. Realitätskontrolle („kritisches Prüfen der Vorschläge")	3					
11. Organisationsfähigkeit („reibungsloses Funktionieren der Arbeitsabläufe")	1					

Wie Dehr in einer empirischen Untersuchung nachweist, wird in der Praxis bei der Selektion meistens einfacher vorgegangen (vgl. Dehr 1981, 84ff). Ein Bewerber, der Interesse für Aufgabengebiete zeigt, die über seinen eigentlichen Bereich hinausgehen; ein ideenreicher Kandidat oder ein Bewerber mit gutem Allgemeinwissen wird in der Selektionspraxis als kreativer Bewerber angesehen.

Bei der Mitarbeiterselektion gibt es eine Vielzahl von gangbaren Wegen. Vom traditionellen Bewerbungs- und Einstellungsgespräch, über Leistungs- und Persönlichkeitstests, graphologischen Gutachten, Gesprächen mit Referenzen bis hin zu komplexen Methoden der Datenerhebung über den Bewerber (wie z.B. Assessment-Centres)

(vgl. Heinen 1978, 621ff). Diese Möglichkeiten sind in der Praxis
alle anwendbar. Entscheidend ist, dass bei **jedem Selektionspro-
zess** dem Aspekt des **kreativen Potentials** eines Bewerbers
Beachtung geschenkt wird. Diese Eigenschaft wird sich für die
Zukunft des Unternehmens stark als positiver oder negativer Faktor
bemerkbar machen.

2.213. Organisation und Kreativitätsförderung

Der Erfolg des Unternehmens ist das Ergebnis von Wahrnehmungspro-
zessen der Veränderungen in der Umwelt und daraus resultierenden
Anpassungsmassnahmen. Wahrnehmungskapazität und Anpassungsfähigkeit sind durch die Gestaltung der Aufbau- und Ablauforganisation
mitgeprägt. Der Informationsfluss, der Zentralisierungs- bzw.
Dezentralisierungsgrad des Entscheidungsprozesses, die Kontroll-
spanne, der Formalisierungsgrad, Art und Umfang der Aufgabenver-
teilung sind wichtig für das Flexibilitätspotential des Unternehmens (vgl. Blümle 1983, 5).
Wie ist ein Unternehmen strukturiert, das in der Lage ist, Innovationen zu initiieren und in die vorhandenen Strukturen zu integrieren? Geschka ist der Ansicht, dass die wichtigste Voraussetzung dazu **Flexibilität** sei (Geschka 1981, 3). Kennzeichen
flexibler Organisationen sind:
- flache hierarchische Struktur
- die weitgehende Eigenverantwortung der Subsysteme
- der geringe Formalisierungsgrad
- die Fähigkeit zur Bildung temporärer Arbeitseinheiten (Projektgruppen)
- die ausgeprägten informellen Kommunikationsbeziehungen (vgl.
  Geschka 1981, 3ff).
Peters/Waterman sprechen von den drei Prinzipien einer "Struktur
der achziger Jahre":

Abb. 15: Struktur der achziger Jahre (aus Peters/Waterman
1983, 360)

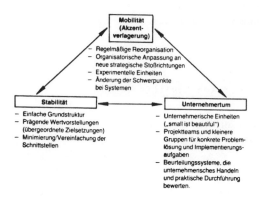

Mobilität, Stabilität und Unternehmertum heissen die Schlagworte,
mit denen die McKinsey-Leute die ideale Struktur umschreiben. Das
Prinzip der **Mobilität** soll die Reaktionsfähigkeit erhalten und
Verkrustungen vermeiden. Ständige Bereitschaft zu Beweglichkeit,
zu Reorganisation und zur Bildung von temporären Projektgruppen
sind vorausgesetzt. Das Prinzip des **Unternehmertums** will die
Innovationskraft durch Aufteilung des Unternehmens in kleine unternehmerische Einheiten fördern. Durch das Prinzip der **Stabilität** sollen die Grundaufgaben des Unternehmens effizient wahrgenommen werden können, durch einfache einheitliche Grundstruktur
wie z.B. die Spartenorganisation (vgl. Peters/Waterman, 358ff).

Diese Empfehlungen können nicht Wort für Wort ins eigene Unternehmen übernommen werden. Sie müssen, wie Krulis-Randa dazu schreibt,
situativ gesehen werden. Sie können in bestimmten Geschäftsberei-
chen, unter entsprechenden Bedingungen, angewendet werden. In diesem Sinne sind sie brauchbar und erwähnenswert. In der gegebenen
Situation müssen sie jedoch durch die unternehmenseigenen Analyse
ergänzt werden (Krulis-Randa 1984, 10).

Eine innovationsfördernde Organisationsstruktur wird dem **menschlichen Faktor** grosse Bedeutung zumessen. Es ist falsch, davon auszugehen, dass sich jeder Stelleninhaber genauso verhält wie sein Vorgänger, nur weil er im Organigramm gleich eingezeichnet ist. Neuere Ansätze bewegen sich daher eher in die Richtung einer sog. "adhocratie" (vgl. Toffler 1980, 242ff). Das Unternehmen wird zu einem grossen Netz informeller, offener Kommunikation. Form und Intensität dieser Kommunikation sorgen dafür, dass die richtigen Leute regelmässig miteinander in Kontakt kommen. Die chaotisch, anarchischen Züge des Systems bleiben unter Kontrolle durch die Regelmässigkeit und die Art der Kontakte. Eine solche Organisation wird als flexibel und aktionsorientiert beschrieben.

Beim Innovationsprozess besteht ein besonderes **organisatorisches Dilemma** darin, dass in der Ideenfindungsphase ein extrem hoher Freiheitsgrad wünschenswert ist. In der Realisierungsphase hingegen, straffe Durchführung und Kontrolle wichtig wären. Dazu kommt ein zentrales Problem jeder Organisationsstruktur: der Ausgleich zwischen dem Erfordernis einer stabilen, hierarchischen Grundstruktur und der Notwendigkeit von Flexibilität und hierarchiefreiem Teamwork. Die neueren Organisationskozepte versuchen einen verbesserten Ausgleich zwischen diesen beiden Erfordernissen zu finden. In der Literatur ist eine Fülle von Ansätzen hierzu beschrieben; erwähnt sind etwa (1):
- Projektmanagement (auch Programm-Management, Projektcenters)
- Teamorientierte Organisationsstruktur
- Modell der Innovationspromotoren
- Betriebliches Vorschlagswesen
- Quality Circle-Kozept
- Pool System
- Product Management

(1) vgl. verschiedene Ansätze zu innovationsfördernden Organisationskonzepten, z.B. bei : (Schwarz 1977, 134ff), (Geschka 1931, 3ff), (Thom 1980, 9ff), (Ulrich 1977, 167ff), (Dehr 1981, 202ff), (Peters/Waterman 1983, 351ff), (Blümle 1983, 5ff)

- Zentrale Innovationsgruppen
- Taskforce Konzept
- Modell des Kreativitäts-Koordinators
- Venture Management
- Special Think-Groups
- Flukturierende Teams
- Stabstelle Innovation
- Matrix Organisation

Es würde den Rahmen dieser Arbeit sprengen, auf jeden dieser organisatorischen Ansätze einzugehen. Um die Richtung aufzuzeigen, in die diese kreativitätsfördernden Organisationsansätze weisen, werden im folgenden einige aktuelle Möglichkeiten skizziert. Besonders ausführlich wird dann im 4. Kapitel das Quality Circle-Konzept behandelt.

2.2131. Teamorientierte Organisationsansätze

Fast alle neueren Ansätze versuchen im Rahmen der Organisation besonders **effektiv arbeitende Teams** zu bilden. Dies trifft z.B. für die Projektteamorganisation, das Projektmanagement, die überlappenden Gruppen von Likert und auch für das Quality Circle-Konzept zu. In Abschnitt 3.32. gehen wir vertieft auf die Effekte der Arbeit in Teams ein. Grundsätzlich ist festzuhalten, dass Teamarbeit für die Lösung von komplexen, schlechtstrukturierten Problemen Vorteile bieten kann.

Bei der **"Projektorganisation"** wird die stabile, hierarchische Grundstruktur ergänzt, indem man aus ihr einzelne Aufgabenteams temporär herauslöst, um so eine zusätzliche Struktur fluktuierender Teams zu schaffen (1). Eine Variante für die Eingliederung von Projektmanagement in die Organisation ist in Abbildung 16 dargestellt.

(1) vgl. (Thom 1980, 9ff) und (Schwarz 1977, 145ff)

Abb. 16: **Projektteam-Organisation** (aus Schwarz 1977, 149)

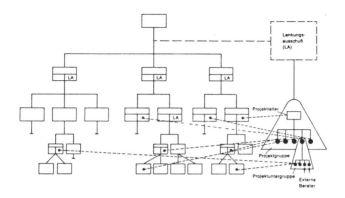

Weitergehende Ansätze beschreiten den Weg einer "team- und aufgabeorienticrten Organisationstruktur". Teams werden nicht nur für einzelne Projekte eingesetzt, sondern sämtliche komplexen, nicht repetitiven Aufgaben, werden Teams zugeordnet (vgl. Burns/Stalker 1961, 119ff). Durch eine solche Organisationsstruktur soll das Unternehmen flexibler gestaltet und Voraussetzungen für die kreative Problemlösung geschaffen werden. Diese Organisationsansätze tragen dem Umstand Rechnung, dass innovative Aufgaben meistens mehrere Funktionsbereiche und hierarchische Ebenen berühren. Je nach Grösse der Gruppen wird auch von "Taskforces", "Projektzentren", "Genie-Schuppen" usw. gesprochen. Solche, situativ einsetzbaren Teams sind Ausdruck für Flexibilität und Aktionsorientierung des Unternehmens. Schnelles und gezieltes Handeln wird durch sie gefördert. Die Zusammensetzung der Gruppen erfolgt entsprechend dem Problem. Nach Abschluss der Aufgabe werden die Teams wieder aufgelöst. Die Mitgliedschaft in einem solchen Team ist normalerweise freiwillig. Diese Voraussetzungen bilden einen idealen Hintergrund für das Lösen von schlechtstrukturierten Problemen und es fehlt in der Literatur nicht an Beispielen, wo solche Teams mit grossem Erfolg eingesetzt wurden, z.B. bei der Entwicklung der IBM 360er Computerreihe; beim General Motors down-seizing Programm oder bei der Entwicklung der Canon AE-1 Kamera (vgl. Peters/Waterman 1983, 156).

Gruppenkonzept von Likert

In seinem Gruppenkonzept hält Likert an einer eindeutig hierarchischen Grundstruktur fest, versucht diese aber so zu gestalten,
dass sie den Erfordernissen der Teamarbeit soweit wie möglich
Rechnung trägt. Die Organisation wird zu einem System von **überlappenden Gruppen**, die durch Bindeglieder (sog. linking pins)
vertikal und horizontal miteinander verbunden sind (1).

Abb. 17 : **Gruppenkonzept von Likert** (aus Schwarz 1977, 149)

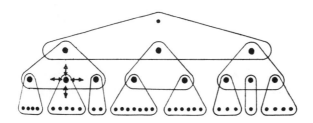

Likert's Konzept liegt das Prinzip der **"unterstützenden Beziehungen"** zugrunde. Er ist der Ansicht, dass in einer optimalen
Organisation jeder Mitarbeiter einer oder mehreren funktionieren-
den Arbeitsgruppen angehört. Diese müssen einen hohen Grad an
Gruppenkohäsion, gute zwischenmenschliche Beziehungen und weitge-
steckte Leistungsziele aufweisen. Bei Likert's Ansatz handelt es
sich nicht um ein fertiges Organisationsmodell, sondern nur um ein
Leitbild für die Gestaltung einer innovationsfreundlichen Struktur. Eine stabile organisatorische Grundstruktur wird unterstützt
von einer flexiblen Teamstruktur.

(1) vgl. (Likert 1972), (Schwarz 1977, 153f), (Ulrich 1975, 168ff)

2.2132. Weitere kreativitätsfördernde Organisationsansätze

Kreativität als Stabsaufgabe

Einige innovationsfördernde Organisationsansätze möchten kreative Aufgaben in speziellen Stabsabteilungen mit entsprechend ausgerichteten, organisatorischen Strukturen institutionalisieren. Die Kreativität soll durch einen **"Kreativitätsdirektor"**, **"New Product Manager"** oder **"Stabstellenleiter Innovation"** gefördert werden. Diese organisatorische Lösung ist bestechend einfach, in der Praxis aber kaum durchführbar. Den Innovationsbeauftragten fehlt in der Regel die Berechtigung und Kompetenz für die Realisierung von Ideen. Solch ein Stabstelleninhaber kann höchstens gewisse organisatorische und koordinierende Funktionen im Innovationsprozess übernehmen (1).

Betriebliches Vorschlagswesen

Das betriebliche Vorschlagswesen soll Ideen und Verbesserungsvorschläge der Mitarbeiter fördern, begutachten, anerkennen und umsetzen (vgl. Thom 1980, 13ff). Im Rahmen der Kreativitätsförderung nimmt das betriebliche Vorschlagswesen eine wichtige Stellung ein, da durch dieses organisatorische Instrument allen Mitarbeitern die Chance schöpferischer Entfaltung gegeben werden kann. Trotzdem wird das betriebliche Vorschlagswesen in der Praxis vernachlässigt (vgl. Brinkmann/Heidack 1982, 17ff). Losse/Thom weisen auf eine Untersuchung hin, die zum Ergebnis kommt, dass in den USA pro 1000 Beschäftigte 300 Verbesserungsvorschläge gemacht werden. In Deutschland liegt dieser Wert bei nur 45 Verbesserungsvorschlägen (Losse/Thom 1977, 9). Das betriebliche Vorschlagswesen sollte auch Gruppenvorschläge berücksichtigen. Nicht zuletzt durch die Quality Circle-Bewegung hat die Zahl der Gruppenvorschläge stark zugenommen. In Abschnitt 6.123. wird die Problematik der Abgrenzung zwischen dem Vorschlagswesen und dem QC-Konzept näher untersucht.

(1) vgl. (Thom 1980, 4ff), (Geschka 1981, 6f), (Dehr 1981, 260ff)

Personen oder Gruppen, die Vorschläge einreichen, müssen immer ein Feedback erhalten. Wichtig ist vor allem **Anerkennung** (z.B. Erwähnung in der Betriebszeitung) und nicht monetäre Anreize. Richtig ausgestaltet kann das betriebliche Vorschlagswesen Ideen auf breitester Front generieren und das kreative Potential der Basis aktivieren.

2.22. Direkte Kreativitätsförderung

Nachdem wir in Abschnitt 2.21. untersucht haben, welche psychologischen, führungstechnischen und organisatorischen Rahmenbedingungen für die Kreativitätsförderung im Unternehmen wichtig sind, wenden wir uns in diesem Abschnitt, und vor allem im 3. Kapitel, den Möglichkeiten der direkten Kreativitätsförderung zu. Unter dem Begriff **"direkte Kreativitätsförderung"** subsumieren wir sämtliche Schulungs- und Trainingsmassnahmen, mit denen die Kreativität von Einzelpersonen oder Gruppen verbessert werden kann. Auch die, für diesen Zweck geeigneten, Methoden der Problemlösung und Techniken der Ideenfindung sind Instrumente der direkten Kreativitätsförderung.

Zwischen den Massnahmen der "direkten Kreativitätsförderung" und den "kreativitätsfördernden Rahmenbedingungen" besteht enge Wechselwirkung. Auch das intensivste Kreativitätstraining wird in einer kreativitätsfeindlichen Umgebung keine Wirkung zeitigen. Umgekehrt bewirken kreativitätsfördernde Rahmenbedingungen allein noch keine Innovationserfolge (vgl. Ulrich 1975, 40ff).

Kreativitätstraining

Es gilt als erwiesen, dass das kreative Potential eines Menschen keineswegs konstant ist, sondern durch geeignetes Training angehoben werden kann (vgl. Schlicksupp 1980, 23ff). Ausbildungsmassnahmen im Rahmen der Kreativitätsförderung zielen darauf ab (vgl. Ulrich 1975, 48ff):

- Das Verständnis für den Ablauf des kreativen Prozesses bei Individuen und innerhalb von Gruppen zu wecken

- Die eigenen kreativen Fähigkeiten zu entdecken
- Die Kenntnis über Methoden, Techniken und Hilfsmittel des kreativen Denkens schulen
- Situationen zu schaffen, in denen diese Methoden auf konkrete Probleme angewendet werden können
- Die Mitarbeiter zu motivieren kreative Leistungen zu erbringen.

Kreativität kann auf sehr unterschiedliche Art und Weise trainiert werden. Sehr wichtig ist dabei der Erlebnisaspekt. Reine Methodikinstruktion nützt wenig. Die Kreativitätstechniken müssen in konkreten, betrieblichen Arbeitssituationen angewendet werden. Erfolgserlebnisse motivieren und stimulieren die Lernfreude (vgl. Dirlewanger 1984). Problemlösungs- und Kreativitätstechniken bilden immer nur eine Seite eines Kreativitätstrainings. Die zweite Seite besteht aus der Entwicklung der Persönlichkeitsfaktoren, die zur Entfaltung der Kreativität beitragen können (vgl. Delhees 1981, 2ff). Sich neue Kenntnisse anzueignen und anzuwenden verlangt vom Mitarbeiter immer auch eine Weiterentwicklung der eigenen Persönlichkeit und die Bereitschaft, die Sicherheit des Altvertrauten gegen die Unsicherheit des Neuen einzutauschen.

Im Rahmen unserer Ausführungen zur direkten Kreativitätsförderung wenden wir uns nun im 3. Kapitel den Problemlösungs- und Kreativitätstechniken sowie den Voraussetzungen für ihren erfolgreichen Einsatz im Unternehmen zu.

3. KAPITEL: PROBLEMLÖSUNGS- UND KREATIVITÄTSTECHNIKEN

Einfache und komplexe Probleme können auf ganz unterschiedliche Art und Weise angegangen werden. Mit formlosem, intuitivem Vorgehen sind viele Problemstellungen lösbar. Zur Bewältigung komplexerer Probleme sind vor allem in den letzten dreissig Jahren zahlreiche methodische Hilfsmittel entwickelt worden, denen wir uns in diesem Kapitel zuwenden.

Im Grundlagenteil wird auf den Begriff und die Herkunft der Problemlösungsmethoden eingegangen und ihre Funktion im Innovationsprozess herausgearbeitet. Eine Methodenübersicht, sowie Informationen zum Stand der empirischen Forschung, ergänzen diesen Abschnitt. Im zweiten Teil dieses Kapitels werden diejenigen Techniken beschrieben, denen im Rahmen unserer Untersuchung Bedeutung zukommt. Der dritte Abschnitt befasst sich mit den Erfolgsvoraussetzungen und Problemen bei der Methodenanwendung im Unternehmen. Ein guter Teil der beschriebenen Methoden eignet sich auch für den Einsatz in der Quality Circle-Arbeit. Wir werden darum in Abschnitt 4.23., bei der Behandlung der Quality Circle- Arbeitstechniken, auf die Problemlösungsmethoden zurückkommen und zudem im 5. und 6. Kapitel zeigen, welche der beschriebenen Techniken sich in der Praxis für die QC-Arbeit besonders eignen.

3.1. Grundlagen

3.11. Begriff und Funktion der Methoden im Innovationsprozess

"Problemlösungstechniken" sind Methoden, die dem Zweck dienen, Probleme, gleich welcher Art und Komplexität zu lösen (Johannson 1978, 12). Als "Methode" ist alles zu verstehen, das sich als einigermassen planmässiges Verfahren zur Erreichung bestimmter Ziele anbietet (vgl. Schischkoff 1965, 392). Synonym zum Begriff

"Methode" werden auch die Bezeichnungen "Technik", "Instrument", "Verfahren" und "Modell" gebraucht.

Der Begriff **"Kreativitätstechniken"** bezieht sich auf eine Teilgruppe der Problemlösungstechniken. Sie werden häufig auch als "Ideenfindungstechniken" bezeichnet. Gemeint sind alle Methoden, die das kreative Potential eines Individuums oder einer Gruppe fördern können, um Ideen, Fakten, Alternativen und Lösungen zu einem Problem hervorzubringen (vgl. Johannson 1978, 85). Bei den Kreativitätstechniken handelt es sich also um besondere Heuristiken (Suchprinzipien), die der effizienteren Bewältigung von schlechtdefinierten, unstrukturierten Situationen dienen (vgl. Schlicksupp 1977, 17).

Eine Vielzahl von Problemlösungsmethoden steht heute zur Verfügung. Je nach Literaturstelle wird von zwischen 600 und über 3000 Methoden gesprochen (vgl. Hürlimann 1981,11). Dieser **"Methoden-pluralismus"** ist damit zu erklären, dass eine Problemlösungsmethode in engem Zusammenhang mit der Art der Problemstellung zu sehen ist. Nevell und Simon sprechen in diesem Zusammenhang von einem "interface between method and problem" (Nevell/Simon 1972, 91). Als sinnvolles Differenzierungs- und Ordnungskriterium bieten sich die **Phasen des Problemlösungsprozesses** an (vgl. Schelker 1976, 8ff).

Abb. 18: **Die Problemlösungsmethoden im Problemlösungs- resp. Kreativprozess**

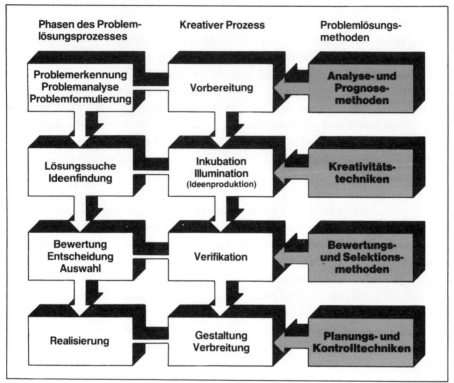

Der Problemlösungsprozess ist weitgehend identisch mit dem kreativen Prozess (diesen haben wir in Abschnitt 2.132. beschrieben). Abbildung 18 zeigt zum einen den Zusammenhang zwischen dem Problemlösungsprozess und dem kreativen Prozess; zum anderen ist in der Darstellung eine Gliederung der Problemlösungsmethoden, entsprechend ihrer Funktion im Problemlösungsprozess, vorgenommen. Es ergeben sich vier Methodengruppen:

1. **Analyse- und Prognosemethoden** für die Phase der Problemerkennung und Problemanalyse

2. **Kreativitätstechniken** für die Lösungssuche und Ideenfindung

3. **Bewertungs- und Selektionsmethoden** für die Bewertung, Entscheidung und Auswahl

4. **Planungs- und Kontrolltechniken**, die in der Realisierungs- und Kontrollphase zur Anwendung kommen (vgl. Linneweh 1973, 58ff).

3.12. Herkunft und grundlegende Denkprinzipien der Methoden

Die Geschichte der Kreativitätstechniken nahm in den dreissiger
Jahren in den USA ihren Anfang. **Alex F. Osborn**, der Inhaber
einer grossen Werbeagentur, entwickelte das "Brainstorming". Er
wollte mit dieser Methode die Effizienz von Problemlösungssitzun-
gen in seiner Firma verbessern (vgl. Ulrich 1975, 18). **Zwicky**
(Morphologie), **Gordon** (Synectics), **Steele** (Bionics),
Crawford (Attribute Listing), sowie **Guilford** und **Arnold**
sind Forscher, die sich in den vierziger und fünfziger Jahren mit
dem Problemlösungs- und Kreativitätsprozess intensiv befasst haben
(1). In den fünfziger Jahren erlebte die Kreativitätsforschung in
den USA einen enormen Aufschwung. Ausgelöst nicht zuletzt durch
den sog. "Sputnik-Schock", also dem Umstand, dass die Sowjets den
ersten Satelliten in den Weltraum geschossen hatten und damit den
USA auf diesem Gebiet voraus waren (vgl. Ullman 1968, 17). Eine
Vielzahl von Problemlösungs- und Kreativitätstechniken sind in
dieser Zeit entstanden. Ende der sechziger Jahre griff die Krea-
tivitätswelle auf Europa über.

Abb. 19: Kreativitätstechniken in Europa (Battelle-Institut)

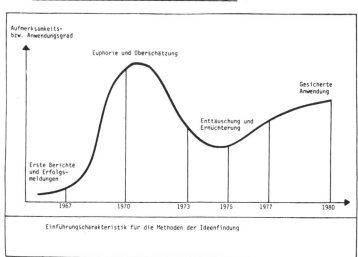

(1) vgl. (Zwicky 1960), (Gordon 1961), (Papanec 1967), (Crawford
    1954), (Guilford 1967), (Arnold 1962)

Es folgte Mitte der siebziger Jahre eine Phase der Euphorie und Ueberschätzung in Bezug auf die Ergebnisse der Kreativitätstechniken. In der rezessiven Zeit in der Mitte der siebziger Jahre gab es eine Phase der Ernüchterung und Enttäuschung, die wiederum abgelöst wurde von einer Phase der gesicherten Anwendung bis zum heutigen Zeitpunkt.

Grundlegende Denkprinzipien

Bei schlechtstruktuierten, offenen Problemen führt Logik oft nicht zum Ziel. Es gibt dennoch eine Reihe von **Suchregeln** und **Suchmethoden**, die Gedankengänge stimulieren können und helfen, das passive "Warten auf einen Einfall" zu überwinden. Solche Suchmethoden können als **Heuristiken** (Heuristik = Findekunst) bezeichnet werden. Sie tragen dazu bei, die Problemlösungswahrscheinlichkeit zu erhöhen (Schlicksupp, 1980, 35). Die Kreativitätstechniken sind Verfahrensrahmen, in welche solche Heuristiken zur gezielten Anregung von Denkvorgängen eingearbeitet sind. Die grundlegenden Heuristiken des kreativen Denkens sind (1):

- **Abstrahieren**
- **Variieren**
- **Assoziieren**
- **Kombinieren**
- **Strukturen übertragen und Analogien bilden**
- **Systematisches Aufgliedern des Problems**

Entsprechend der, in der jeweiligen Methode im Vordergrund stehenden Heuristik, wird sie entweder den **"intuitiv-assoziativen Methoden"** (auch intuitiv-kreative Methoden genannt) oder den **"systematisch-analytischen Methoden"** zugerechnet (2).

(1) vgl. (Schlicksupp 1980, 35f), (Pausewang 1980, 1ff)

(2) Die meisten Autoren schliessen sich dieser Zweiteilung an, vgl. (Johannson 1978, 89ff), (Schlicksupp 1980, 35f), (Pümpin 1976, Kapitel 3), (Ried 1981, 3ff) u.a. Michael weist darauf hin, dass eine solche Zweiteilung zu absolut sei, da die meisten Techniken sowohl analytische, als auch intuitive Elemente besässen. Man soll deshalb von "überwiegend intuitiven Methoden" und "überwiegend analytischen Methoden" sprechen (vgl. Michael 1973, 30).

Abbildung 20 zeigt die elementaren Problemarten und führt jeweils ein praktisches Beispiel an:

Abb. 20: Die elementaren Problemarten (Dirlewanger 1984, Kap.2)

ANALYSE PROBLEME

Es sind Strukturen, Einflussfaktoren, Wirkungszusammenhänge, Gesetzmässigkeiten zu erkennen

Beispiel: Welche Funktionen soll ein neuartiges Körperpflegemittel erfüllen?

SUCHPROBLEME

Es sind begriffliche oder gestalthafte Strukturen zu finden, die bestimmte (wenige) Kriterien erfüllen

Beispiel: Suche nach einem Werbeslogan für exotische Früchte

KONSTELLATIONSPROBLEME

Es sind neuartige Strukturen zu bilden, die eine ganze Reihe von Kriterien erfüllen müssen

Beispiel: Erarbeiten eines Konzepts für eine neuartige Damenuhr

AUSWAHLPROBLEME

Es sind Lösungen zu bestimmen, die vorgegebene Zielkriterien am besten erfüllen

Beispiel: Auswahl einer Produktidee zur technischen Entwicklung aus einer Ideenliste

KONSEQUENZPROBLEME

Es ist eine Lösung durch Anwendung einer Gesetz- oder Regelmässigkeit zu finden:

Beispiel: Bestimmung der Stärke einer Behälterwand

Es gibt "Analyseprobleme", "Suchprobleme", "Konstellationsprobleme", "Auswahlprobleme" und "Konsequenzprobleme". Die Suchregeln des kreativen Denkens sind in sehr unterschiedlichem Ausmass für die Lösung der verschiedenen Problemtypen geeignet. Es kann ein enger Zusammenhang zwischen Problemart und idealer Heuristik beim Lösungsvorgang postuliert werden. Dies gilt es bei der Methodenwahl (vgl. 3.31.) zu berücksichtigen.

Mit Hilfe der Problemlösungsmethoden wird die Chance vergrössert, eine sehr gute Lösung zu finden. Der Handlungsspielraum (das Suchfeld für eine Lösung) wird vergrössert. Abbildung 21 visualisiert dies (vgl. Dirlewanger 1984, Kap. 2):

Abb. 21: <u>Vergrösserung des Handlungsspielraums durch Problem-</u>
<u>lösungsmethoden</u>

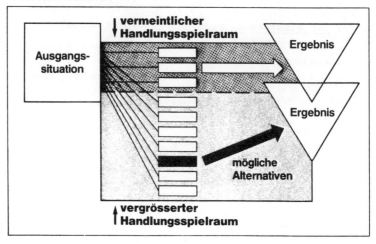

Durch Berücksichtigung unterschiedlicher Denkrichtungen lässt sich
der "vermeintliche Handlungsspielraum" vergrössern. Die Zahl der
Lösungsalternativen steigt damit. Die Chance, ein neuartiges, besonders gutes Ergebnis zu finden, kann vergrössert werden.

3.13. Methodenübersicht

In Abbildung 2 ist eine Auswahl von bekannteren Problemlösungsmethoden aufgelistet. Als Gliederungskriterien sind die Phasen des
Problemlösungsprozesses, sowie die grundlegenden Suchprinzipien
(Heuristiken), verwendet worden. Die umfangreiche Liste verdeutlicht die **Vielfalt,** der zur Verfügung stehenden Methoden, und
das **riesige Anwendungspotential** für den praktischen Einsatz im
Unternehmen. In dieser Arbeit können nicht alle erwähnten Methoden
behandelt werden. Als weiterführende Literatur empfehlen wir für
die Kreativitätstechniken: **Schlicksupp, H:** Ideenfindung, Würzburg 1980; **Johannson, B:** Kreativität und Marketing, Diss. St.
Gallen 1978 und **Linneweh, K.:** Kreatives Denken - Techniken und
Organisation produktiver Kreativität, Rheinzabern 1981. Für die
Analyse, Bewertungs-, Realisierungs- und Kontrollmethoden:
Schelker, T: Problemlösungsmethoden im Produktinnovationsprozess, Diss., Bern/Stuttgart 1976. Als Gesamtübersicht der Problemlösungsmethoden: **Hürlimann, W:** Methodenkatalog - Ein systematisches Inventar von über 3000 Problemlösungsmethoden, Bern 1981.

Abb. 22: **Methodenübersicht**

---

1. **ANALYSE- UND PROGNOSEMETHODEN:**

   - Pareto-Analyse
   - Ishikawa-Diagramm
   - Konkurrenz-Analyse
   - System-Analyse
   - Trendextrapolution
   - Technoligical Forecasting
   - GAP-Analyse
   - Produkt- Lebenszyklusanalyse
   - Statistische Analyse
   - Black Box
   - Wachstumsmodelle
   - Input/Output-Modelle
   - Soziometrie

---

2. **KREATIVITAETSTECHNIKEN** (Ideenfindungsmethoden)

2a) Intuitiv-assoziative Methoden

   - Brainstorming
     Brainwriting
   - Little Technik
   - Discussion 66
   - SIL-Methode
   - Wildest Idea Technic
   - Forced Relationship
   - Katalog-Technik
   - Semantische Intuition
   - Reizwort-Analyse
   - Methode 635
   - Brainwriting-Pool
   - Collective-Notebook-Methode
   - Ideen-Delphi
   - Trigger-Technik
   - Synectik
   - Basic Synectics
   - Bionik
   - Visuelle Synectik
   - Force-Fit-Spiel
   - TILMAG-Methode
   - Checklisten zur Ideengewinnung

2b) Systematisch-analytische Methoden

   - Morphologischer Kasten
   - Morphologisches Tableau
   - Sequentielle Morphologie
   - Attribute-Listing
   - Problemlösungsbaum
   - Problemfelddarstellung
   - Wertanalyse
   - Funktionsanalyse
   - KJ-Methode
   - NM-Methode
   - Hypothesen-Matrix
   - HIT-Technique

2c) Weitere Kreativitätsmethoden

   - Laterales Denken
   - Methode Kepner-Tregoe
   - Progressive Abstraktion

---

3. **BEWERTUNGS- UND SELEKTIONSMETHODEN**

   - Punktebewertungsmethoden
   - Check- und Prüflisten
   - Operation Research
   - Wirtschaftlichkeitsanalyse
   - Investitionsrechnung
   - Break-Even-Analyse

   - Simulationsmodelle
   - Risikoanalyse
   - Standortanalyse
   - Lineare Optimierung
   - Lagerhaltungsmodelle
   - Warteschlangenmodelle

---

4. **REALISIERUNGS- UND KONTROLLMETHODEN**

   - Netzplantechnik (PERT, CPM u.a.)
   - Zeitpläne
   - Balkendiagramme
   - Soll/Ist-Vergleich
   - Zero Defect

3.14. Stand der empirischen Forschung

Dem Verfasser sind vier empirische Untersuchungen bekannt, die den Anwendungsstand und Bekanntheitsgrad der Problemlösungsmethoden in der Praxis zu ihrem Gegenstand gemacht haben. Hinzu kommt die Erhebung, die wir im Rahmen dieser Arbeit (5. Kapitel) durchführen. **Das Battelle-Institut**, Frankfurt, hat 1973 eine Studie bei 500 deutschen Unternehmen durchgeführt und dort nach 43 verschiedenen Kreativitätstechniken gefragt. Einbezogen wurden Kenntnis, Anwendungsstand und Erfolg der Methoden in der Praxis (vgl. Battelle-Institut 1975). **Johannson** hat 1976 in den USA 200 Unternehmen über die Kreativitätstechniken in der Praxis befragt (vgl. Johannson 1978, 86ff). **Schelker** führte 1976 bei 100 Schweizer Unternehmen eine entsprechende Untersuchung durch (vgl. Schelker 1975, 2ff). **Joller** stellte 1981 vierzig Schweizer Unternehmen die Frage nach ihren Aktivitäten bezüglich Kreativitätstraining für die Mitarbeiter (vgl. Joller 1981, 33ff).

In Abbildung 23 sind einige Hauptergebnisse dieser vorliegenden Untersuchungen zusammengefasst:

Abb. 23: Die Anwendung von Kreativitätstechniken in der Praxis(1)

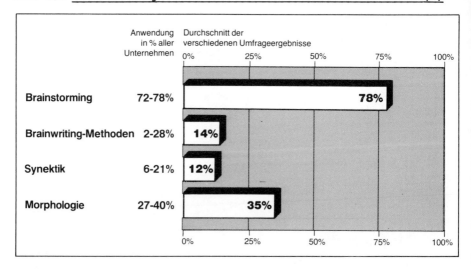

(1) Vgl. (Pausewang, Battelle-Institut 1980, Anhang X), (Johannson 1978, 100ff), (Schelker 1976, 122ff)

In der Praxis ist das **Brainstorming**, die am häufigsten angewendete Technik. Fast allen Unternehmen ist diese Methode bekannt
und in 80% der Firmen wird sie, zumindest von Zeit zu Zeit, angewendet. Die **Morphologie** (v.a. morphologischer Kasten) wird von
gut einem Drittel aller Unternehmen benutzt. **Brainwriting-Techniken** und die **Synektik** werden nur von einer kleinen Minderheit der Unternehmen angewendet (ca. 12%). Abbildung 22 zeigt,
dass die Untersuchungsergebnisse der erwähnten Befragungen in
einer ziemlich grossen Bandbreite liegen, dem Trend nach jedoch
übereinstimmen. Die Autoren der Untersuchungen sind durchwegs der
Ansicht, dass die Problemlösungs- und Kreativitätstechniken **keineswegs ihren Möglichkeiten entsprechend** praktiziert werden.
Ausnahmen bilden einzelne Spezialistenabteilungen in Grossunternehmen. Die am häufigsten angewendeten Methoden werden in der
Praxis auch als die erfolgsversprechendsten angesehen.
Unsere eigene Befragung gibt Hinweise auf den Anwendungsstand der
Techniken in solchen Unternehmen, die das Quality Circle-Konzept
bereits eingeführt haben. Hier zeigt sich eindeutig, dass die
Verbreitung von Kreativitätstechniken in diesen Unternehmen **er-
heblich höher** ist, als im Praxisdurchschnitt.

3.2. Die Techniken

Im Folgenden werden die wichtigeren und bekannteren Kreativitätstechniken behandelt. Sie sind, entsprechend ihrer heuristischen
Unterschiede, in **intuitiv-assoziative** und **systematisch-
analytische** Techniken, sowie **weitere Problemlösungsmethoden**
unterteilt.

3.21. Intuitiv-assoziative Techniken

Die intuitiv-assoziativen Techniken, auch intuitiv-kreative Metho-
den genannt, werden als **Kreativitätstechniken im engeren Sinne**
bezeichnet. Sie sind speziell daraufhin ausgerichtet, kreative
Denkansätze im Problemlösungsprozess anzuregen und zu verstärken.
Durch wechselseitige Assoziation, Stimulation, Analogiebildung,
Strukturübertragung sowie spontanen Einfällen aus dem Unterbe-
wusstsein, soll der Ideenfluss gefördert werden. Wissenschaftliche
Erkenntnisse zum Ablauf kreativer Denkprozesse, wie sie im 2.
Kapitel dargestellt wurden, sind in den methodischen Verfahrens-
rahmen dieser Techniken eingebaut. Regelmässige Anwendung fördert
die persönliche Kreativität des Anwenders. Meistens werden diese
Methoden in Gruppen angewendet. Die bekanntesten intuitiv-asso-
ziativen Kreativitätstechniken sind das **"Brainstorming"**, das
"Brainwriting" und die **"Synektik"** (vgl. Brauchlin 1978,
304ff). Entsprechend diesen Hauptmethoden lassen sich die folgen-
den Methodengruppen bilden (vgl. Johannson 1978, 93):
- **Brainstorming und verwandte Methoden**
- **Brainwriting-Methoden**
- **Synektische Methoden**
- **Weitere intuitiv-assoziative Methoden**

3.211. Brainstorming und verwandte Methoden

Die Brainstorming-Methoden basieren auf dem Prinzip der **"freien
Assoziation"**. Die Teilnehmer werden aufgefordert, Ideen hervorzubringen und Lösungen vorzuschlagen. Eine Vielzahl von Ideen wird

produziert und für die spätere Analyse aufgezeichnet. Durch ein **Hinausschieben der Bewertungsphase** sollen Denkblockaden abgebaut und Vernunft resp. Logik zunächst ausgeschaltet sein (Linneweh 1973, 95).

3.2111. Klassisches Brainstorming (1)

Brainstorming ist die bekannteste und am häufigsten angewendete Kreativitätsmethode. Anstoss zu ihrer Entwicklung waren Beobachtungen von Alex F. Osborn, einem Mitbegründer der Werbeagentur BBDO (Batton, Barton, Durstine and Osborn, New York) über den Ablauf von Problemlösungskonferenzen. Die ersten Versuche mit Brainstorming reichen in die dreissiger Jahre zurück. Osborn suchte nach einer Technik, um Problemlösungskonferenzen effizienter zu machen. Brainstorming bedeutet **"the brain to storm a problem"** also "durch Einsatz des Gehirns ein Problem stürmen!". Vertieft behandelt ist die Methode im Buch **"Applied Imagination"** von A.F. Osborn, das 1953 in der ersten Auflage erschienen ist. Die rasche Verbreitung der Methode, zuerst innerhalb der USA, dann auch andernorts ist ein Hinweis auf die erfolgreichen Einsatzmöglichkeiten von Brainstorming im Unternehmen (vgl. Johannson 1978, 100).

Vorgehensweise und Regeln

Beim Brainstorming gelten vier grundsätzliche Regeln:

1. **Ausschalten von Kritik**   (Criticism is ruled out)
   Jeder Brainstorming-Teilnehmer kann seine Ideen vorbringen, ohne Rücksicht auf Wert oder Anwendbarkeit. Die Bewertung wird auf eine gesonderte, nachfolgende Phase verschoben. Eine Studie von Meadow & Parnes (bei Johannson 1978, 96) zeigt, dass durch

---

(1) Zum Brainstorming sind unzählige Artikel und Bücher erschienen, vgl. u.a. (Osborn 1965, 151ff), (Krulis-Randa 1971, 19ff), (Brauchlin 1978, 307ff), (Johannson 1978, 94ff), (Hoffmann 1980, 105ff), (Schlicksupp 1980, 61ff), (Ried 1981, 22ff)

dieses "Prinzip der hinausgeschobenen Beurteilung" wesentlich mehr und bessere Ideen pro Zeiteinheit produziert werden, als sonst. Dies gilt sowohl für die Ideenproduktion in Gruppen, wie auch bei Einzelpersonen. Die Separierung von Bewertungsphase und Ideenproduktionsphase bewirkt, dass der Ideenfluss nicht unterbrochen ist und die Teilnehmer sich freier äussern.

2. **Kombinieren und Aufgreifen von Ideen der anderen Brainstorming-Teilnehmer ist erlaubt** (Combination and improvement are thought)
   Durch diese Regel wird offengelegt, dass die Teilnehmer an einer Brainstorming-Sitzung kein "Urheberrecht" auf ihre Beiträge geltend machen können. Die Ideen des Einzelnen sind Spielmaterial für die Gruppe. Durch Modifikationen und neue Anregungen sollen die positiven Aspekte einer Idee verstärkt werden.

3. **Quantität ist erwünscht** (Quantity is wanted)
   Hinter dieser Regel steckt der empirisch erwiesene Umstand, dass durch die Erzeugung vieler Alternativen auch die Wahrscheinlichkeit, eine gute Lösung zu finden, steigt. Es gilt also der Grundsatz "Quantität erzeugt Qualität". So wird erreicht, dass die einzelnen Beiträge kurz und prägnant bleiben. Je nach Problemstellung ist es für eine Brainstorming-Gruppe ohne weiteres möglich, während einer 20-30-minütigen Sitzung zwischen 50 und 100 Ideen zu produzieren.

4. **Freies Assoziieren und Phantasieren ist erlaubt** (Free wheeling is welcomed)
   Diese Regel soll dem Teilnehmer die psychologische Sicherheit geben, dass sein Beitrag in jedem Falle akzeptiert wird, sei er auch noch so unfertig oder phantastisch. Im Brainstorming-Prozess zeigt sich, dass auch Phasen von phantastischen, teilweise sinnlosen Ideen, wieder Phasen von neuen, konstruktiven, originellen Ideen folgen.

Eine Untersuchung des Battelle-Instituts veranschaulicht den typischen Verlauf des Ideenflusses in einer Brainstorming-Sitzung:

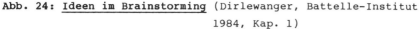

Abb. 24: <u>Ideen im Brainstorming</u> (Dirlewanger, Battelle-Institut 1984, Kap. 1)

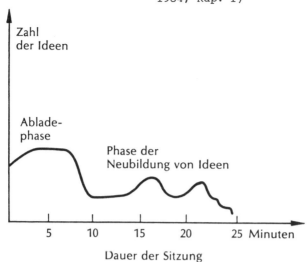

In den ersten 5-10 Minuten des Brainstorming werden die spontanen Ideen abgeladen. Darauf folgen Phasen der Neubildung von Ideen, die meistens auch bessere, originellere Lösungsvorschläge beinhalten. Ueber 70% der guten Ideen werden in der letzten Hälfte des Brainstormings geäussert! Nach 25-30 Minuten kann das Brainstorming abgebrochen werden, der Ideenfluss geht dann rasch zurück.

<u>Durchführungsempfehlungen</u> (1)
Die **ideale Gruppengrösse** liegt bei 5-7 Teilnehmern. Bei grösseren Gruppen muss mit kommunikativen Störungen gerechnet werden (mangelhafte Gelegenheit zur Wortäusserung, Bildung von kleineren Diskussionsgruppen, Durcheinanderreden). Bei zu kleinen Gruppen ist oft das assoziative Potential zu gering, um einen ausreichenden Ideenfluss zu erzeugen.

(1) vgl. (Schlicksupp 1980, 64ff), (Pausewang 1980, 15ff)

Gruppen sind mit Vorteil **interdisziplinär** zu besetzen. So
können Ideen aus verschiedenen Wissensbereichen einfliessen. Eine
Mischung zwischen Fachleuten für das zu lösende Problem und Laien
ist anzustreben. Es zeigt sich, dass auch Gruppen, die diesen
Idealregeln nicht entsprechen können, mit Brainstorming gute Resultate produzieren.

Innerhalb der Brainstorming-Gruppe sollte ein **Moderator**, als
"primus inter pares", die Gruppe ins Problem einführen, die Brain-
storming-Regeln bekanntgeben und die Kommunikation innerhalb der
Gruppe steuern. Sachlich sollte sich der Moderator zurückhalten,
damit die Teilnehmer nicht das Gefühl haben, sie würden in eine
bestimmte Richtung manipuliert. Die aktiven **Brainstorming-Teilnehmer** haben ausschliesslich die Aufgabe Ideen hervorzubringen.
Ein **Protokollführer** verfolgt die Beiträge der Teilnehmer und
hält das Wesentlichste ihres Inhaltes fest (häufig ist dies
gleichzeitig der Moderator).

Die Teilnehmer sollten schon **vor** der Sitzung über das Problem
informiert werden (idealerweise etwa 3 Tage im voraus, damit
eine Inkubationsphase im Vorfeld des Brainstormings liegt). Im
Arbeitsraum sollte **störungsfrei**, in einer gelockerten Runde,
gearbeitet werden können. Flip-Charts oder Pin-Wände als **Visua-
lisierungshilfsmittel** sind wichtige, didaktische Voraussetzungen. Eine erste **Grobauswertung** und Gruppierung der Ideen kann
direkt im Anschluss an die Ideenproduktionsphase durch die Gruppe
vorgenommen werden.

Bekanntheit und Anwendungen in der Praxis

Die Methode ist mit einem Bekanntheitsgrad von 95% die bekannteste
Kreativitätstechnik. Drei Viertel aller Unternehmen wenden Brainstorming an. Drei Viertel dieser Anwender werten die Methode positiv (vgl. 3.14.). Unsere eigene empirische Untersuchung zeigt,
dass 100% aller Unternehmen, die mit Quality Circles arbeiten, in
diesem Rahmen auch Brainstorming einsetzen (vgl. 5.222.).

Stärken und Schwächen von Brainstorming

Hauptvorteile von Brainstorming sind: **Einfache Handhabbarkeit,
einfache Anwendungsmöglichkeit** im Unternehmen, **geringe Kosten**
und das Ausnützen von **Gruppensynergien.** Brainstorming wirkt
motivierend und ist ein sinnvolles Kommunikationstraining.
Brainstorming ist nur für relativ **einfach strukturierte Problemstellung** geeignet. Es können **gruppendynamische Konflikte**
auftreten. Im Brainstorming werden viele Ideen produziert; es
folgt im nachhinein eine **aufwendige Ideenselektionsphase.** Die
Gefahr von **Abschweifungen** und **Problemausdehnung** kann im
Brainstorming bestehen (vgl. Schelker 1976, 128).

3.2112. Little Technik (1)

Bei dieser Methode, die auch **didaktisches Brainstorming** genannt wird, gelten grundsätzlich die gleichen Regeln wie beim
klassischen Brainstorming. Der wesentliche Unterschied besteht
darin, dass die Sitzungsteilnehmer das zu lösende **Problem zu
Beginn der Kreativitätssitzung nicht kennen.** Der Moderator führt
die Teilnehmer sukzessive an das Problem heran, um zu verhindern,
dass sich die Gruppe voreilig auf bestimmte Lösungen festlegt. Im
Verlauf der Sitzung (oder auch mehrerer Sitzungen) werden immer
weitere Infomationen über das zu lösende Problem freigegeben.
Die Little Technik geht auf Gordon, den Erfinder der Synektik,
zurück (vgl. 3.2131.). Gordon kritisierte am Osborn'schen Brainstorming die frühe Ausrichtung auf bestimmte Lösungswege und die
mangelhafte Möglichkeit der Assoziation zwischen Bewusstsein und
Unterbewusstsein. Ein didaktisches Brainstorming kann sich über
mehrere Stunden hinziehen. Gordon möchte genügend Zeit für die Behandlung aller Aspekte des Problems einräumen. Im Gegensatz zum
klassischen Brainstorming zählt bei der Little Technik die **Qualität der Ideen** und nicht die Quantität.

(1) Vgl. (Arnold 1962, 265ff), (Ulrich 1975, 143ff), (Johannson
    1978, 112ff)

Diese Methode ist unhandlicher als das klassische Brainstorming.
In der Praxis wird sie nur in unbedeutendem Umfang angewendet. Die
Technik wurde in den fünfziger Jahren unter anderem bei Arthur D.
Little angewendet. Empirische Zahlen über Bekanntheitsgrad und
Anwendung liegen keine vor. Als Anwendungsbeispiele werden kom-
plexe Problemstellungen, wie z.B. Neuproduktentwicklung genannt
(Johannson 1978, 112).

3.2113. Discussion 66 (1)

Discussion 66 (auch **Buzz-Session** oder **Philipps 66**) genannt, ermöglicht das Durchführen von brainstorming-ähnlichen
Sitzungen mit **grösseren Gruppen**. Diese Technik wurde von J.
Donald Philipps, Michigan, in den fünfziger Jahren entwickelt. Die
Teilnehmer werden in Sechsergruppen eingeteilt. Jede dieser Klein-
gruppen führt ein kurzes (6-minütiges) Brainstorming durch. Die
besten, der gesammelten Ideen, wählt die Gruppe aus und präsentiert diese Lösungsvorschläge im Plenum.
Durch den zeitlich straffen Ablauf dieser Technik werden die Teilnehmer stark aktiviert. Es können für verschiedene Problemaspekte
auch mehrere 6 x 6 Sitzungen hintereinander durchgeführt werden.
Diese Technik empfiehlt sich bei Gruppengrössen von 20 Personen
und mehr. Die Methode bringt die Gruppenmitglieder enorm unter
Zeitdruck, was sich als starker Negativfaktor auswirken kann. In
den USA arbeiten etwa 5% der Unternehmen mit dieser Methode. Der
Hauptvorteil liegt darin, dass in relativ kurzer Zeit ein grosses
Lösungsspektrum sichergestellt werden kann. Der Hauptnachteil besteht darin, dass die Methode es nicht erlaubt, sich vertieft mit
der Problemstellung auseinanderzusetzen.

(1) Vgl. (Mason 1960), (Ried 1981,32ff), (Schelker 1975, 125ff),
    (Johannson 1978, 108ff)

3.2114. Weitere Brainstorming-Methoden

Einige weitere Abwandlungen des klassischen Brainstorming werden hier kurz vorgestellt. Diese Methoden sind bezüglich ihrer praktischen Anwendungsbedeutung von geringer Relevanz.

Imaginäres Brainstorming (Keller 1974, 154ff). Das zu lösende Problem wird unter völlig geänderten Bedingungen gestellt. Man geht z.B. davon aus, sich im Zustand der Schwerelosigkeit zu befinden, oder sich am Nordpol aufzuhalten. Die Teilnehmer sollen sich so von festgefahrenen Vorstellungen bezüglich der Problemlösung befreien. Durch dieses Vorgehen sollen originellere Ideen produziert werden.

Destruktiv-konstruktives Brainstorming (Hummer 1964, 1216ff). Diese Technik wird auch "inverses Brainstorming" genannt. Die Methode geht von einer bestehenden Problemlösung aus. In einer ersten Phase werden mögliche Schwächen und Probleme der bestehenden Lösung aufgedeckt. Erst in der zweiten Phase wird nach besseren Lösungsvorschlägen gesucht.

Anonymes Brainstorming (Battelle-Institut 1972, 32). Das Sammeln von Ideen findet vor der eigentlichen Sitzung statt. Die Ideen werden dem Moderator übergeben. Dieser trägt sie vor, ohne den Urheber zu nennen. Die Gruppe versucht, an die jeweilige Idee anzuknüpfen und neue, bessere Lösungsansätze zu finden.

SIL-Methode (Schlicksupp 1980, 70ff). Die SIL-Methode (=Sukzessive Integration von Lösungselementen) möchte individuelle Kreativität mit Gruppenarbeit kombinieren. Die Teilnehmer überlegen sich Lösungsansätze und tragen diese der Reihe nach vor. Die Lösungsansätze des nächsten, und aller darauf folgender Teilnehmer, werden mit den vorgetragenen Ideen verknüpft und integriert. Durch dieses sukzessive Vorgehen, soll am Schluss die bestmögliche Lösung vorliegen. Man versucht besonders nützliche Anregungen der Sitzungsteilnehmer herauszuarbeiten und zu einer überlegenen Gesamtlösung zu verdichten.

Wildest Idea Technic (1) Zu den ungewöhnlichsten und originell-
sten Ideen, die mit Brainstorming gefunden worden sind, werden
noch weitergehende, noch verrücktere Ideen produziert. Das Umfeld
und die Ausgangslage für wirklich neuartige und originelle Lösung-
en soll dadurch verbessert werden.

Als zusätzliche, brainstorming-ähnliche Kreativitätstechniken sind
in der Literatur folgende Methoden erwähnt (vgl. Hürlimann 1981,
46f):
- **Creative Collaboration**
- **Erzwungene Assoziation**
- **Organized Random Search**
- **Stimulating Supervision**
- **Podiumsgespräch**
- **Tear-Down Technik**

3.212. Brainwriting Methoden

In Anknüpfung, und als weitere Abwandlung von Brainstorming, gibt
es eine ganze Reihe von Brainwriting-Techniken. Brainwriting bedeutet das schriftliche Festhalten und Entwickeln von Ideen. Auch
diese Methoden sind zum grossen Teil in den fünfziger Jahren in
den USA entwickelt worden (Johannson 1978, 115), fanden ihren
Aufschwung aber vor allem in Europa. Teilnehmer notieren ihre
Ideen individuell. Durch besondere Austauschmechanismen dieser
Ideenzettel, die bei den einzelnen Brainwriting-Methoden verschie-
den sind, werden die Ideen den anderen Teilnehmern zur Kenntnis
gebracht und weiterentwickelt.

(1) Vgl. (Richards 1974, 72), (Johannson 1978, 115)

3.2121. Methode 635 (2)

Die Methode 635 ist ein schriftlich vorprogrammiertes Brainstorming. Sie gründet auf der Erkenntnis, dass Brainstorming immer dann besonders erfolgreich ist, wenn die Idee eines Teilnehmers von den anderen Gruppenmitgliedern aufgegriffen und weiterentwickelt wird. 6 Teilnehmer bringen jeweils 3 Ideen in 5 Minuten zu Papier (deshalb der Name "Methode 635"). Nach Ablauf der 5 Minuten tauschen die Teilnehmer die speziell vorbereiteten Arbeitsblätter aus. Jeder Teilnehmer schreibt 3 weitere Ideen auf die 2. Zeile des Formulars. Dabei kann an die Ideen des Vorgängers angeknüpft werden. Nach weiteren 5 Minuten erfolgt wieder der Austausch der Formulare. Auf diesem Weg entstehen in 30 Minuten 6x6x3, also 108 Ideen.
Die Methode ist von **Bernd Rohrbach** in der Bundesrepublik Deutschland entwickelt worden. Sie knüpft an Brainwriting-Techniken an, die in den USA schon früher bekannt waren. Die Methode eignet sich auch für Grossgruppen (in diesem Fall wird mit getrennt voneinander operierenden Sechserteams gearbeitet). Im Gegensatz zum Brainstorming fallen Führungs- und Protokollaufgaben weg. Eine 635-er Sitzung wird ähnlich vorbereitet wie ein Brainstorming. Definition und Analyse der Problemstellung vor der Methodenanwendung sind wichtig. Auch das Prinzip der "hinausgeschobenen Beurteilung" ist bei der Methode 635 gewährleistet.

Die Methode ist vor allem in Deutschland bekannt. 50% der Unternehmen kennen die Methode, etwa 10% wenden sie an. Unsere eigene Erhebung zeigt, dass 50% der Firmen, die mit Quality Circles arbeiten, Brainwriting-Techniken verwenden (vgl. 5.222.). Abbildung 25 zeigt ein praktisches Beispiel für die Methode 635 zum Problem "neue Anwendungsmöglichkeiten für selbstklebende Leuchtfolie":

(2) Vgl. (Rohrbach 1969, 73ff), (Rohrbach 1974, 979ff)

Abb. 25: <u>Praxisbeispiel für die Methode 635</u> (Dirlewanger,

Battelle-Institut

1984, Kap. 1)

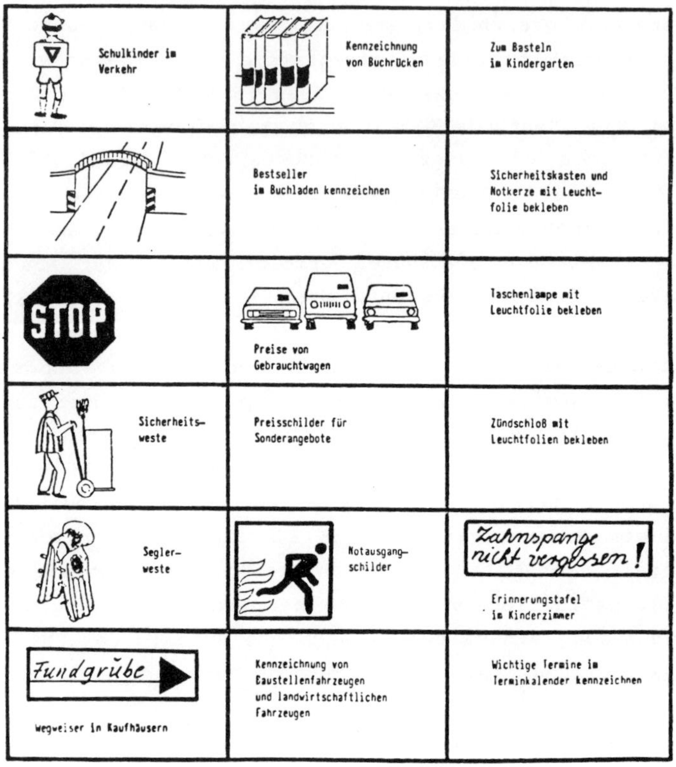

Schulkinder im Verkehr	Kennzeichnung von Buchrücken	Zum Basteln im Kindergarten
	Bestseller im Buchladen kennzeichnen	Sicherheitskasten und Notkerze mit Leucht-folie bekleben
STOP	Preise von Gebrauchtwagen	Taschenlampe mit Leuchtfolie bekleben
Sicherheits-weste	Preisschilder für Sonderangebote	Zündschloß mit Leuchtfolien bekleben
Segler-weste	Notausgang-schilder	Zahnspange nicht verglosen! Erinnerungstafel im Kinderzimmer
Fundgrube Wegweiser in Kaufhäusern	Kennzeichnung von Baustellenfahrzeugen und landwirtschaftlichen Fahrzeugen	Wichtige Termine im Terminkalender kennzeichnen

<u>Vor- und Nachteile der Methode 635</u>

Die Methode ist einfach durchzuführen. In kurzer Zeit wird eine
grosse Anzahl von Ideen produziert. Die Ideen werden durch das
Gespräch nicht zerredet. Vorschläge können aufgegriffen und weiterentwickelt werden. Gruppenleitung und Protokollführung entfal-
len.

Dem eigentlichen Prinzip des kreativen Denkens widerspricht die Methode durch ihren starren Ablaufmechanismus (vgl. Linneweh 1973, 98).

3.2122. Ideen-Delphi (Battelle-Institut 1972, 125ff)

Die bekannte **Delphi-Methode,** von Olaf Helmer in den fünfziger Jahren in Zusammenarbeit mit der Firma Rand Corporation entwickelt, ist eher eine Prognose-Metnode, nicht eine Kreativitätstechnik (vgl. Dalkei/Helmer 1963, 958ff). Es werden Meinungen von Fachleuten in Bezug auf zukünftige Vorgänge gesammelt und im Verlauf von mehreren Durchgängen verdichtet. Die Technik ist sehr nützlich für das Aufstellen von Prognosen und das Abschätzen von Eintrittswahrscheinlichkeiten von zukünftigen Entwicklungen.

Geschka hat am Battelle-Institut den Verfahrensrahmen der Delphi-Methode übernommen und daraus eine Kreativitätstechnik mit dem Namen "Ideendelphi" gemacht. Zwischen fünf und dreissig Experten entwickeln zu einer vorgegebenen Problemstellung gleichzeitig, unabhängig voneinander, innerhalb von 2-4 Wochen Lösungsansätze. Die gefundenen Lösungsansätze werden zusammengefasst und in einer zweiten Runde wieder den Teilnehmern zugesandt. Dieser Prozess wiederholt sich 3-4 mal. Aufgrund der Rücksendungen wird vom Moderator des Ideendelphis jeweils eine Ideenliste ausgearbeitet, in der alle relevanten Lösungsansätze zu finden sind. Diese wird den Teilnehmern für die nächste Runde zugesandt.
Die Durchführung eines Ideendelphis ist ziemlich aufwendig und dauert von mehreren Wochen bis zu mehreren Monaten. Es fehlt die direkte Kommunikation zwischen den Teilnehmern. Immerhin ist es ein Vorteil, dass sich die Teilnehmer intensiv, längerfristig mit einem Problem befassen können und so vielleicht zu tiefergehenden, besser strukturierten Lösungsansätzen finden.

3.2133. Weitere Brainwriting-Methoden

Brainwriting-Pool (Schlicksupp 1980, 69f)
Es handelt sich hier um eine Weiterentwicklung der Methode 635.
Der wesentliche Unterschied besteht darin, dass die Taktsituation
aufgehoben ist. Die Teilnehmer brauchen nicht mehr in genau 5
Minuten 3 Ideen zu produzieren. Sie unterliegen keiner zeitlichen
Einschränkung. Die Ideen werden im Brainwriting-Pool einfach auf
einen Zettel geschrieben in der Mitte des Tisches plaziert. Dieser
Ideen-Pool dient zum Austauschen der schriftlich niedergelegten
Ideen. Die Teilnehmer können beliebig neue Ideen entwickeln, zu
Papier bringen oder, wenn gerade keine Idee da ist, einen Zettel
aus dem Pool nehmen und an die Idee eines anderen Teilnehmers
anknüpfen. Diese Methode trägt den verschiedenen Arbeitsrhythmen
der Sitzungsteilnehmer Rechnung. Die Sitzung ist von flexibler
Dauer (20-40 Minuten). Battelle-Studien zeigen, dass mit dem
Brainwriting-Pool in kürzerer Zeit mehr verwertbare Vorschläge
produziert werden als mit der Methode 635 (Battelle-Institut 1972,
49f). Die Methode ist in der Praxis allerdings nur in unbedeutendem Ausmass bekannt.

Collective Notebook Methode (CNB-Technik) (Häfele 1962, 71ff)
Bei der CNB-Methode erhalten 10-15 Experten je ein Ideenbuch, in
dem die Problemstellung genau umschrieben ist. Sie werden aufgefordert, täglich Ideen zum Problem zu notieren. Nach einer bestimmten Zeit (z.B. 30 Tage) fasst jeder Teilnehmer seine Ideen
zusammen und schickt das Buch zurück. Der Koordinator wertet die
Ergebnisse aus. Die Teilnehmer werden zu einer Kreativitätssitzung
einberufen, an der versucht wird, eine optimale Lösungskonzeption
zu finden. Mit dieser Methode kann ein umfangreiches, heterogenes
Ideenpotential genutzt werden. Sie ist in den USA bei ca. 30% der
Unternehmen bekannt.

Trigger-Technik (Battelle-Institut 1972, 40)
Die Trigger-Technik will den Wettbewerb zwischen den Teilnehmern
in Gang bringen. 5-8 Personen listen zu einem Problem 10 Minuten
lang Schlüsselbegriffe auf. Jeder Teilnehmer trägt danach seine
Begriffliste vor. Eine Idee kann nur einmal vorgebracht werden. In

einer zweiten Runde müssen neue Ideen zum gleichen Problem notiert und vorgetragen werden. Es werden immer höhere Anforderungen an die Originalität der Teilnehmer gestellt.

Als weitere Brainwriting-Techniken werden in der Literatur erwähnt (vgl. Hürlimann 1981, 46f):
- **BBB-Methode** (Battelle Bildmappen Brainwriting)
- **Scenario-Writing**
- **Idea-Engineering**
- **Kärtchen-Befragung**
- **Ideenkartei**

3.213. Synektische Methoden

"Synektik" stammt aus dem Griechischen und bedeutet **"das Ausein-anderliegende zusammenbringen"**. Bei den synektischen Methoden wird die Problemstellung nicht von vorneherein klar abgegrenzt. Sie wird vorerst offen gelassen, um auch weit auseinanderliegende Problem- und Lösungsaspekte in den Problemlösungsprozess aufnehmen zu können. Die synektischen Methoden gehen auf **William J.J. Gordon** zurück, der in den vierziger Jahren mit Studien zu Individual- und Gruppenkreativität begonnen hat. 1960 hat sich daraus die Kreativitätstechnik "Synectics" entwickelt (vgl. Linneweh 1973, 100ff). Sein bekanntes Buch **"Synectics"** ist 1961 erschienen (Gordon 1961). Seither haben zahlreiche Firmen erhebliche Mittel in die Ausbildung ihrer Mitarbeiter investiert, um die Synektik im eigenen Unternehmen realisieren zu können. Auch in Europa hat sich die Methode, vor allem bei grösseren Firmen, durchsetzen können.

3.2131. Synektik (1)

Die Synektik nach Gordon basiert auf den Erkenntnissen der Kreativitätsforschung. Die Synektik folgt den Phasen des kreativen Prozesses (vgl. 2.2132.). Die grundlegenenden Denkprinzipien der Synektik sind:

- Das **Uebertragen** von problemfremden Strukturen auf das zu lösende Problem und
- die **Kombination** von sachlich nicht zusammenhängenden Wissenselementen.

Die Synektik unterscheidet vier grundlegende Aktivitätsmuster:

1. Intensive Beschäftigung mit dem Problem (Strukturieren, Informationen sammeln, einfache Lösungsansätze entwickeln).

2. Verfremdung (Ablenkung vom Problem)

3. Herstellen von Verbindungen (Strukturvergleiche, Analogiebildungen)

4. Spontanes Bewusstwerden von Lösungsideen (Illuminationen)

Gordon hat hunderte von Wissenschaftlern und Künstlern nach dem Geheimnis ihrer schöpferischen Arbeit befragt. In Synektiksitzungen sollen emotionale Komponenten wirken können, die sonst durch kritisch-intellektuelles Verhalten an der notwendigen Entfaltung gehindert werden. Synektiksitzungen sind in der Regel sehr aufwendig. Es können 8-12 Personen daran teilnehmen; diese sollten aus verschiedenen Fachbereichen stammen. Die einzelnen Schritte des synektischen Prozesses laufen wie folgt ab:

(1) Zur Methode Synektik vgl. u.a.: (Gordon 1961), (Linneweh 1973, 101ff), (Schelker 1976, 131f), (Pümpin 1976, Kap. 3.33.), (Johannson 1978, 133ff), (Schlicksupp 1980, 72ff), (Pausewang 1980, 22ff), (Ried 1981, 35ff)

Schritt 1: **Problemvorgabe**

Umfassende Darstellung des Problems, wie es sich im momentanen Zeitpunkt präsentiert. Alle Problemelemente werden erwähnt. An Stelle von Problemen wird häufig von "opportunities" gesprochen.

Schritt 2: **Analyse und Erläuterung des Problems**

Das Problem wird von den Teilnehmern diskutiert und analysiert, bis jeder umfassendes Verständnis hat. Laufend finden Erläuterungen seitens des **Experten** für das Problem statt. Der Experte (er ist der "Auftraggeber" der Kreativsitzung) ist auch verantwortlich für die Problemvorgabe in Schritt 1.

Schritt 3: **Entwicklung spontaner Lösungsansätze**

Nachdem das Problem analysiert ist, werden in einem ersten Brainstorming spontane Lösungsansätze gesucht. Damit sollen die ersten, auf der Hand liegenden Lösungen eingebracht werden. Dies weniger im Hinblick auf die definitive Lösung, sondern damit die Sitzungsteilnehmer ihren ersten **Ideenschub loswerden** können. Unterbliebe diese Phase, würde der nachfolgende synektische Prozess negativ beeinflusst.

Schritt 4: **Neue Problemdefinition**

Durch die intensive Auseinandersetzung mit dem Problem sind **neue Informationen** aufgetaucht, die in einer Neudefinition zusammengefasst werden.

Schritt 5: **Bildung und Auswahl direkter Analogien**

Das Problem wird nun vollständig **verfremdet.** Ueber diesen Umweg sollen wirklich neuartige Lösungsansätze gefunden werden. Mit Hilfe von **direkten Analogien** soll herausgefunden werden, wie ähnliche Problemstellungen in anderen Wissensbereichen gelöst worden sind. I.R. werden für technische Problemstellungen Analogien aus der Natur oder dem sozialen Bereich gesucht. Umgekehrt, bei sozialwissenschaftlichen Problemen, nach Analogien in Natur und Technik gefragt.

Schritt 6: Bildung und Auswahl persönlicher Analogien

Durch den Schritt 5 sind i.r. 5-20 Ideen für direkte Analogien gefunden worden. Die Synektikgruppe wählt nun eine direkte Analogie aus, die für die Lösung des Problems am erfolgversprechendsten erscheint und sucht dazu nach **persönlichen Analogien.** Dies erfolgt in Form eines sog. **"Psychodramas".** Die Teilnehmer sollen sich mit dem Problem und der ausgewählten, direkten Analogie identifizieren. Gefühle, Empfindungen und Gedanken sollen geäussert werden, die man erleben würde, wenn man selbst Analogieobjekt wäre.

Schritt 7: Bilden von symbolischen Analogien

Die interessantesten, persönlichen Analogien werden in symbolische **Buchtitel** übersetzt, die besonders gut zur persönlichen Analogie passen. Gefragt sind paradoxe Titel wie z.B. "stabile Zerbrechlichkeit ", "trockener Regen", "kalter Sommer" usw.

Schritt 8: Bildung und Auswahl direkter Analogien

Die Verfremdung vom Ausgangsproblem hat nun ihren Höhepunkt erreicht. In der Regel kann kaum mehr eine Beziehung zwischen dem vorliegenden Buchtitel und dem ursprünglichen Problem hergestellt werden. Nun erfolgt die Rückführung zum Ausgangsproblem. Neue direkte Analogien, die auch aus dem ursprünglichen Problembereich entnommen werden können, sollen zu diesem zurückführen.

Schritt 9: Beschreibung ausgewählter Analogien

Die am aussichtsreichsten erscheinende Analogie wird ausgewählt und intensiv beschrieben.

Schritt 10:Herstellung der Verbindung zum Problem ("Force Fit")

Dies ist die zentrale Phase der Synektik. Im sog. **"Force Fit"** versucht die Gruppe, die Verbindung zwischen dem Problem und der ausgewählten, direkten Analogie herzustellen. Dies kann zu neuartigen Lösungsansätzen für das Problem führen.

Schritt 11: **Festhalten der Lösungsansätze**

Die entwickelten Ideen werden festgehalten, sorgfältig bewertet und im Hinblick auf ihre Realisierbarkeit überprüft.

Zur Illustration sind in Abbildung 26 einige Problemstellungen erwähnt, die in der Praxis erfolgreich mit Synektik gelöst wurden:

Abb. 26: Praktische Beispiele für Synektik (Pausewang 1980, 28)

Problemstellung	Entscheidendes Reizwort	Lösungsidee
Gestaltung eines kinderfreundlichen PKW	Schallplatte (dreht sich)	Drehsitz, auf dem sich die Mutter zum Kind wenden kann
Entwicklung einer Tapeziermaschine	Keilriemen (treibt mehrere Rollen an)	Zwei gegeneinander laufende Walzen.Von einer Walze wird die Tapete abgespult, die zweite Walze trägt Leim auf.die Walzen befinden sich am Ende einer Stange, die zur Führung an der Wand dient
Einrichtungen für das Büro der Zukunft	Federkerne einer Matratze (vibrieren)	Sessel mit Vibrationsautomatik zum Entspannen in Arbeitspausen

Wohl kaum eine andere Kreativitätsmethode verwendet die Mittel der **Diskontinuitätserzeugung** (**Verfremdung, Analogie, Abstraktion, Assoziation**) in derart konsequenter Weise wie die Synektik. Zweifellos ist sie eine sehr anspruchsvolle Methode. Die Anforderungen an die geistige Beweglichkeit, Bereitschaft zum Ungewöhnlichen und der Wille zum Engagement sind hoch. Ein positives, gruppendynamisches Umfeld ist notwendige Voraussetzung für erfolgreiche Synektiksitzungen. Der Moderator muss das methodische Vorgehen sehr genau kennen und schon praktisch durchgespielt haben. Synektiksitzungen dauern von 2-3 Stunden bis zu mehreren Tagen.

Die Synektik ist bei etwa 50% der Unternehmen bekannt und wird von 10-20% der Firmen angewendet. Dies sind vor allem Grossunternehmen. Die optimale Teilnehmerzahl liegt bei 7 Teilnehmern und

einer Sitzungsdauer von 2 Stunden (vgl. Johannson 1978, 144f). Die
Synektik ist für den Einsatz im Quality Circle-Konzept zu kompliziert und wird deshalb in diesem Rahmen nur in sehr geringem Umfang angewendet (vgl. 5.222.).

3.2132. Basic Synectics

In den frühen sechziger Jahren begann George M. Prince, ein Mitarbeiter von Gordon, mit einer zweiten Richtung von Synectics. Rohrbach hat diese Richtung vertieft und daraus eine neue Kreativitätstechnik mit der Bezeichnung **"Basic Synectics"** gemacht, von
der Rohrbach erstmals 1973 im Rahmen seiner Kurstätigkeit gesprochen hat (Johannson 1978, 153).
In ihren Grundzügen entspricht die Methode der Synektik. Der Zeitaufwand lässt sich jedoch auf 30-60 Minuten reduzieren. Die ersten
beiden Phasen gleichen dem Synektikprozess:
- Problemvorgabe und Analyse sowie Problemerläuterung
-   In einer dritten Phase wird das Problem in Form von kurzen
    Sätzen (sog. "How To's") umschrieben. Die interessantesten "How
    To's" werden ausgewählt.
- In der vierten und fünften Phase von Basic Synectics wird mit
    Hilfe von Brainstorming nach Ideen und Lösungsansätzen zu die-
    sen "How To's" gesucht und diese festgehalten.
- In der sechsten Phase, dem sog. "Itemized Response" werden die
    Ideen bewertet. Die positiven Aspekte einer Idee werden hier
    herausgearbeitet und die "Sorgen" bezüglich der Idee werden in
    Form eines Wunsches, an eine vollkommenere Idee, in die Diskus-
    sion eingebracht (z.B. ich wünsche mir jetzt nur noch, dass
    ...). Der "Itemized Response" (=positiv gegliederte Antwort)
    ist der eigentliche Kern von Basic Synectics. Durch ihn sollen
    negativistische Tendenzen, wie z.B. "Killer-Phrasen" verhindert
    werden.
- In der siebten Phase "Vue Point" werden die ersten drei Schrit-
    te für die Realisierung eines Problems herausgearbeitet (meine
    nächsten drei Schritte werden sein: 1. ..., 2. ..., 3. ...).

Ueber Kenntnis und Anwendung von Basic Synectics in der Praxis
liegen keine empirischen Zahlen vor. Auf Grund reger Kurstätigkeit
über diese Methode dürfte der praktische Anwendungsstand (wenigstens im deutschsprachigen Raum) mindestens so hoch wie die Verbreitung von Synektik sein.

3.2133. Bionik (1)

Die Bionik untersucht Vorgänge, Strukturen und Mechanismen der
Natur (Pflanzen und Tiere) und möchte daraus Ideenanstösse für das
Lösen von menschlichen und technischen Problemen gewinnen. J.E.
Steele hat diese Methode in den fünfziger Jahren entwickelt, als
er den Versuch unternahm, die Arbeitsweise des menschlichen Gehirns zu erforschen und mit Hilfe der Mathematik zu beschreiben.
Aehnlich wie die Synektik, basiert die Methode auf der **Bildung
von direkten Analogien.** Die Methode wird vorwiegend im technischen Bereich und für die Produktegestaltung eingesetzt. Die US
Air Force entwickelte z.B. einen Flugzeuggeschwindigkeitshöhenmes-
ser nach dem Prinzip eines Käferauges (Linneweh 1973, 107). Erhebliche Bedeutung kommt der Bionik weniger als praktisch einsetzbare
Kreativitätstechnik zu, sondern viel mehr als einem allgemein zu
verstehenden Prinzip, das immer wieder Quelle für neue Ideen sein
kann.

3.214. Weitere intuitiv-assoziative Methoden

Vor allem am Battelle-Institut, Frankfurt, sind weitere Kreativitätstechniken oder auch nur Technik-Varianten zu intuitiv-assoziativen Methoden entwickelt worden (vgl. Schlicksupp 1980, 76ff).
Im folgenden sind einige dieser Methoden kurz beschrieben:

(1) Zur Bionik vgl. u.a. (Papanek 1967, 52f), (Linneweh 1973, 107),
    (Johannson 1978, 165)

Semantische Intuition

Diese Technik beruht auf dem Phänomen, dass sich der Mensch beim Hören oder Lesen eines Begriffes, diesen gleichzeitig und intuitiv mit einer plastischen, gedanklichen Vorstellung verknüpft. Das menschliche Gehirn produziert ein spontanes "Begleitbild". Dies passiert auch bei vollkommen neuartigen Begriffen. Die semantische Intuition nützt diesen Umstand aus und versucht durch neuartige Wortkombinationen neue Ideen zu produzieren. Abbildung 27 zeigt ein praktisches Beispiel für semantische Intuition.

Abb. 27: Semantische Intuition zum Auffinden von Produktideen für neue Sportartikel

1. Während 2 - 3 Minuten durch die Gruppe möglichst viele Sportgeräte aufzählen lassen und diese Einzelbegriffe zerhackt aufnotieren:

1. Wind	a. Schuhe
2. Fischer	b. Langlauf
3. Boot	c. Bob
4. Velo	d. Surfer
5. Schlitt	e. Dampfer
6. Ski	f. Kanu
7. Hantel	g. Bade
8. Rad	h. Segel
9. Hose	i. Renn

2. Jeder Teilnehmer bildet für sich verschiedene Wortkombinationen und versucht so, Ideen für einen neuen Sportartikel zu erzeugen und diesen zu skizzieren: z.B.

   - Wind-Velo

   - Roll-Surfer

   usw.

Die semantische Intuition eignet sich besonders für das Auffinden von neuen Produkten (vgl. Schlicksupp 1980, 78). Durch die Begriffsverknüpfung ergeben sich neuartige, fremde Begriffe, über die, unter Umständen, Ideen für neue Produkte gefunden werden können. Mit der semantischen Intuition lassen sich, mit sehr kleinem Aufwand, wirklich originelle Ideen erzeugen.

Visuelle Synektik

Visuelle Synektik versucht die optische **Wahrnehmung** in den kreativen Problemlösungsprozess einzubeziehen. Besonders geeignet dafür sind heterogene, zufällig zusammengestellte Diakollektionen. Die Bilder werden projiziert. Man lässt sie kurze Zeit einwirken und versucht dann Bildelemente mit Ideen zum gestellten Problem zu verknüpfen (vgl. Schlicksupp 1980, 78ff).

Force Fit-Spiel

Zwei Mannschaften mit je 2-8 Personen sind beteiligt. Die eine Mannschaft sucht nach Begriffen, die soweit wie möglich vom zu lösenden Problem entfernt sind. Die zweite Gruppe versucht Lösungsansätze zum Problem zu entwickeln. Dafür hat sie 5 Minuten Zeit. Gelingt der Gruppe eine befriedigende Lösung (ein Schiedsrichter entscheidet) erhält sie einen Punkt. Es wird 60 Minuten lang gespielt, diejenige Mannschaft mit der höheren Punktzahl tritt als Sieger aus dem Force Fit-Spiel hervor (vgl. Johannson 1978, 168).

Checklisten

Checklisten zur Ideengewinnung beinhalten besonders geeignete Fragen und Reizwörter, mit denen der Ideenfluss stimuliert werden soll. In der Literatur sind mehrere solche Listen bekannt (vgl. Hürlimann 1981, 50f). Die bekannteste Checkliste stammt von Osborn, dem Erfinder des Brainstorming. Sie wurde ausgearbeitet als Ergänzung und Hilfsmittel zum Brainstorming, ist aber auch in Kombination mit anderen Kreativitätstechniken anwendbar. Abbildung 28 zeigt die Checkliste von Osborn.

Abb. 28: Checkliste zur Ideengewinnung (Osborn, bei Johannson

1978, 174)

a) **"Put to other uses!"**, d.h. anders verwenden;
gibt es andere Verwendungsmöglichkeiten für ein Produkt oder Verfahren?

b) **"Adopt?"**, d.h. Adaptieren;
was ist so ähnlich, welche Parallelen lassen sich ziehen, was kann imitiert (kopiert) werden?

c) **"Modify?"**, d.h. Modifizieren;
was kann verändert bzw. hinzugefügt werden (Farbe, Bewegung, Klang, Geruch, Form, Grösse usw.)?

d) **"Magnify?"**, d.h. Magnifizieren;
ist irgendeine Vergrösserung oder Ausweitung möglich? Z.B. höher, länger, dicker, mehr Zeit, mehr Kraft, verdoppeln, multiplizieren.

e) **"Minify?"**, d.h. Minifizieren;
was kann man weglassen, verkleinern, komprimieren, kondensieren, vertiefen, kürzen, aufhellen, aufspalten?

f) **"Substitute?"**, d.h. Substituieren;
durch was kann man ersetzen (anderes Material, anderes Verfahren, andere Kraftquellen, anderen Platz, andere Stellung)?

g) **"Rearrange?"**, d.h. Rearrangieren;
kann man Komponenten austauschen? Kann man Reihenfolgen verändern? Kann man Ursachen und Folgen transportieren?

h) **"Reverse?"**, d.h. Umkehren;
ist eine Vertauschung von Extremen, eine umgekehrte Rangfolge möglich? Kann man es rückwärts machen? Wie ist es mit dem Gegenteil?

i) **"Combine?"**, d.h. Kombinieren;
kann man Elemente, Systeme, Konzeptionen, Ideen, Absichten kombinieren?

3.22. Systematisch-analytische Methoden

Schlechtstrukturierte Probleme, die ja im Zentrum der Anwendung von Kreativitätstechniken stehen, sind offene Probleme. Zahl und Art der möglichen Lösungen sind nicht vorgegeben. Jedes Ergebnis des Problemlösungsprozesses ist nur eine relativ optimale Lösung in einem bestimmten Zeitpunkt. Die systematisch-analytischen Methoden tragen diesem Umstand Rechnung und versuchen durch eine, **Vielzahl von Lösungswegen,** die Wahrscheinlichkeit, eine relativ **optimale Lösung** zu finden, zu steigern. Die grundlegende Heuristik dieser Methodengruppe ist die systematische Analyse eines

Problems. Die Fragestellung wird in ihre Subelemente aufgespalten. Durch Kombination und Variation dieser Elemente wird nach neuen Lösungsansätzen gesucht (vgl. Schlicksupp 1980, 47). Die systematisch-analytischen Methoden lassen sich sowohl von Einzelpersonen, wie auch in Gruppen anwenden. Durch die systematisches Denken sollen vorhandene Denkblockaden und Fixierungen überwunden werden.

3.221. Morphologie (1)

Die Morphologie ist eine der wichtigsten und am meisten verbreiteten Kreativitätstechniken. Sie wurde vom Schweizer Erfinder und Astronomen Fritz Zwicky, gebürtiger Glarner, in den vierziger Jahren entworfen und noch während des zweiten Weltkrieges erfolgreich bei der Entwicklung von Strahltriebwerken eingesetzt. Zwicky, der bis 1974 in Kalifornien lebte, und als Professor für Astrophysik wirkte, hat in seinen Werken ein eigentliches morphologisches Weltbild entwickelt. "Morphologie" bedeutet Kenntnis der Gestalt und Struktur. Morphologie ist eine Anleitung zum Denken in Totalitäten. Alle möglichen Lösungen sollen vorurteilslos betrachtet werden. Dies als Absicherung gegen Zufälligkeiten und Undiszipliniertheiten des Denkens. Zwicky spricht von drei analytischen und synthetischen Denkmethoden der Morphologie:
- von der Methode der **systematischen Feldüberdeckung**
- von der Methode des **morphologischen Kastens**
- von der Methode der **Negation und Konstruktion**

Morphologischer Kasten
Der morphologische Kasten ist das Hauptinstrument des morphologischen Denkens. Abbildung 29 zeigt als einfaches Beispiel einen morphologischen Kasten zum Problem "Fahrzeugaufbauten und Fortbewegungsformen:

---

(1) Zur Morphologie vgl. u.a.: (Zwicky 1960), (Krulis-Randa 1971, 18ff), (Holliger 1974), (Ulrich 1975, 77ff), (Brauchlin 1978, 300ff), (Gross 1963), (Pausewang 1980, 42ff)

Abb. 29 <u>Morphologischer Kasten</u> (Dirlewanger, Battelle-Institut
1984)

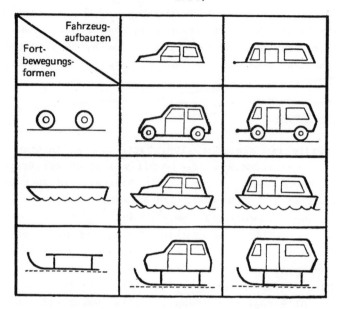

Das zu lösende Problem wird in seine einzelnen Komponenten (=**Pa-
ramter**) zerlegt. Für diese Problemkomponenten werden dann alle
bekannten und denkbaren Lösungen (=**Parameter-Werte**) gesucht.
Parameter und Parameter-Werte lassen sich in Form einer Matrix
darstellen. Durch die Kombination der Matrixelemente kann eine
Vielzahl von Lösungen abgeleitet werden. Ein Hauptproblem der
Methode liegt darin, aus der Totalität der Lösungsmöglichkeiten
die optimale Variante herauszufinden. Bei z.B. 5 Parametern mit je
4 Parameter-Werten lassen sich 1024 mögliche Lösungen erarbeiten.
Das Vorgehen im morphologischen Kasten umfasst 5 Arbeitsschritte
(vgl. Schlicksupp 1980, 48f):

1. Definition des Problems
2. Aufstellen der Parameter
3. Suche nach den Parameter-Werten
4. Analyse der in der Matrix enthaltenen Lösungen
5. Lösungsauswahl

Bei sehr komplexen Problemen kann der morphologische Kasten zu
einem dreidimensionalen Würfel erweitert werden.

Der morphologische Kasten ist in der Praxis stark verbreitet.
Ueber 80% der Unternehmen kennen die Methode und ca. 35% wenden
sie auch an (vgl. 3.14.). Für den Einsatz im Quality Circle-Konzept ist der morphologische Kasten weniger zu empfehlen (vgl.
5.222.). Die Methode berücksichtigt alle wesentlichen Aspekte
eines Problems. Die Kombination von analytischem und kreativem
Denken und ihre universelle Anwendbarkeit sind Hauptvorteile dieser Technik. Auf der negativen Seite muss erwähnt werden, dass die
Methode arbeits- und zeitaufwendig ist, die Variantenauswahl und
Evaluierung sehr schwierig sein kann und eventuell keine gesamt-
heitliche Lösung zustande kommt.

Morphologisches Tableau

Das morphologische Tableau (auch Problemfelddarstellung genannt)
dient, ebenso wie der morpholgische Kasten, der strukturierten,
systematischen Verarbeitung komplexer Probleme (vgl. Schlicksupp
1980, 55ff). Bekanntestes Beispiel für ein morphologisches Tableau
ist das, aus der Chemie bekannte, "Periodensystem der Elemente".
Abbildung 30 zeigt ein morphologisches Tableau zum Problemkreis
"Kühlen im privaten Bereich":

Abb. 30: Morphologisches Tableau (aus Dirlewanger, Battelle-Institut 1984)

P_1 = **was soll gekühlt werden?** (Kühlobjekte)
P_2 = **wo befindet sich das zu kühlende Objekt** (Ort der Kühlung)

P_2 = wo? \ P_1 = was?	Nahrungsmittel fest	flüssig	Apparate, elektr. Geräte	Personen	Haustiere	Blumen	
Wohnz.			i		i		
Schlafz.							
Bad/WC	⊠	⊠				⊠	
Küche	b	b					
Kinderz.							
Vorrats-räume	i	i	i	⊠	⊠	⊠	
Auto	i	i				⊠	
Garten							
Balkon/ Terasse							
unterwegs							

(Zeilengruppe links: **Im Haus**)

b = besetzt; i = interessant; u = müßte untersucht werden; ⊠ = keine sinnvollen Lösungen zu erwarten

Das morphologische Tableau ist ein gutes Instrument für das Auffinden von neuartigen Lösungsansätzen, z.B. bei der Suche nach neuen Produkten. Geschka und Schlicksupp (Battelle-Institut) haben an den morphologischen Kasten ein Bewertungsverfahren gekoppelt. Diese erweiterte Methode nennen sie **"sequentielle Morphologie"**. Mit dieser Technik können die wesentlichen und unwesentlichen Parameter schon am Anfang des Problemlösungprozesses herausgearbeitet werden. Dies erleichtert später die Auswahl von geeigneten Alternativen. Ein Hauptnachteil des morphologischen Kastens, die schwierige Variantenauswahl, kann durch dieses Verfahren abgeschwächt werden (vgl. Schlicksupp 1980, 58f).

3.22. Attribute Listing (1)

Attribute Listing (auch "Eigenschaftsliste" genannt) ist stark verwandt mit dem morphologischen Kasten. Der Anwendungsbereich für diese Methode ist jedoch wesentlich enger. Sie kann immer dann herangezogen werden, wenn ein bereits bestehendes Produkt oder Verfahren verbessert bzw. weiterentwickelt werden soll. Die Methode ist von Crawford in den fünfziger Jahren entwickelt worden. Durch systematisches Vorgehen sollen alle denkbaren Ansatzmöglichkeiten für Verbesserungsvorschläge zu einem bestehendes Problem aufgezeigt werden. Abbildung 31 zeigt ein praktisches Beispiel für Attribute Listing zum Problemkreis "Buchgestaltung":

Abb. 31: Attribute Listing (aus Schlicksupp 1980, 53)

Merkmal	Derzeitige Lösung	Mögliche andere Gestaltung
Format	Rechtecke, Großoktav	Riesenformat, Miniformat, Trapezform, Halboval …
Heftung	fest gebunden	Loseblatt, Endloszieharmonika, Ringheftung, Nieten …
Einband	fest geschlossen	durchbrochener Einband, ohne Einband, teilseitiger Einband …
Einbandmaterial	Karton	Textil, Kork, Kunstleder, Metallfolie, Emaille …
Wendefolge der Seiten	Blättern von rechts und links	Blättern von unten nach oben, bedruckte Rolle …
Darbietung des Inhalts	reine Schriftform	Zusatzbilder, Sprechbilder …
Inhalt	nur Romantext	zusätzlich: Werbung, Rätsel, Leerblätter für Notizen …

Alle wichtigen Eigenschaften und Merkmale eines Produktes oder Verfahrens werden aufgelistet und mögliche Aenderungen und Alternativen gesucht. Die Methode läuft in vier Schritten ab:

(1) zu Attribute Listing vgl. u.a.: (Crawford 1954), (Gröll 1971), (Linneweh 1973, 108f), (Johannson 1978, 187ff), (Schlicksupp 1980, 53f)

1. **Zerlegen** des Untersuchungsobjektes in seine Merkmale
2. **Beschreibung** des Ist-Zustandes der Merkmale
3. Systematische Suche nach **Variationsmöglichkeiten**
4. **Auswahl** und Realisation interessanter Variationen.

Attribute Listing wird vor allem in amerikanischen Unternehmen angewendet (vgl. Johannson 1978, 189).

3.223. Wertanalyse/Funktionsanalyse

Die **Wertanalyse** ist 1947 bei General Electric entwickelt worden und hat sich zu einer der wichtigsten Methoden in den USA entwickelt (1). Alle wichtigen Funktionen eines Produktes, Prozesses oder einer Dienstleistung werden daraufhin untersucht, ob sie kostengünstiger oder ertragsbezogener erbracht werden können. Die Methode hat ihren Ursprung im militärischen Bereich. Die Ausdehnung der Fragestellung der Wertanalyse auf qualitative Verbesserung bezeichnet man als **Funktionsanalyse.** Aehnlich wie beim morphologischen Kasten wird das zu untersuchende Problem in Subelemente **(Funktionen)** zerlegt und nach alternativen **Ausprägungsmöglichkeiten** der Subelemente gesucht.
Wertanalyse und Funktionsanalyse sind in den USA und in Europa stark verbreitet. Ca. 75% der Unternehmen kennen die Methode; in ca. 40% der Unternehmen wird sie auch angewendet (vgl. Johannson 1978, 193f). Die Methode dient der Förderung des Kosten-/Nutzendenkens. Sie ist sehr nützlich für Kostenreduktion und Produkteverbesserung (z.B. zur Verlängerung des Produktlebenszyklus). Die Technik ist universell anwendbar, aber sehr arbeits- und zeitintensiv. Gründliche Ausbildung und institutionelle Verankerung der Methode in Wertanalyse-Teams oder -Abteilungen sind Voraussetzungen für den erfolgreichen Einsatz im Unternehmen.

(1) Vgl. (Miles 1969), (Johannson 1978, 193f)

3.224. Weitere systematisch-analytische Methoden

Problemlösungsbaum

Durch den Problemlösungsbaum können sämtliche Alternativen, die sich aus einer Fragestellung ergeben, geordnet erfasst werden. Darstellungsinstrument ist eine hierarchisch verästelte Baumstruktur. Abbildung 32 zeigt einen Problemlösungsbaum für alle denkbaren Transportsysteme:

Abb. 32: Problemlösungsbaum (aus Schlicksupp 1980, 58)

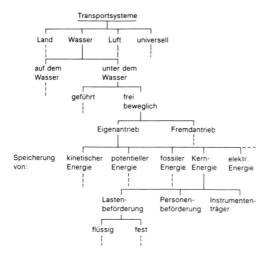

Jede Verästelung des Problemlösungsbaumes erfolgt nach einem bestimmten Gesichtspunkt. Dabei werden zuerst elementare und grundlegende Unterscheidungskriterien gewählt. Die tieferliegenden Folgeverästelungen beschreiben immer feinere Unterschiede zwischen den einzelnen Alternativen. Der Problemlösungsbaum lässt sich einfach mit einem Bewertungsverfahren verknüpfen. So wird er zum Entscheidungsbaum. Die Methode ist vielseitig anwendbar und führt rasch zu einer grossen Anzahl verschiedener Varianten.

Hypothesen-Matrix

Die Hypothesen-Matrix eignet sich für die analytische Durchdrin-
gung komplexer Sachverhalte. Verknüpfungen innerhalb einer offenen
Fragestellung sollen durch die Methode transparent gemacht werden.
Die Methode ist von Schlicksupp am Battelle-Institut entwickelt
worden (vgl. Schlicksupp 1980, 42ff). Eine praktische Fragestellung könnte z.B. lauten: "Welcher Bedarf an neuen Dienstleistungen
entsteht durch die Arbeitszeitverkürzung?"
Für die Hypothesen-Matrix werden nun zwei Bereiche definiert.
Bereich A = Bedarf an neuen Dienstleistungen; Bereich B = Arbeitszeitverkürzung. Die verschiedensten Aussagen und Hypothesen zu den
beiden Themenkreisen werden je auf einer Achse der Matrix angeordnet. Nun wird überlegt, ob es zwischen den einzelnen Aussagen in
den beiden Bereichen Zusammenhänge gibt. Für einzelne Aussagen
werden sich besonders intensive Zusammenhänge zeigen, diese werden
vertieft untersucht.
Die Methode ist sehr logisch und einfach. Sie ist dem morphologischen Kasten ähnlich. In der Praxis ist diese Technik weitgehend
unbekannt.

Einige **weitere systematisch-analytische Methoden** sind in der
Literatur erwähnt:
- **HIT-Methode** (Heuristic Ideation Technic) (vgl. Johannson
  1978, 210ff)
- **Ablauf-Analyse** (vgl. Johannson 1978, 213)
- **Progressive Abstraktion** (vgl. Schlicksupp 1980, 39)
- **KJ/NM-Methode** (vgl. Pausewang 1978, 192ff)

3.23. Weitere Problemlösungsmethoden

Im folgenden werden einige Denkansätze skizziert, die wohl dem
breiten Kreis der Problemlösungsmethoden zugerechnet werden können, bei denen es sich jedoch nicht um reine Kreativitätstechniken
handelt.

Die **Methode Kepner-Tregoe** ist ein eigenständiges Problemlö-
sungskonzept, das alle Phasen des Problemlösungsprozesses umfasst.

Das **laterale Denken** von De Bono ist eine Philosophie, die zu kreativem Denken anregen soll. Das **Ishikawa-Diagramm**, **Pareto- Analyse** und **Bewertungsmethoden** sind Problemlösungstechniken, die vor allem in der Analyse und Bewertungsphase der Problemlösung eingesetzt werden; ihnen kommt im Rahmen der Quality Circle Arbeit erhebliche Bedeutung zu.

3.23. Ishikawa-Diagramm

Das Ishikawa-Diagramm (auch **Ursache-Wirkungs-Diagramm** genannt), stammt vom Promotor der Quality Circle-Bewegung in Japan, von Professor K. Ishikawa. Es wird auch Fischgräten- oder Tannenbaum-Diagramm genannt. Diese Technik ist 1950 zum ersten Mal eingesetzt worden. Mit ihrer Hilfe können auf einfache Art und Weise Ursache und Wirkung eines Problems analysiert werden (vgl. Rehm/-Strombach 1984, 32ff). Abbildung 33 zeigt ein Ishikawa-Diagramm zu einem Problemkreis, der uns im Rahmen dieser Arbeit besonders interessiert: "Was sind die Ursachen für mangelnde Kreativität im Unternehmen?"

Die Methode läuft in 5 Phasen ab:
1. Problemdefinition (wie wirkt sich das Problem aus?)
2. Festlegung der Problemhauptursachen
3. Brainstorming zu möglichen Einzelursachen
4. Auswahl der wahrscheinlichsten Ursachen
5. Ueberprüfung und Lösungssuche
Im beschriebenen Beispiel sind 6 Hauptursachen gefunden worden: Mensch, Umwelt, Methode, Maschine, Material, Unterlagen.
Das Ishikawa-Diagramm wird häufig im Rahmen des QC-Konzepts eingesetzt. Parallel zur Verbreitung des Quality Circle-Konzepts in der Praxis ist deshalb auch die Verbereitung des Ishikawa-Diagramms einhergegangen. Unsere empirische Untersuchung zeigt, dass gut ein Drittel aller Unternehmen, die mit dem QC-Konzept arbeiten, auch das Ishikawa-Diagramm benutzen (vgl. 5.222.).

Abb. 33: <u>Ishikawa-Diagramm</u> (aus MIR-Leitfaden 1985, 4.3.)

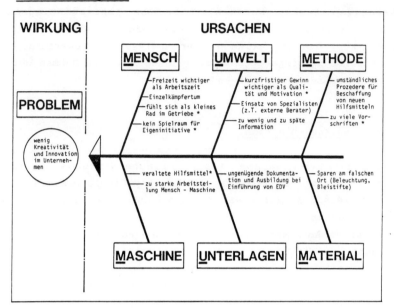

3.231. <u>Pareto-Analyse</u>

Der Italiener Vilfredo Pareto hat Ende des 19. Jahrhunderts diese Methode entwickelt. Pareto hatte festgestellt, dass zu seiner Zeit 20% der Menschheit, 80% des Reichtums der Erde besassen und wollte die Bevölkerung darauf aufmerksam machen. Aus diesem Grunde wird die Methode auch 80/20-Regel genannt. Es handelt sich um eine Technik zur Fehler- und Schwachstellenanalyse. Durch die Pareto-Analyse kann erreicht werden, dass die Probleme in der **richtigen Prioritätenreihenfolge** gelöst werden (vgl. Rehm/Strombach 1984, 83ff). Peter Drucker hat den Sinn der Methode einleuchtend umschrieben: "First things first, second things never!" (bei Spiess 1982, 26). Tatsächlich stellt man in fast jedem Bereich fest, dass durch das Lösen von einem oder zwei Kernproblemen das anvisierte Ziel zu 80 oder mehr Prozent erreicht werden kann. Der Aufwand für eine 100%-ige Zielerreichung steigt überproportional an. Die Pareto-Analyse eignet sich sehr gut für die Konsensbildung in Gruppen.

Abbildung 34 zeigt ein praktisches Beispiel. Es geht um die Ermittlung der Ursachen für den Ausschuss in einer Produktionswerk-
statt mit Drehautomaten:

Abb. 34: Pareto-Analyse (aus Rehm/Strombach 1984, 92)

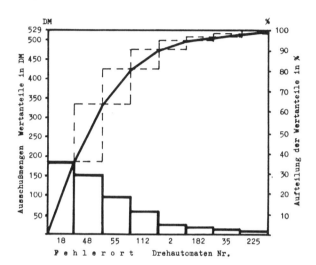

Als Hauptquellen für den Ausschuss konnten durch die Pareto-Analyse die Drehautomaten Nummer 18, 48 und 55 ermittelt werden. Mit
der Fehlerbehebung wird in dieser Reihenfolge begonnen.
Die Pareto-Analyse ist bei den QC anwendenden Firmen sehr verbreitet. Unsere Erhebung zeigt, dass 48% der QC-Anwender die Pareto-
Analyse benutzen (vgl. 5.222.).

3.233. Bewertungsmethoden

Im Problemlösungsprozess treten immer wieder Phasen auf, während
denen eine Vielzahl von Varianten erzeugt wird (Ursachen, Ideen,
Lösungsalternativen). In solchen Fällen muss mit Hilfe von Bewertungsmethoden selektiert und ausgewählt werden. Eine ganze Anzahl
solcher Methoden steht zur Verfügung, in die unterschiedliche Be-

wertungsfaktoren einbezogen werden können (vgl. Rehm/Strombach 1984, 19ff):

- Realisierbarkeit
- Dringlichkeit
- Aufwand
- Interesse der Beteiligten u.a.

Diese Faktoren werden von der Problemlösungsgruppe mit Hilfe eines **Punktesystems** gewichtet. Diejenige Variante mit der höchsten Punktzahl wird ausgewählt. Durch dieses Verfahren wird die Meinung aller Beteiligten beim Entscheidungsprozess berücksichtigt. Sie ebnet das Terrain für die Realisierungsphase. In der QC-Praxis setzt die Hälfte der Unternehmen ein solches Bewertungsverfahren ein (vgl. 5.222.).

3.234. Zirkel-/Kreisdiagramme

Mit Hilfe dieser **Visualisierungstechnik** lässt sich der Erfolg einer begonnenen Problemlösung veranschaulichen. Es wird deshalb auch von **Erfolgskontroll-Diagramm** gesprochen (vgl. Engel 1981, 49). Die Methode eignet sich sehr gut für den Einsatz in Quality Circles; ein Drittel aller QC-Anwender benutzt solche Diagramme (vgl. 5.222.). Durch das Zirkel-Diagramm kann der Zielerreichungsgrad auf einen Blick festgestellt werden. Abbildung 35 zeigt ein praktisches Beispiel einer QC-Gruppe, die Massnahmen zur Produktivitätssteigerung realisieren möchte:

Abb. 35: <u>Zirkeldiagramm</u> (aus Rischar/Titze 1984, 77)

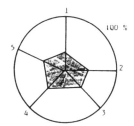

Ziele des Zirkels:
1. Verringerung der Fehlzeiten
2. Geringerer Werkzeugverschleiß
3. Termineinhaltung
4. Weniger Ausschuß
5. Materialkosten senken

Die schraffierte Fläche zeigt, in welchem Ausmass das Ziel bereits erreicht ist. Die Methode lässt sich vor allem in der Kontrollphase des Problemlösungsprozesses einsetzen.

3.235. <u>Methode Kepner-Tregoe</u> (1)

Die Methode Kepner/Tregoe ist von Charles H. Kepner und Benjamin B. Tregoe in den fünfziger Jahren im Auftrag der Rand Corporation entwickelt worden. Sie wird nicht als eigentliche Kreativitätstechnik bezeichnet, sondern ist eine generelle Entscheidungs- und Problemlösungsmethode. Die Methode Kepner-Tregoe umfasst 4 Ansatzpunkte:

1. **Situationsanalyse:** unüberschaubare Situationen werden vereinfacht und die Prioritäten festgelegt.
2. **Problemanalyse:** die Soll-Ist-Abweichung wird festgestellt; Ursachen werden gesucht und die wahrscheinlichsten Ursachen herausgearbeitet.
3. **Entscheidungsanalyse:** Festlegung von Zielsetzungen. Entwicklung von Alternativen. Beurteilung und Entscheidung.

(1) Zur Kepner-Tregoe-Methode, vgl.: (Kepner/Tregoe 1982, 13ff), (Holdgreve 1980, 30ff), (Johannson 1978, 222ff)

4. **Analyse potentieller Probleme:** Der ausgearbeitete Plan wird vor der Durchführung analysiert und auf kritische Stellen abgesucht.

Die Methode Kepner-Tregoe wird von zahlreichen Unternehmen erfolgreich eingesetzt. Kepner-Tregoe Inc., ein Schulungsinstitut mit 12 internationalen Ausbildungszentren hat durch Seminare diese Methode sehr erfolgreich in der Praxis durchsetzen können.

3.236. Laterales Denken

Edward De Bono, der sich seit den sechziger Jahren mit der Theorie des kreativen Denkens und mit Kreativitätstechniken befasst, hat in seinen Publikationen eine eigene Theorie der Kreativität entwickelt (vgl. De Bono 1971). Für ihn ist das "laterale Denken", die Fähigkeit aus dem Gefängnis alter Ideen auszubrechen und neue zu entwickeln. Er beschreibt die Unterschiede zwischen dem "vertikalen Denken" (=konventionelles Denken) und dem "lateralen Denken" (=kreatives Denken). Der vertikale Denker wendet ein Ja/Nein-System an. Er wählt aus, konzentriert sich auf das Relevante, denkt logisch und in geschlossenen Systemen. Der laterale Denker verändert, denkt unlogisch, befindet sich in einem offenen System. De Bono entwickelte eine ganze Reihe von Techniken, um die Ziele des lateralen Denkens zu erreichen. Durch seine Bücher und Veröffentlichungen ist das Gedankengut von De Bono heute weit verbreitet und gehört zu den wichtigsten europäischen Beiträgen auf dem Gebiet der Kreativität.

3.3. Die Anwendung der Techniken im Unternehmen

In diesem Abschnitt wenden wir uns den Fragen zu, die bei der Anwendung von Problemlösungsmethoden im Unternehmen auftreten. Welche **Situationsvariablen** sind beim Einsatz der Methoden in der Praxis zu berücksichtigen?- Eine Vielzahl von Aspekten beeinflussen Methodenwahl und Methodeneinsatz im Unternehmen, so z.B.:
- **Art der Problemstellung**
- **verfügbare Zeit**

- **teilnehmende Personen** (Anzahl, Ausbildung, Persönlichkeitsstruktur)
- **verfügbare Arbeitsmittel**
- **gruppendynamisches Klima**
- **Erfahrung** der Teilnehmer mit Problemlösungsmethoden
- Persönlichkeit des **Moderators** u.a.

Ein Methodenvergleich in Tabellenform soll Hinweise auf die Eignung der wichtigsten Methoden für den Einsatz im Unternehmen geben. Zusätzliche Ueberlegungen zur Methodenwahl, zur Teamarbeit,
sowie zu den organisatorischen und didaktischen Voraussetzungen
für den Methodeneinsatz, möchten ergänzende Orientierungshilfe
leisten. Dieser Abschnitt ist vor allem dem **potentiellen Metho-
denanwender in der Praxis** gewidmet.

3.31. Methodenvergleich/Methodenwahl

Abbildung 36 gibt eine Uebersicht über die wichtigsten Aspekte bei
der Methodenanwendung in der Praxis. Die Tabelle ist geeignet,
sich einen raschen Ueberblick über die darin erwähnten, bekannten
Problemlösungstechniken zu verschaffen. Im einzelnen werden die
folgenden Punkte untersucht:
- **Heuristische Grundprinzipien** der Methoden
- **Art und Komplexität** der Problemstellung
- **Zeitaufwand** für die Methodenanwendung
- **Schulungsaufwand** bis zur Anwendungsreife
- Anforderung an die **Moderation**
- Eignung der **Gruppen- resp. Einzelarbeit**
- **Stärken und Schwächen** der Methode
- **Bekanntheits- und Anwendungsgrad** in der Praxis
- **Anwendungsbereiche** im Unternehmen
- Optimale **Teilnehmerzahl**

Abb. 36: <u>Die Methoden im Vergleich</u> (1)

Methode	Brainstorming Methoden	Brainwriting Methoden	Synectische Methoden
Heuristische Prinzipien	Intuition, freies assoziieren Interpersonal, gruppendynamisch Prinzip der hinausgeschobenen Beurteilung	Intuition Anknüpfen an Ideen anderer Hinausgeschobene Beurteilung	Gruppendynamisch Problemverfremdung Strukturübertragung Analogiebildung ähnlich dem kreativen Prozess
Komplexität der Problemstellung Problemtyp	Offene Probleme von geringer Komplexität	Für sämtliche Probleme bis mittlere Komplexität	Einfache und komplexe schlecht-strukturierte Probleme
Zeitaufwand/Kosten Durchführung	Gering (30 - 60 Minuten)	Gering (20 - 60 Minuten)	Hoch (mehrere Stunden bis Tage
Schulungsaufwand bis Anwendungsreife	Gering	Gering	Hoch
Moderation (beim Einsatz in Gruppen)	Moderator ist erforderlich, nicht allzu hohe Anforderungen an den Moderator	Teilweise auch ohne Moderator möglich, keine hohen Anforderungen	Sehr hohe Anforderungen an den Moderator
Eignung für Einzel- resp. Gruppenanwendung	Vor allem in Gruppen sinnvoll	Vor allem in Gruppen sinnvoll	Nur in Gruppen anwendbar
Optimale Teilnehmerzahl	5 - 7 Teilnehmer	Entsprechend gewählter Methode meistens 5 - 7 Teilnehmer	6 - 11 Teilnehmer
Anwendungsbereiche im Unternehmen	In jedem Bereich anwendbar	Ueberall anwendbar wo Schreibfähigkeiten ausreichend sind	Im Forschungs- und Entwicklungs- sowie im Marketingbereich
Hauptstärken der Methode	Breit einsetzbar, anregend für Teilnehmer geringer Aufwand	Einfach, rasch anknüpfen an Ideen anderer Hinausgeschobene Beurteilung gewährleistet	Gute Chancen für echt innovative Lösungen, aktiviert kreatives Potential
Hauptschwächen der Methode	Bleibt eher oberflächlich Nur für einfache Problemstellung geeignet	Kein direkter Feedback	Schwierige Handhabung, Gefahr der Problemausdehnung, hohe Aufwand
Bekanntheit, Anwendung in Praxis	Sehr bekannt, von ca. 80 % der Unternehmer angewendet	Guter Bekanntheitsgrad, aber geringe Anwendung (ca. 14 %)	Guter Bekanntheitsgrad, aber nur von ca. 12 % angewendet

(1) Vgl.(Schlicksupp 1980, 88 ff); (Ulrich 1975, 148 f); (Brauchlin 1978, 318); (Pümpin 1976, 5.5.2.); (Pausewang 1980, Anhang 10); (Schelker 1976, 146 f).

Morphologische Methoden	Wertanalyse / Funktionsanalyse	Ishikawa Diagramm	Pareto Analyse
Systematische Analyse Variation und Kombination von Problemparametern	Systematische Analyse Variation und Kombination Teamorientiert	Systematische Ursachenanalyse Aufdecken von Strukturzusammenhängen	Analyse und Gewichtung der Problemursachen
Für alle Problemarten, auch hochkomplexe technische Probleme	Enger Anwendungsraum, Typisch für Produktverbesserung + Gewichtung administr. Leistungen	Für sämtliche Probleme geeignet	Alle Probleme bis zur mittleren Komplexität
Unterschiedlich (eher hoch)	Sehr hoch	Gering bis mittel	Gering bis mittel
Hoch	Hoch	Klein	Mittel
Bei Anwendung in Gruppen mittelhohe Anforderungen an den Moderator	Hohe Anforderung an Wertanalyse-Teamchef	Keine allzu hohen Anforderungen an Moderation	Keine hohen Anforderungen an Moderation
Einzelarbeit und Gruppenarbeit möglich	Vor allem in WA-Teams; prinzipiell auch für Einzelanwendung geeignet	Einzel- und Gruppenanwendung	Einzel- und Gruppenanwendung
Bis zu 7 Teilnehmer	Entsprechend dem Auftrag an das Wertanalyse-Team	Bis zu 10 Personen	Bis zu 10 Personen
Ueberall anwendbar	Für die Verbesserung von Produkten und administrativen Dienstleistungen	Ueberall anwendbar, vor allem im Produktionsbereich eingesetzt	Ueberall anwendbar
Universelle Anwendbarkeit logisches Vorgehen, Komb. von analytischem & kreativem Denken	Markt- und Ergebnisbezogen, Aufdecken von Schwächen	Geeignet für Ursachenanalyse	Erlaubt Prioritätenfestsetzung
Schwierige Variantenauswahl, u.U. arbeits- und zeitintensiv	Nur für bestimmte Problemstellungen; entspr. z.T. nicht kreat.Denksatz	Für Problemanalyse geeignet, bringt an und für noch keine Lösungen	Keine kreativen Denkansätze
Hoher Bekanntheitsgrad, von mehr als 1/3 der Unternehmen angewendet	Sehr bekannt und von ca. 38 % der Unternehmen angewendet	Bei QC-Anwendern sehr bekannt, häufig angewendet (33 %)	Bei QC-Anwendern sehr bekannt und sehr häufig angewendet (48 %)

Anwendungsgebiete für Kreativitätstechniken im Unternehmen

Kreativitätstechniken sind in den verschiedensten Branchen und in fast allen Unternehmensbereichen anwendbar. Sie sind ein eher unspezifisches Instrumentarium, das einen weiten Anwendungsbereich unterschiedlichster Problemstellungen abdeckt (Schlicksupp 1980, 87). Abbildung 37 zeigt einige potentielle Anwendungsbereiche für Kreativitätstechniken:

Abb.: 37 Anwendungsbereiche für Kreativitätstechniken im Unternehmen (vgl. Pausewang 1980, Anhang X)

UNTERNEHMENSBEREICH	ANWENDUNGSMOEGLICHKEITEN
● Forschung & Entwicklung	- Grundlagenforschung - Produktentwicklung, Innovation, Diversivikation - Verfahrensentwicklung - Zukunftsforschung
● Marketing/Werbung Verkaufsförderung	- Produktgestaltung, Design - Werbung, Verkaufsförderung - Verkaufsgespräch - Kundendienst
● Fertigung	- Fertigungsplanung und -steuerung - Rationalisierung - Unfallschutz - Umweltschutz
● Personalwesen	- Ausbildungswesen - Arbeitspsychologie - Gesundheit und Ernährung - Innerbetriebliche Kommunikation

Eine Untersuchung des Battelle-Institutes über 1000 Methodenanwendungsfälle gibt Auskunft über diejenigen Unternehmensbereiche, in denen die Kreativitätstechniken in der Praxis am häufigsten eingesetzt werden (vgl. Pausewang 1980, Anhang X). Die Untersuchung ergibt folgendes Bild, bezüglich der Methodenanwendungshäufigkeit in den verschiedenen Funktionsbereichen des Unternehmens:

1. Forschung und Entwicklung (insbesondere Produktgestaltung)
2. Werbung, Verkaufsförderung, Marktforschung
3. Produktion
4. Personalwesen
5. Einkaufsbereich

Der Forschungs- und Entwicklungsbereich, sowie das Marketing, liegen mit grossem Abstand vor den übrigen Funktionsbereichen. Die Untersuchung bestätigt also den Eindruck, dass die Kreativitätstechniken mit Ausnahme von einigen Spezialistenabteilungen nur in geringem Umfang eingesetzt werden.

In diesem Zusammenhang möchten wir darauf hinweisen, dass die erwähnten Untersuchungen schon einige Jahre alt sind. Das Bild dürfte sich inzwischen, nicht zuletzt durch den Aufschwung des Quality Circle-Konzeptes, gewandelt haben. Die Ergebnisse unserer eigenen empirischen Erhebung belegen, dass in jenen Unternehmen, in denen bereits Quality Circles arbeiten, in Bezug auf die Methodenanwendung markante Fortschritte erzielt wurden. Dies gilt vor allem für den Produktionsbereich, in dem in den meisten Fällen mit der Quality Circle-Konzept Einführung begonnen wird. Wir werden in Abschnitt 6.113. noch näher auf den Zusammenhang zwischen dem Quality Circle-Konzept und der Anwendung von Problemlösungs- und Kreativitätstechniken im Unternehmen eingehen.

Methodenwahl

Den Praktiker wird nicht nur interessieren, welche Kreativitätstechniken es gibt und wie diese funktionieren, sondern er möchte auch Handlungsanweisungen, welche Methode für ein konkret vorliegendes Problem am geeignetsten erscheint. Zwei Kriterienbereiche bestimmen die Methodenwahl (vgl. Schlicksupp 1980, 87ff):

a) Die **Merkmale** des zu lösenden Problems
b) Die **situativen Umstände** der Problemlösung

Die meisten Autoren sind sich darüber einig, dass die **intuitiv-assoziativen Techniken** eher für **einfache, wenig komplexe** Fragestellungen geeignet sind (Ausnahme: Synektik). Die **systematisch-analytischen Methoden** können auch dann herangezogen werden, wenn **komplexere Problemstellungen** vorliegen (vgl. Dirlewanger 1984). Für **Analyseprobleme** sind vor allem systematisch-analytische Methoden geeignet, für **Such- und Konstellationsprobleme** eignen sich   die intuitiv-assoziativen Methoden (zu den verschiedenen Problemtypen vgl. Abb. 20). Für die Bewertung und Auswahl stehen wiederum spezifische Methoden zur Verfügung, wie z.B. die Pareto-Analyse.

Die **situativen Umstände**, unter denen die Problemlösung erfolgt, beeinflusst die Methodenwahl entscheidend. Je mehr Zeit der Problemlösungsgruppe zur Verfügung steht, über je mehr Erfahrung in der Methodenanwendung sie verfügt, desto anspruchsvollere Problemlösungsmethoden können gewählt werden. Je weniger Zeit und Erfahrung zur Verfügung stehen, desto einfachere Methoden sollten sinnvollerweise zur Anwendung kommen. Abbildung 38 zeigt einige Ueberlegungen, wie sie heute am Battelle-Institut zur Frage der "Methodenwahl" gemacht werden:

Abb. 38: Empfehlungen zur Methodenauswahl (vgl. Dirlewanger, Battelle-Institut 1984)

PROBLEMART	ZU EMPFEHLENDE METHODEN
Suchprobleme	Brainstorming- und Brainwriting-Methoden
Konstellations-probleme	Synektische Methoden
Analyseprobleme	Systematisch-analytische Methoden (Morphologie, Attribute Listing)

AUSBILDUNGSSTAND	ZU EMPFEHLENDE METHODEN
Anfängergruppe	Einfache Methoden (z.B. Brainstorming, Methode 635, Ishikawa - Diagramm)
Geschulte Gruppe	Schwierigere Methoden (z.B. Synektik, Morphologie, Funktionsanalyse)

DENKWEISE	ZU EMPFEHLENDE METHODEN
Systematisch-analytisch geschulte Personen (z.B. Ingenieure)	Systematisch-analytische Methoden (z.B. morphologische Methoden)
Intuitv/imaginativ denkende Personen (z.B. Werbeleute)	Intuition fördernde Methoden (z.B. Brainstorming, Synektik)

3.32. Methodeneinsatz durch Gruppen bzw. Einzelpersonen

Die meisten Problemlösungstechniken können von ihrem Grundkonzept her, sowohl von Einzelpersonen, wie auch von Gruppen benutzt werden. Sogar das Brainstorming kann als sog. "Einzel-Brainstorming" durchgeführt werden (vgl. Ried 1981, 62). Nun bietet aber die **Gruppensituation** gerade für das Thema der kreativen Problemlösung **erhebliche Vorteile**; allerdings auch einige Gefahren. Der folgende Abschnitt ist den Chancen und Gefahren von Teamarbeit gewidmet. Dies erscheint uns deshalb wichtig, da jede Anwendung von Problemlösungsmethoden in einer typischen Teamsituation stattfindet. Auch die Quality Circle-Arbeit findet im Team statt und ist daher von den typischen gruppendynamischen Erscheinungen begleitet.

Die Teamsituation kann die Voraussetzungen für kreatives Arbeiten grundsätzlich in zwei Bereichen fördern. Zum ersten ermöglicht eine günstige Gruppensituation den teilnehmenden Personen, ihre eigene Kreativität voll zum Tragen zu bringen. Die Teamsituation fördert in diesem Falle die **intra-personelle Kreativität.** Zum zweiten kann die Gruppensituation einen **inter-personalen kreativen Prozess** in Gang setzen, der nur zwischen mehreren Personen möglich ist (vgl. Ulrich 1975, 126). Vor- und Nachteile, sowie Voraussetzungen für Teamarbeit, sind stark untersuchte Forschungsobjekte. Eine Vielzahl von Arbeiten zur Gruppendynamik ist in den letzten dreissig Jahren erschienen. Man denke etwa an die Untersuchungen von Lewin (vgl. Lewin 1951) und Lersch (vgl. Lersch 1965).

Einige Hauptüberlegungen zu diesem Untersuchungsobjekt sind im folgenden Abschnitt in geraffter Form wiedergegeben. In Abbildung 39 sind positive Aspekte der Teamarbeit aufgelistet (1):

(1) zur Thematik Chancen, Gefahren und Voraussetzungen von Teamarbeit vgl. u.a.: (Weinreich 1984, Abschn. 2.8.), (Ulrich 1975, 131), (Pümpin 1976), (Linneweh 1973, 114), (Schlicksupp 1980, 92), (Rubin 1977, 2ff), (Woodcock/Francis 1981, 3ff)

Abb. 39: Positive Aspekte der Teamarbeit

- Ein Team verfügt über eine wesentlich heterogenere Wissensbasis. Der gegenseitige Ideenaustausch ermöglicht wechselseitige Assoziationen und hat damit stimulierende Wirkung.

- Die Gruppe bietet Raum für persönliche Erfolgserlebnisse. Das Team kann seinen Mitgliedern das unmittelbare Gefühl gerechter Anerkennung für eine Leistung vermitteln.

- Eine positive Gruppensituation kann die einzelnen Mitglieder so stimulieren, dass sie Ideen vorbringen, auf die sie allein nicht gekommen wären.

- Das Denken in Gesamtzusammenhängen wird gefördert.

- In Teamarbeit erarbeitete Lösungen stossen auf weniger Widerstände bei der Realisierung.

- Durch Teamarbeit können Rivalität, Konkurrenzdenken und Statusbewusstsein abgebaut werden, zugunsten offener Kommunikation.

- Teamarbeit fördert die Kooperation zwischen den verschiedenen Funktionsbereichen im Unternehmen und schafft interdisziplinäre Kontakte.

- Gruppenarbeit dient ganz allgemein dazu, das Arbeitsklima offener und entkrampfter zu gestalten und Sensibilität für die Probleme der Kollegen zu wecken.

- Teamarbeit ist eine gute Lernsituation.

- Die Gruppensituation vermindert das Risiko von Fehlentscheiden, da auf das Urteil von mehreren Personen abgestellt wird.

Es gibt auch eine ganze Anzahl von Gefahren, die Teamarbeit mit sich bringen kann. Die Probleme entstehen vor allem dann, wenn die Voraussetzungen für Teamarbeit (vgl. Abb. 41) nicht beachtet werden. In Abbildung 40 sind einige Negativfaktoren von Teamarbeit aufgelistet:

Abb. 40: <u>Negative Aspekte der Teamarbeit</u>

- Mangelnde Sachbezogenheit bringt die Teilnehmer immer wieder zu Diskussionen über "Wer hat Recht?" anstatt "Welche Idee ist richtig".
- Negativismus, d.h. die Tendenz zuerst die Mängel und Schwachstellen eines Vorschlages zu sehen, (sog. "Killerphrasen") töten Ideen in einem frühen Stadium ab.
- In der Gruppensituation kann der Schutz der Individualität verloren gehen. Die Teilnehmer können sich durch eigene Aeusserungen bloss gestellt sehen, verschliessen sich aus Angst vor verstecktem Spot und Aggressionen.
- Die fehlende Fähigkeit des Zuhörens führt dazu, dass einzelne Gruppenmitglieder von ihren Ideen beherrscht werden und nicht fähig sind, diese mit Neuem zu kombinieren.
- In einer statusorientierten Gruppe werden Ideen von Personen mit höherem Rang als besser angesehen und schneller akzeptiert.
- Persönliche Antipathien einzelner Gruppenmitglieder beeinflussen das Arbeitsklima im Team und können effizientes Arbeiten verunmöglichen.
- Bei unklarer Aufgabenstellung kann Teamarbeit sehr zeitaufwendig und schwerfällig werden und zu Entscheidungsunfähigkeit führen.

Um die negativen Teameffekte vermeiden zu können, ist es notwendig, die **Voraussetzungen für Gruppenarbeit** zu beachten. Hier werden insbesondere die folgenden Faktoren genannt:

Abb. 41: <u>Voraussetzungen für Teamarbeit</u>

- Die Gruppengrösse beeinflusst in erheblichem Mass die Effizienz der Teamarbeit insbesondere bei der kreativen Problemlösung (die optimale Teilnehmerzahl liegt bei 5 - 7 Teilnehmern).

- Eine fachlich-heterogen, sozial-homogen zusammengesetzte Gruppe verfügt über
  eine breite Wissensbasis und ist frei von Statusproblemen.

- Sehr dominante Gruppenteilnehmer und auch sehr introvertierte Personen
  eignen sich nur bedingt für Teamarbeit.

- Eine gute Mischung zwischen Rationalität und Spontaneität fördert die Gruppendynamik.

- Gemischte Gruppen mit männlichen und weiblichen Teilnehmern wirken sich positiv aus.

- Eine gute, von jedem Mitglied verstandene Problemdefinition, erleichtert die
  Gruppenarbeit.

- Vernünftige Erwartungen über die Ergebnisse, die aus der Gruppenarbeit re-
  sultieren können, mindern die Gefahr von Misserfolgserlebnissen und Ent-
  täuschungen.

- Gute Kenntnis über die in der Gruppe angewendete Problemlösungs- oder Kreativitätsmethode ist unumgänglich. Dazu ist ausreichendes Training notwendig.

- Erhebliche Anforderungen werden an den Gruppenleiter, den Moderator von Pro-
  blemlösungsteams gestellt. Dieser muss das Team sowohl sachlich-inhaltlich,
  psychologisch und organisatorisch führen können. Er sollte Probleme rasch
  auffassen und wiedergeben können, muss sich in affektive Phänomene des Teams
  einfühlen können und diese positiv beeinflussen und nicht zuletzt eine Team-
  sitzung organisatorisch richtig vorbereiten und ablaufen lassen.

- Damit die Kommunikation in der Gruppe richtig funktionieren kann, sind auch
  die notwendigen Arbeitsmittel wie Hellraumprojektor, Flip-Chart, Pinwände,
  Schreibmaterial bereit zu stellen sowie eine kommunikationsfreundliche Ein-
  richtung des Tagungsraumes zu wählen.

Jede Anwendung von Problemlösungs- und Kreativitätstechniken in Gruppen und auch jeder Quality Circle, findet in der Teamsituation statt. Die Ueberlegungen von Gruppendynamik stellen deshalb den Hintergrund dar, vor dem sich der Methodeneinsatz im Unternehmen vollzieht.

3.33. Organisatorische und didaktische Voraussetzungen

In der Praxis zeigt sich, dass viele Unternehmen die Voraussetzungen für den Einsatz von Problemlösungsmethoden unzureichend beachten und dadurch zwangsläufig unbefriedigende Ergebnisse erzielen (vgl. Schlicksupp 1980, 99). Von den folgenden Hauptfehlern wird häufig gesprochen:

- **Mechanistische Betrachtungsweise** der Kreativitätstechniken. Die Kenntnis der Ablaufmechanismen einer Methode alleine, bietet noch keine Gewähr für gute Lösungen. Diese entstehen erst durch das Zusammenwirken von geeigneten Persönlichkeiten, Fachkenntnissen, kreativem Klima und durch die Methodenanwendung.
- Der **Lern- und Trainingsbedarf** für die Methodenanwendung wird häufig unterschätzt. Die Lernkurve, die bei der Einführung jeder neuen Methode zum Tragen kommt, muss berücksichtigt werden. Es gilt den sog. "Umlern-Tiefpunkt" zu überwinden. (vgl. Abb. 42). Häufig scheitert der Methodeneinsatz in dieser Phase.

Abb. 42: Lernkurve (aus Schlicksupp 1980, 100)

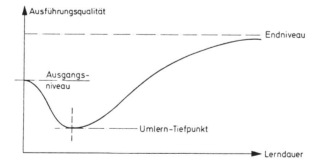

- **Mangelnde Erfahrung** kann zu unbefriedigenden Ergebnissen führen. Zumindest der Moderator der Kreativgruppe benötigt praktische Erfahrung mit der anzuwendenden Technik.

- **Klarheit** über das zu lösende Problem und die Zielsetzung, die erreicht werden soll, ist nötig. Erst wenn definiert ist, welches Problem gelöst werden soll, was die Zielsetzung ist, mit welcher Kreativitätstechnik gearbeitet werden soll, wie die Gruppe zusammengesetzt ist, welche Funktionen die Gruppenteilnehmer einnehmen und wie der zeitliche Ablauf der Kreativsitzung geregelt ist, soll begonnen werden.

- Erhebliche Anforderungen werden an die **Moderatoren** der Kreativsitzung gestellt. Umfassende Methodenkenntnis, seriöse Ausbildung, sowie praktische Erfahrung kennzeichnen den erfolgreichen Moderator. Er kennt für jede Situation die richtige Methode und ist mit den grundlegenden Aspekten von Gruppendynamik, Kommunikation und Konfliktlösung vertraut. Zudem sollte seine Persönlichkeitsstruktur dieser Aufgabe entsprechen.

Die folgende Checkliste beinhaltet praktische Hinweise für die Durchführung einer Kreativsitzung (vgl. Dirlewanger, Battelle-Institut 1984):

1. Zielsetzung

Vorgabe der Ausgangslage und der Aufgabenstellung durch den Auftraggeber des zu lösenden Problems.

2. Organisation

- Auswahl geeigneter Personen (fachlich heterogen, sozial homogener Kreis von in der Regel 5-7 Teilnehmern)
- Festlegen eines Zeit- und Ablaufplanes der Kreativsitzung
- Auswahl geeigneter Kreativitätstechniken (unter Berücksichtigung von Problemart, Erfahrung des Moderators, Kenntnisstand und Neigung der Teilnehmer).
- Technische Hilfsmittel (störungsfreier Raum, kommunikationsfreundliche Atmosphäre, Flip-Chart, Pin-Wände, Karten, Stifte, Nadeln, Overheadprojektor usw.)
- Schriftliche Einladung der Teilnehmer mit Angabe von Problemstellung, Ziel, Termin, Ort, Dauer, Moderator, Protokollführer

3.Durchführung der Kreativsitzung
- Problemdarstellung und Diskussion; gegebenenfalls Neuformulierung der Aufgabe
- Ideensuche gemäss dem Ablaufprozess der gewählten Kreativitätstechnik
- Auswahl der weiter zu verfolgenden Lösungsansätze
- Realisierungsplanung (wer tut was, bis wann).

4. Protokollerstellung
Ueber Ergebnisse und Aufträge wird vom Protokollführer, eventuell vom Moderator ein Protokoll erstellt.

5. Aufgaben und Verhalten des Moderators
- Ideenfluss in Gang halten
- Teilnehmer zum Mitmachen ermuntern, Vielredner bremsen, stille Redner aktivieren
- Humor auf keinen Fall unterdrücken
- Gruppenprozesse, Veränderungen, Unzufriedenheit, Langeweile, Ermüdung etc. registrieren und reagieren
- Gefühle akzeptiern und äussern bzw. äussern lassen, Klärung der Situation, Pause einlegen, Programm, Zeitplan und Methode ändern
- Gezieltes Fragen, um den Ideenfluss in Gang zu halten.

Diese Checkliste ist nicht nur gültig für Kreativsitzungen, sondern kann praktisch unverändert für Quality Circle-Sitzungen übernommen werden.

Werden die Erfolgsvoraussetzungen beachtet, dann stellen die Problemlösungs- und Kreativitätstechniken durchaus ein Instrumentarium dar, mit dem **ungenutztes Potential** erschlossen werden kann. In den nächsten Kapiteln werden wir uns auch mit den Fragen beschäftigen, die sich beim Methodeneinsatz im Quality Circle-Konzept stellen. Im letzten Kapitel wird zudem untersucht, welchen Stellenwert diese Methoden im Rahmen der Kreativitätsförderung im Unternehmen einnehmen.

4. KAPITEL: QUALITY CIRCLES

In diesem Kapitel befassen wir uns mit dem QC-Konzept. In einem ersten Abschnitt interessieren uns Begriff, Ziele, Herkunft und Verbreitung des QC-Konzepts. Der zweite Abschnitt geht auf die institutionellen, funktionellen, instrumentalen und inhaltlichen Aspekte des Konzeptes ein. Im dritten Abschnitt werden die Situationsvariablen beim Einsatz von Quality Circles im Unternehmen skizziert. Dieses Vorgehen soll die Voraussetzungen schaffen, um im 6. Kapitel beurteilen zu können, welchen Beitrag das QC-Konzept im Rahmen der Kreativitätsförderung leisten kann.

4.1. Grundlagen

4.11. Zum QC-Begriff (1)

Quality Circles sind Problemlösungsgruppen. Quality Circles bedeutet wörtlich übersetzt: "Arbeitskreise mit dem Ziel der Qualitätsverbesserung". Dies entspricht durchaus der ursprünglichen Bedeutung des Konzeptes. Am Anfang stand der Aspekt der Produktequalität im Vordergrund. Heute wird der Begriff meistens in einem umfassenderen Sinne verstanden. Es geht nicht mehr nur um die Qualität der Produkte, sondern auch um die Qualität der Arbeit (z.B. Arbeitsbedingungen, Arbeitssicherheit) und um die Qualität der Zusammenarbeit. Meistens sind mit dem Begriff "Quality Circles" Problemlösungsgruppen gemeint, die folgende Eigenschaften aufweisen:

(1) Zum QC-Begriff existieren eine Vielzahl von Definitionen. Diese weichen z.T. in einzelnen Gestaltungselementen des Konzeptes voneinander ab; vgl. (Engel 1981, 27), (Spiess 1983, 179), (Baird/Rittof 1983, IV), (Dewar 1980, 2f), (Mohr 1983, 14), (Zink/Schick 1984, 40ff)

- Eine begrenzte Zahl von Mitarbeitern, meistens aus **demselben Arbeitsbereich**,
- **treffen sich freiwillig** und in **regelmässigen Abständen**, identifizieren gemeinsam **arbeitsbezogene Probleme**, suchen nach Lösungen und realisieren diese.

Nicht immer wird in der Praxis der Ausdruck "Quality Circles" verwendet. Es wird auch von "Arbeitskreisen", "Ideengruppen", "Werkstattgesprächen", "Lernstatt", "V-Gruppen" (Verbesserungsgruppen), "QIP-Gruppen" (Quality Improvement Program) usw. gesprochen. Die Abgrenzung zu anderen, teamorientierten Organisationsansätzen ist schwierig und zum Teil fliessend. "Projektgruppen", "Task-Forces" und ähnliche projektorientierte Arbeitsgruppen, behandeln meistens vorgegebene und begrenzte Aufgabenstellungen. Sie bestehen in der Regel aus Mitarbeitern verschiedener Funktionsbereiche und werden angeordnet. Durch diese Eigenschaften unterscheiden sie sich vom QC-Konzept.

Für diese Arbeit wollen wir den Begriff wie folgt verstehen:
Quality Circles sind Gruppen von Mitarbeitern, meistens aus dem gleichen Arbeitsbereich, die sich unter der Leitung eines Moderators freiwillig und regelmässig zu Arbeitssitzungen treffen, um Probleme aus dem eigenen Arbeitsbereich zu identifizieren, nach Lösungen im Hinblick auf Verbesserung von Arbeitsprodukt und Arbeitsprozess zu suchen und die gefundenen Lösungen einzuführen.

In der Praxis ist es sehr wohl möglich, dass einzelne Gestaltungselemente **anders** ausgebildet sind. Trotzdem wird von Quality Circles gesprochen. Dies ist auch sinnvoll, ermöglicht es doch die situative Ausgestaltung des Konzepts im Hinblick auf die spezifischen Bedürfnisse und Zielvorstellungen des Unternehmens. Die Begriffsmerkmale des QC-Konzepts (es wird auch von grundlegenden Gestaltungselementen gesprochen) können deshalb zur Diskussion gestellt werden:

Freiwilligkeit
Der Erfolg der QC-Arbeit, hängt von engagierter und kreativer Mitarbeit ab. Diese ist am ehesten dann gewährleistet, wenn die Beteiligten auf freiwilliger Basis zusammenarbeiten. (vgl. Engel 1981, 31). in der Praxis zeigt sich allerdings, dass nur der Eintrittsentscheid freiwillig ist. Hat sich ein Mitarbeiter einmal

entschlossen, in den Arbeitsgruppen mitzumachen, dann wird regel-
mässiges Erscheinen an den Sitzungen erwartet. So kann eine ursprünglich freiwillige Teilnahme, tendenziell unfreiwillig werden.
Der Austrittsentscheid hingegen, sollte den Mitarbeitern wirklich
offen stehen.

Probleme aus dem eigenen Arbeitsbereich

Probleme, die nicht in den Zuständigkeitsbereich der Gruppe fallen
oder die deren fachliche Kompetenz überschreiten, gehören nicht in
den QC-Problemlösungsprozess (vgl. Spiess 1982, 62ff). Misser-
folgserlebnisse wären sonst vorprogrammiert.

Die QC-Mitglieder kommen aus demselben Arbeitsbereich

In den meisten Fällen finden die QC-Sitzungen unter der Leitung
des direkten Vorgesetzten einer Arbeitsgruppe aus dem gleichen
Bereich statt. Dies schliesst nicht aus, dass für einzelne Probleme Spezialisten und andere, bereichsfremde Personen, beigezogen
werden. Bereits sind in der Praxis auch bereichsübergreifende
Quality Circles (z.b. zwischen Produktions- und Verkaufsbereich)
oder sogar firmenübergreifende QC's (z.b. zwischen Hersteller und
Lieferanten) entstanden (vgl. Rischar/Titze 1984, 34).

Die Gruppe ist für die gesamte Problemlösung verantwortlich

Das QC-Konzept möchte der fortgesetzten Arbeitsteilung und Spezia-
lisierung entgegenwirken. Der Gruppe soll das Erfolgserlebnis
einer gesamtheitlichen Problemlösung zukommmen. Sie darf nicht nur
Bindeglied in einer Kette von Arbeitsabläufen sein (vgl. Zink/
Schick 1984, 42). Dies ist ein entscheidendes und unabdingbares
Merkmal für QC-Arbeit.

Führung durch einen Gruppenleiter

Untersuchungen zur Teamarbeit zeigen, dass Problemlösungsgruppen
unter der Leitung eines Moderators effizienter arbeiten, als ohne
Moderator (vgl. 3.33.).

Regelmässigkeit der Sitzungen

Eine kontinuierliche Problembearbeitung erfordert Regelmässigkeit.
Ist ein Projekt in Arbeit, sollten regelmässige Sitzungen gewährleistet sein (vgl. Rischar/Titze 1984, 25f). Zwischen der Bearbeitung von einzelnen Projekten kann jedoch durchaus eine inaktive
Phase eintreten, um einem Zwang zur Problemfindung und -lösung
entgegen zu wirken.

Während der Arbeitszeit

Die Bearbeitung betrieblicher Probleme ist Bestandteil der normalen Arbeit (vgl. Küchler 1981, 19). Es kann daher nicht erwartet
werden, dass sich die Mitarbeiter freiwillig, ausserhalb der Arbeitszeit, zur Verfügung stellen.

4.12. Ziele des QC-Konzepts

Das QC-Konzept basiert auf zwei grundlegenden Ueberlegungen (1):
-   Probleme und Schwachstellen können am ehesten dort erkannt und
    beseitigt werden, wo sie auftreten.
-   In den Mitarbeitern steckt ein erhebliches, ungenutztes Pro-
    blemlösungs- und Kreativitätspotential.
Die Leistungsfähigkeit des Unternehmens soll durch verstärkten
Einbezug der Mitarbeiter verbessert werden. Abbildung 43 zeigt,
welche Hauptziele mit dem QC-Konzept angestrebt werden (2):

Abb. 43: Ziele des QC-Konzepts

---

1. SACHEBENE

   Verbesserung von Arbeitsprodukt und -prozess, Steigerung der Produktivität

---

2. PSYCHOLOGISCHE EBENE

   Verbesserung von Zusammenarbeit, Arbeitsklima, innerbetriebliche
   Kommunikation

---

3. PERSOENLICHKEITSENTWICKLUNG

   Förderung von Arbeitsmethodik, Steigerung der Problemlösungsfähigkeit, Schulung im kreativen Denken

---

(1) Vgl. (Spiess 1983, 6), (Zink/Schick 1984, 35)
(2) Vgl. (Engel 1981, 28f), (Rischar/Titze 1984, 44), (Küchler
    1981, 15)

Mit den Quality Circles werden Ziele auf 3 verschiedenen Ebenen angestrebt: Auf der **Sachebene** soll die Qualität von Arbeitsprodukt und -prozess gesteigert werden. Auf der **psychologischen Ebene** soll die innerbetriebliche Kommunikation, die Motivation und die Fähigkeit zur Teamarbeit verbessert werden. Auf der Ebene der **Persönlichkeitsentwicklung,** steht die Verbesserung der Arbeitsmethodik im Vordergrund.
Das ursprüngliche QC-Konzept war stark auf die Sachebene ausgerichtet. Qualitätssicherung, Qualitätskontrolle, Steigerung der Produktivität, standen im Vordergrund. Im erweiterten QC-Konzept, wie es heute von den meisten Unternehmen verstanden wird (und wie wir es auch im Rahmen dieser Arbeit verstehen wollen), kommen den Zielen auf der psychologischen Ebene und auf der Ebene der Persönlichkeitsentwicklung grosse Bedeutung zu. Das QC-Konzept wird so in einem umfassenderen Sinne verstanden. Abbildung 44 visualisiert diese beiden, grundsätzlich unterschiedlichen Erwartungshaltungen, die mit dem QC-Konzept verbunden sind:

Abb. 44: Altes und neues Verständnis des QC-Konzepts (1)

A. Quality Circles = Instrumente der Qualitätssicherung- und Kontrolle
   (altes QC-Konzept)

B. Quality Circles = Teil eines **Führungskonzeptes,** das die Mitarbeiter
   verstärkt in sämtliche Phasen des Problemlösungsprozesses integrieren
   will
   (neues QC-Konzept)

---

(1) Vgl. (Küchler 1981, 16), (Spiess 1983, 6), (Wunderli 1984)

Im Fall A handelt es sich beim QC-Konzept um ein Qualitätskon-
trollverfahren zur Fehlerreduzierung und Kostensenkung in der
Produktion, mit einem sehr **engen Anwendungsbereich.** Im Fall B
wird das QC-Konzept als Führungskonzept, mit Ansätzen zur Organi-
sationsentwicklung gesehen. Der Stellenwert ist in diesem Fall
erheblich grösser, der **Anwendungsbereich sehr breit.**

Mit dem QC-Konzept wird ein breit gefächerter Strauss von Einzel-
zielen verfolgt. Es ist fast unmöglich, sämtliche Ziele, die in
Literatur und Praxis genannt werden, darzustellen. In Abbildung 45
ist eine Liste von **QC-Einzelzielen** zusammengestellt und den
drei Ebenen des QC-Konzepts zugeordnet worden:

Abb. 45: Einzelziele von Quality Circles (1)

1. SACHEBENE

- Verbesserter Produktionsprozess (verringerte Fehlerquote, vereinfachte Arbeitsabläufe, Einsparungsmöglichkeiten)
- Verbessertes Qualitätsbewusstsein und Kostendenken
- Verbesserter Service (Kundenzufriedenheit)
- Verbesserte Gesaltung des persönlichen Arbeitsplatzes
- Innovative Lösungen

2 . PSYCHOLOGISCHE EBENE

- Abteilungsegoismus abbauen
- Arbeit im Team
- Verbesserung des innerbetrieblichen Informations-, Meinungs- und Gedankenaustausches
- Verbesserte Zusammenarbeit zwischen Abteilungen, Stabs- und Linienbereichen, Abbau von Reibungsverlusten
- Aktualisieren von Gemeinschaftsgefühlen
- Besseres Verstehen der eigenen Rolle im Unternehmen
- Leistungsmotivation durch gemeinsame Ziele
- Konfliktmanagement, Konfliktabbau
- Mehr Transparenz
- Mehr Verantwortungsgefühl gegenüber der eigenen Leistung für das Unternehmen
- Grössere Identifikation
- Weniger Isolation
- Verbessertes Betriebsklima
- Erfolgserlebnisse
- Kreativitätsförderndes Arbeitsumfeld schaffen

3. PERSOENLICHKEITSENTWICKLUNG

- Lernen durch Quality Circles: Techniken und Methoden der Problemlösung und Ideenfindung
- Mitarbeiter entwickeln das Bewusstsein der eigenen Kompetenz, fähig zu sein, produktive Beiträge zum Unternehmenserfolg und zur Gestaltung des Arbeitslebens zu leisten
- Mitarbeiter lernen Bedeutung der Qualität und Produktivität für den Bestand des Unternehmens zu erkennen
- Mitarbeiter denken stärker in Gesamtzusammenhängen
- Vorgesetzte erkennen, dass die Mitarbeiter durchaus kompetent sind an Problemen mitzuarbeiten
- Vorgesetzte lernen ihre Mitarbeiter zu schulen und Gruppen zu steuern
- Führungsqualitäten werden gefördert
- Information über das Unternehmen wird verbessert
- Mitarbeiter erkennen, dass durch Ideen, Interesse und Engagement etwas bewirkt wird
- Erschliessen des eigenen kreativen Potentials
- Bessere Akzeptanz von Massnahmen, da man selbst mitgearbeitet hat

(1) Diese Liste ist aus zahlreichen Publikationen zusammengetragen worden, vgl. (Küchler 1981, 15ff), (Engel 1981, 28ff), (Kivenko 1984, 2ff), (Baird 1983, IV), (Barra 1983, X), (Dewar 1980, 2), (Wülser 1983, Abb. 3), (Spiess 1983, 185), (Wunderli 1984, Abb. 1), (Rischar/Titze 1984, 44ff)

Abbildung 46 zeigt das Zielspektrum des QC-Konzepts, wie es in der amerikanischen Wirtschaftspraxis heute verstanden wird:

Abb. 46: Quality Circle Objectives (aus: Ingle 1982, 28)

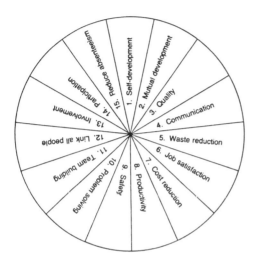

Die vielfältigen Ziele, die mit dem QC-Konzept angestrebt werden, verdeutlichen den Zusammenhang und die Verflechtung der Quality Circles mit Organisation, Führung und Corporate Culture. Im 5. und 6. Kapitel werden wir untersuchen, welche Ziele in der Unternehmenspraxis tatsächlich erreicht werden können und wie sich diese auf die Kreativitätsförderung im Unternehmen auswirkt.

Interessant im Zusammenhang mit dem Erarbeiten der Grundlagen für das QC-Konzept, erscheinen uns auch die Resultate der sog. **PIMS-Studie** (PIMS=Profit Impact of Market Strategies). Die PIMS-Datenbank wird vom amerikanischen Strategic Planning Institute geführt. Eine Untersuchung bei 200 Firmen über 1700 Produkte zeigt einen Zusammenhang zwischen der Produktequalität und dem Marktanteil einerseits, sowie dem Return on Investment andererseits. Vereinfacht ausgedrückt zeigt die Studie, dass Firmen mit hoher Qualität tendenziell höhere Marktanteile behaupten und profitabler sind (vgl. Barra 1983, 2ff). In Abbildung 47 sind diese Resultate dargestellt:

Abb. 47: Qualität vs. Marktanteil/ROI (aus Barra 1983, 4/5)

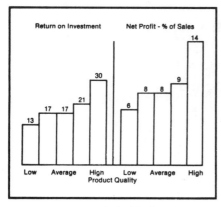

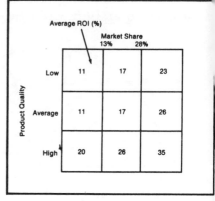

Product quality and profitability relationship.   Quality, market share, and ROI relationship.

Die Ergebnisse der Studie weisen darauf hin, dass die Qualität ein
sehr entscheidender Faktor für das Unternehmen ist und zu einem
Teil der Unternehmensstrategie werden sollte. Dem QC-Konzept kommt
unter diesem Aspekt strategische Bedeutung für das ganze Unternehmen zu. Im nächsten Abschnitt werden wir nocheinmal auf diesen
Aspekt zu sprechen kommen (vgl. Abb. 48).

4.13. Herkunft und Verbreitung von Quality Circles

Die historische Entwicklung (1)
Die Entwicklung der QC-Bewegung steht in engem Zusammenhang mit
der Qualitätskontrollbewegung, die nach dem 2. Weltkrieg in Japan

(1) zur Herkunft und Entwicklung des QC-Konzepts, vgl. (Mohr 1983,
    8ff), (Patchin 1983, 12ff), (Barra 1983, 7ff), (Dewar 1980,
    5ff), (Engel 1981, 81ff)

und Westeuropa begann. Die Amerikaner, insbesondere die hochent-
wickelte Rüstungsindustrie, hatten damals einen Vorsprung in Bezug
auf die Produktequalität aufzuweisen. Besonders Japan hatte hingegen mit dem Image seiner Produkte zu kämpfen. Damals bedeutete
"Made in Japan" billig, aber qualitativ schlecht. Nach dem 2.
Weltkrieg war es für die Japaner eine absolute Notwendigkeit, eine
Exportwirtschaft zu errichten, da ihr Land selbst über keine grösseren Vorkommen an natürlichen Ressourcen verfügt. Die USA öffne-
ten ihren Markt für japanische Produkte und amerikanische Experten
und Berater waren als Ausbilder tätig.
1948 begann die, von der JUSE (Japanese Union of Scientists and
Engineers) ins Leben gerufene "Quality Control Research Group" mit
der systematischen Erforschung moderner Qualitätssicherungsmetho-
den. Auf Einladung der JUSE, und mit Unterstützung von General
McArthur, hielten sich in der Folge amerikanische **Qualitätskon-
trollexperten** häufig in Japan auf, um dieses "Know-How" zu vermitteln. Zuerst war es der Amerikaner W.E. Deming, dann sein
Landsmann J.M. Juran, welche Seminare und Vorträge vor japanischen
Wissenschaftern und Ingenieuren hielten. 1949 wurde das erste
Training in "statistischer Qualitätskontrolle" in Tokio durchgeführt. Von der JUSE wurden Preise ausgesetzt (z.B. Deming-Award),
die zusätzlichen Anreiz bieten sollten, sich vermehrt mit der
Qualitätskontrolle zu beschäftigen.
Die Zusammenarbeit der amerikanischen Experten mit den japanischen
Ingenieuren, liess die Idee entstehen, dass die Mitarbeiter direkt
in den Qualitätskontrollprozess einbezogen werden sollten. Dies
geschah in Form von sog. **"Quality Control Circles"**. 1961 fand
unter der Leitung von Professor K. Ishikawa, einem Engineering-
Professor an der University of Tokio, der erste Quality Control
Circle statt. Dank der aktiven Unterstützung der JUSE fand das
Konzept in der Folge reichen Nährboden und entwickelte sich über
die Ausbildung der Linienvorgesetzten im Lawinensystem.
Während sich die QC-Bewegung in ihrer ersten Phase (bis Mitte der
sechziger Jahre) der direkten Verbesserung der **Produktequalität**
gewidmet hat, gewann Mitte der sechziger Jahre ein zweiter Aspekt
an Bedeutung. Aufgrund der automatisierten Arbeitsverfahren stieg
zwar die Produktivität im Unternehmen, gleichzeitig wurde aber die
Arbeit monotoner und anspruchsloser. Die Arbeitszufriedenheit der

qualifizierten Facharbeiter sank. Steigende Abwesenheitsraten und geringere Arbeitsdisziplin waren die Folge. Durch die Umgewichtung des QC-Konzeptes, in Richtung auf **Arbeitsmotivation** und frei- willige **Partizipation**, konnte diese Entwicklung aufgefangen und in eine positive Richtung gelenkt werden.

In Japan gibt es heute ca. 1,3 Millionen Quality Circles mit 10-12 Millionen QC-Teilnehmern. Dies bedeutet bei einer Gesamtbeschäf- tigung von 37 Millionen Personen, dass **jeder dritte japanische Arbeitnehmer** in das QC-Konzept integriert ist.

Die Meilensteine der QC-Bewegung in Japan waren:

- 1962: Erfassung des ersten, offiziellen Quality Control Cir- cles (QCC).
- 1963: Erste japanische QCC-Konferenz
- 1966: 8000 Quality Control Circles eingeführt
- 1972: Ueber 50'000 QCC's
- 1974: Durchführung der 400. QCC-Konferenz in Japan
- 1979: 100'000 QCC sind eingeführt
- 1985: 1,3 Millionen Quality Circles mit über 10 Millionen Mitgliedern

Das QC-Konzept ist in Japan der Grundpfeiler eines umfassenden Qualitätsverbesserungsprogrammes, das sich über mehrere Jahrzehnte erstreckt hat und bis heute andauert. Dieses beeinhaltet die fol- genden zentralen Punkte (vgl. Ingle 1982, 3):

1. Landesweite Quality Control
2. Landesweite Werbung für gute Qualität
3. Qualitätstraining
4. Nutzen von statistischen Methoden
5. Verbreitung des QC-Konzepts

Die Qualitätsverbesserungsbewegung für japanische Produkte wurde zu einer, fast einmaligen Erfolgsbewegung. Begreift man die Quali- tät als ein Element der Unternehmensstrategie und als strategische Waffe, dann wird klar, wie Japan den Erfolg auf dem Weltmarkt erreicht hat. Abbildung 48 möchte dies verdeutlichen:

Abb. 48: Wettbewerb der Qualität (vgl. JUSE 1985)

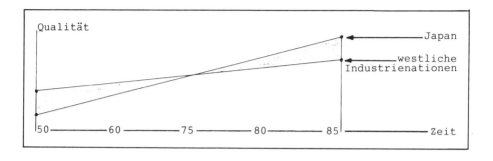

Der Qualitätswettbewerb auf dem Weltmarkt hat mit einem grossen
Vorsprung der westlichen Industrienationen begonnen. In den siebziger Jahren hat Japan gleichgezogen und in der Folge bei zahlreichen Produktgruppen die westlichen Unternehmen überholt.

Internationale Verbreitung des QC-Konzepts
Im internationalen Rahmen hat sich das Konzept wesentlich zögern-
der durchgesetzt. Als die Quality Circles in den frühen sechziger
Jahren erst in einigen wenigen japanischen Firmen eingeführt
waren, glaubte man daran, dass sich das Konzept nur im ökonomischen und gesellschaftlichen Umfeld Japans behaupten würde. Als
dann die ersten QC's in Taiwan und Korea gegen Ende der sechziger
Jahre gestartet wurden, vermutete man, dass die fernöstliche Mentalität die Erfolgsbasis des Konzeptes sei. Nachdem auch in den
USA, in Südamerika und in Europa Quality Circles gedeihen, wird
allgemein akzeptiert, dass die generellen Prinzipien des QC-Konzepts universell anwendbar sind. Abbildung 49 und Abbildung 50
zeigen die weltweite Verbreitung und Entwicklung des QC-Konzepts:

Abb. 49: <u>Entwicklung des QC-Konzepts von 1962-1985</u> (1)

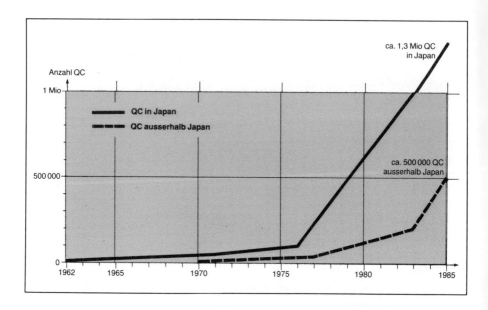

(1) Diese Zahlen entsprechen Schätzwerten, die in verschiedenen
    Publikationen und am 4. Deutschen QC-Kongress im Oktober 1985
    vertreten wurden, vgl. (Zuchelli 1985), (Raveleau 1985, 1),
    (Barra 1983, 165), (Mohr 1983, 19), (Ingle 1982, 10), (JUSE
    1985), (Oess 1983, 234)

Abb. 50: Weltweite Verbreitung des QC-Konzepts (1)

LAND	ANZAHL QC's (Schätzwerte)
Japan	1,3 Mio
Korea	100'000
Taiwan, Philippinen Thailand, Malaysia, Singapur	100'000
Südamerika	100'000
USA	50'000
Kanada	5'000
Frankreich	15'000
BRD	10'000
Grossbritannien	4'000
Schweden	3'000
Italien	1'500
Spanien	1'000
Schweiz	1'000

Die 1977 gegründete International Association of Quality Circles (IAQC), eine Organisation zur Unterstützung und Verbreitung des Konzepts, verzeichnet 1978 40 Mitglieder. In den USA begann sich das Konzept ab dem Jahr 1979 durchzusetzen. In Europa verzögerte sich diese Entwicklung nochmals um etwa 3 Jahre. Heute rechnet man international mit insgesamt 1,8 Millionen Quality Circles. 1,3 Millionen davon in Japan, 500'000 ausserhalb von Japan. In Abbildung 50 sind die Verbreitungszahlen für einzelne Länder wiedergegeben.

(1) Diese Zahlen entsprechen Schätzwerten, die in verschiedenen Publikationen und am 4. Deutschen QC-Kongress im Oktober 1985 vertreten wurden, vgl. (Zuchelli 1985), (Raveleau 1985, 1), (Barra 1983, 165), (Mohr 1983, 19), (Ingle 1982, 10), (JUSE 1985), (Oess 1983, 234)

Abbildung 51 zeigt, welche Länder, in welcher Reihenfolge, das QC-Konzept übernommen haben. Sie stammt aus einem JUSE-Report (vgl. JUSE 1985):

Abb. 51: Weltweite Einführung des QC-Konzepts

ASIA	AMERICA	EUROPE
1. JAPAN	1. CANADA	1. ENGLAND
2. KOREA	2. U.S.A.	2. FRANCE
3. TAIWAN	3. MEXICO	3. WEST GERMANY
4. MAINLAND CHINA	4. BRAZIL	4. SWEDEN
5. SINGAPORE	5. CHILE	5. NORWAY
6. PHILIPPINES	6. ARGENTINA	6. HOLLAND
7. MALAYSIA	7. GUATEMALA	7. BELGIUM
8. THAILAND	8. VENEZUELA	8. FINLAND
9. INDONESIA	9. COLOMBIA	9. POLAND
10. INDIA	10. PERU	10. DENMARK
11. HONGKONG		11. SPAIN
12. ISRAEL		12. ITALY
		13. SWITZERLAND
OCEANIA	AFRICA	14. AUSTRIA
1. AUSTRALIA	1. REPUBLIC OF SOUTH AFRICA	15. IRELAND
2. NEW ZEALAND	2. EGYPT	16. HUNGARY
	3. ALGERIA	17. PORTUGAL
	4. ETHIOPIA	18. YUGOSLAVIA
	5. MAURITIUS	19. LIECHTENSTEIN
	6. NIGERIA	20. BULGARIA

In den USA wurden 1974 bei der Lockheed Company und bei Honeywell die ersten Quality Circles eingeführt (vgl. Zink/Schick 1983, 33). In Westeuropa war es Rolls Royce Ltd., wo 1978 zum erstenmal ein Quality Circle durchgeführt wurde. Interessant ist es zu beobachten, dass sich das Konzept im Fernen Osten und in Südamerika erstaunlich gut durchgesetzt hat. Diese Regionen weisen sogar höhere QC-Penetrationsraten auf, als die westlichen Industrienationen. In Europa ist das QC-Konzept in Frankreich am erfolgreichsten, gefolgt von der Bundesrepublik Deutschland. In Grossbritannien hat es sich nicht im erhofften Umfang durchgesetzt. Die übrigen EG-Staaten stehen erst am Anfang der Entwicklung. Die Schweiz hat das Konzept, im Vergleich zu der Grösse ihrer Wirtschaft, recht gut aufgenommen.

Entwicklungstrends in Japan

In Sachen Quality Circles ist unbestreitbar Japan der "Trendsetter". Es ist darum interessant zu beobachten, welche Entwicklungstrends dort festgestellt werden können (1):

- Der **Durchdringungsgrad** hat in manchen japanischen Unternehmen praktisch 100% erreicht. Nissan Motor Company hat z.B. über 4000 Quality Control Circles mit 35'000 Mitgliedern (93% der Belegschaft); Toyota Auto-Body arbeitet in 850 Quality Circles mit über 5000 Mitgliedern (93% der Belegschaft) (Zink/ Schick 1983, 75).

- In Japan besteht ein Trend zu **kleineren Arbeitskreisen**, mit nur 4-5 Mitgliedern.

- Neu entstehen in Japan vor allem Quality Circles im **Dienstleistungsbereich** (Kaufhäuser, Restaurants, Supermärkte, Kreditinstitute, Versicherungsunternehmen).

- Es werden **bereichsübergreifende** QC's gebildet (z.B. zwischen 2 Funktionsbereichen, wie Verkauf und Produktion oder sogar zwischen Herstellern und Lieferanten).

- Es werden häufiger **Mitarbeiter** als Arbeitskreisleiter (Moderatoren) eingesetzt und weniger Vorgesetzte.

- In den Arbeitskreisen werden immer **breitere Themenkreise** behandelt, die nicht mehr ausschliesslich das direkte Arbeitsumfeld der Beteiligten betreffen.

(1) Vgl. Braune - Krickau 1983, 155 ff), (Ueda 1983, 127ff), (Rischar/Titze 1984, 34ff), (Mate 1982, 13ff), (Spiess 1983, 78f), (Ingle 1982, 3f)

4.2. Das QC-Konzept

Im Folgenden wird das QC-Konzept mit Hilfe einer **integrierten** Sichtweise dargestellt. Wir benutzen dazu die Begriffsmerkmale des sog. "Zürcher Ansatzes" der Führungslehre (1). Bei diesem Ansatz wird von drei **formellen** und einem **inhaltlichen** Begriffsmerkmal gesprochen. In Abbildung 52 ist diese integrierte Sichtweise auf das QC-Konzept angewendet worden:

Abb. 52: Integrierte Betrachtungsweise des QC-Konzepts (2)

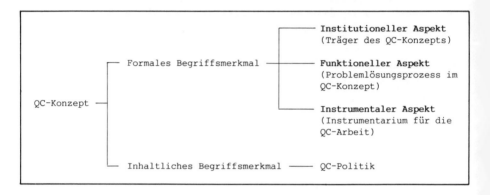

Wir sprechen von drei formellen Begriffsmerkmalen des QC-Konzepts:
- **Institutioneller Aspekt** (Träger des QC-Konzepts)
- **Funktioneller Aspekt** (Problemlösungsprozess im QC-Konzept)
- **Instrumentaler Aspekt** (Instrumente für die QC-Arbeit)

und einem **inhaltlichen** Begriffsmerkmal. Beim inhaltlichen Aspekt geht es um die "QC-Politik". Dieses Begriffsintrumentarium erlaubt es, dass QC-Konzept mit Hilfe einer integrierten Sichtweise zu betrachten und die einzelnen Aspekte logisch gegliedert darzustellen. Aus diesen Gründen wird es hier benutzt.

(1) Vgl. (Rühli 1973), (Rühli 1975), (Rühli 1978)
(2) Vgl. (Rühli 1973, 26f), (Wehrli 1981, 55f)

4.21. Institutioneller Aspekt

Welche Personen oder Personengruppen sind die Träger des QC-Konzepts?

Jedes QC-Konzept ist ein **"unternehmensspezifisches QC-Konzept"**. Der institutionelle Aufbau muss Rücksicht nehmen, auf die Unternehmensgrösse, auf Zielsetzungen, die mit dem Konzept verbunden sind, auf die beteiligten Personen usw. Trotzdem gibt es einige Grundaufgaben, die wahrgenommen werden müssen, wie immer die QC-Institution im speziellen Fall auch ausgestaltet wird (vgl. Zink/-Schick 1984, 47):

1. **Leitung und Steuerung** des Programms (Programmadministration)

2. **Koordination** (Organisation und Betreuung der QC-Aktivitäten)

3. **Gruppenleitung** (Moderation)

4. **Problembearbeitung**

Dies führt im Allgemeinen zu der, in Abbildung 53 beschriebenen, organisatorischen Ausgestaltung des QC-Konzepts:

Abb. 53: Institutioneller Aufbau des QC-Konzepts (1)

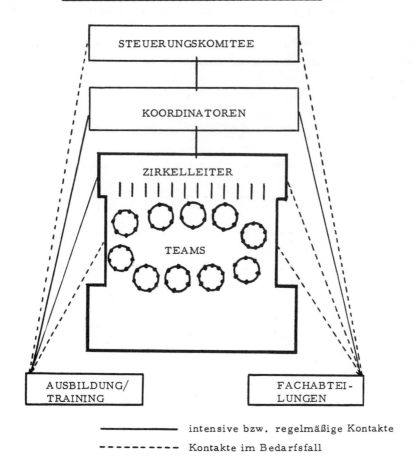

———————— intensive bzw. regelmäßige Kontakte

--------- Kontakte im Bedarfsfall

Die skizzierte Struktur ist geeignet, die beschriebenen Grundaufgaben wahrzunehmen. In ihrer betriebsspezifischen Ausgestaltung
ist sie trotzdem flexibel.
In Abbildung 54 sind einige wichtige Aufgabenkreise beschrieben,
welche die einzelnen Funktionsträger im QC-Konzept wahrnehmen
sollten:

(1) Ein ähnlicher institutioneller Aufbau für das QC-Kon-
    zept ist bei zahlreichen Autoren zu finden, vgl.u.a.
    (Küchler 1981,24), (Engel 1981, 54ff), (Zink/Schick 1984,
    48), (Rischar/Titze 1984, 21ff), (MIR-Leitfaden 1984, 6.2.),
    (Ingle, 1982,2of), (Thompson 1982, 14ff)

Abb. 54: <u>Aufgabenverteilung im QC-Konzept</u> (vgl. Rischar/Titze
1984, 94)

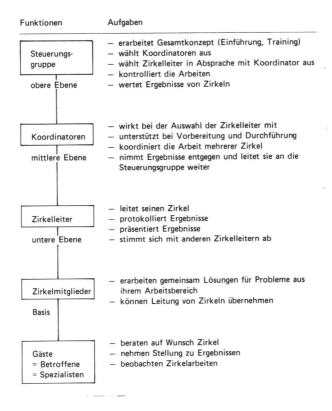

Funktionen	Aufgaben
Steuerungs-gruppe obere Ebene	– erarbeitet Gesamtkonzept (Einführung, Training) – wählt Koordinatoren aus – wählt Zirkelleiter in Absprache mit Koordinator aus – kontrolliert die Arbeiten – wertet Ergebnisse von Zirkeln
Koordinatoren mittlere Ebene	– wirkt bei der Auswahl der Zirkelleiter mit – unterstützt bei Vorbereitung und Durchführung – koordiniert die Arbeit mehrerer Zirkel – nimmt Ergebnisse entgegen und leitet sie an die Steuerungsgruppe weiter
Zirkelleiter untere Ebene	– leitet seinen Zirkel – protokolliert Ergebnisse – präsentiert Ergebnisse – stimmt sich mit anderen Zirkelleitern ab
Zirkelmitglieder Basis	– erarbeiten gemeinsam Lösungen für Probleme aus ihrem Arbeitsbereich – können Leitung von Zirkeln übernehmen
Gäste = Betroffene = Spezialisten	– beraten auf Wunsch Zirkel – nehmen Stellung zu Ergebnissen – beobachten Zirkelarbeiten

Die Aufgabe der Programmsteuerung fällt dem **Steuerungskomitee**
(auch Steuerungsgruppe genannt) zu. Die Organisation und Betreuung
der QC-Aktivitäten obliegt dem **QC-Koordinator**. Die Gruppenleitung nehmen die **QC-Moderatoren** (Arbeitskreisleiter) wahr und
die Problembearbeitung wird von den **QC-Mitgliedern** realisiert.
In den folgenden Abschnitten gehen wir auf die einzelnen Rollen im
QC-Konzept näher ein.

4.211. Das QC-Steuerungskomitee (QC-Steuerungsgruppe)

Das QC-Steuerungskomitee leitet in globaler Weise die QC-Aktivitäten. Es arbeitet ein Gesamtkonzept für die Einführung und den
Weiterausbau der QC-Aktivitäten im Unternehmen aus und steckt die
zu erreichenden Ziele ab. Die QC-Steuerungsgruppe beurteilt den
Erfolg der QC-Aktivitäten und bringt notwendige Korrekturen am
QC-Programm an (vgl. Engel 1981, 67ff). Die Steuerungsgruppe ist
notwendig, um einerseits die **Unterstützung der Unternehmenslei-
tung** für das QC-Konzept zu demonstrieren und andererseits, um
sicherzustellen, dass die **verschiedenen** Interessengruppen im
Unternehmen ihre Bedürfnisse einfliessen lassen können (vgl.
Spiess 1982, 30). Dies bedeutet, dass alle, für den Programmerfolg
relevanten Personengruppen, im Steuerungskomitee vertreten sein
sollten. Mitglieder können deshalb sein:
- Vertreter der Unternehmensleitung
- Leiter derjenigen Funktionsbereiche, in denen mit QC's gearbeitet wird
- QC-Koordinatoren
- Vertreter des Betriebsrates (für Deutschland wichtig)
- Externe Berater als QC-Experten
Damit die Steuerungsgruppe operationsfähig bleibt, sollten nicht
mehr als 7-15 Personen darin Einsitz nehmen (Dokumentation 2.
Dt. QC-Kongress, 201). Die Steuerungsgruppe fördert und unterstützt die QC-Aktivitäten auf allen Ebenen im Unternehmen. Darüber
hinaus ist sie, dies ist vor allem in Ländern mit hohem gewerkschaftlichen Organisationsgrad wichtig, für die Zusammenarbeit mit
dem Betriebsrat und sonstigen gewerkschaftlichen Interessenvertre-
tern besorgt. Im einzelnen kommen der Steuerungsgruppe die folgenden Aufgaben zu (1):
1. Vor der Konzepteinführung:
- Erarbeiten der theoretischen Grundlagen über Funktionsweise
  und Anwendungsbedingungen des QC-Konzepts
- Erarbeiten einer Einführungsstrategie mit Zielvorgaben

---

(1) Vgl. (Engel 1981, 67), (Küchler 1981, 25), (Zink/Schick 1984,
    49f), (Mohr 1983, 56), (Gryna 1981, 33)

- Entscheid, ob zur Programmeinführung und Ausbildung ein externer Berater beigezogen werden soll
- Entwicklung von unternehmensspezifischen Ausbildungsunterlagen
- Auswahl eines oder mehrerer Koordinatoren
- Unternehmensspezifische Ausgestaltung des Konzepts (Ziele, Durchführungsregelungen, Kontroll- und Anerkennungspraxis, Abgrenzung zu anderen Programmen, z.B. zum betrieblichen Vorschlagswesen, Abgrenzung des Themenfeldes)
- Programmfinanzierung sicherstellen
- Zeitplan für die Einführungsphase

2. In der QC-Einführungsphase:
- Information aller Mitarbeiter und Kader über Sinn und Zweck des QC-Programmes
- Entscheidung über die Auswahl von Pilotbereichen, in denen die ersten QC's etabliert werden sollen
- Mithilfe bei der Auswahl der Gruppenleiter
- Adäquate Ausbildung für Koordinatoren, Moderatoren und QC-Teilnehmer sicherstellen
- QC-Statuten (Verhaltenskodex) schriftlich festhalten und allen Beteiligten zur Verfügung stellen

3. Unterstützung und Ausbau der QC-Aktivitäten:
- Laufende Ueberprüfung und gegebenenfalls Korrektur des QC-Programms
- Unterstützung der Arbeitskreise durch andere Unternehmensbereiche und Fachbereiche sicherstellen
- Pilotprogramm nach Ablauf beurteilen und Massnahmen für den Weiterausbau des Programms ergreifen

Der QC-Steuerungsgruppe fallen vor allem **vor der Programmeinführung** und **während dem Einführungsprozess** sehr wichtige Aufgaben zu. Einerseits muss in ihr ein möglichst breites Spektrum der betrieblichen Interessen vertreten sein, andererseits sollten Mitglieder des Topmanagements die Bedeutung des Programms durch aktive Teilnahme in der Steuerungsgruppe demonstrieren. In der Anfangsphase trifft sich die Gruppe normalerweise regelmässig einmal pro Monat, nach Abschluss der Einführungsphase dürften vierteljährliche Sitzungen ausreichen (vgl Rischar/Titze 1984, 93).

In Japan gibt es das Steuerungskomitee nicht. Alle Führungskräfte eines Bereiches fühlen sich dort für die Steuerung verantwortlich und unterstützen die QC-Arbeit. In Europa ist diese Gruppe sinnvoll, denn sie hebt die Verantwortung für den Steuerungsprozess hervor und schafft informierte und engagierte Ansprechpartner, die für den Erfolg des Programms wichtig sind.

Die Konsequenzen einer gescheiterten QC-Einführung sind gravierend. Anstatt hoch motivierter Mitarbeiter kann, bei schlechter Begleitung, auch der entgegengesetzte Effekt erzielt werden. Mitarbeiter, deren Arbeitskreise gescheitert sind, können zu Zynikern werden, die für weitere Aktivitäten partizipativer Art nicht mehr leicht zu motivieren sind (vgl. Engel 1961, 68f).

4.212. Der QC-Koordinator

Der Koordinator (auch Facilitator genannt) ist verantwortlich für das eigentliche **Programm-Management**. Als eine Art **Bindeglied** zwischen der Unternehmensführung und den einzelnen Arbeitskreisen, resp. den Arbeitskreis-Leitern, sorgt er für einen reibungslosen Programmablauf. Fachliche und organisatorische Betreuung der QC-Moderatoren (inkl. Ausbildung) sind Hauptaufgaben des QC-Koordinators. Im einzelnen beschäftigt er sich mit den folgenden Problemen (1):

- Berichterstattung gegenüber dem Steuerungskomitee
- Umsetzen der Anordnungen des Steuerungskomitees
- Konzeption und Realisation des Informationsprogrammes zur Verbreitung der QC-Idee im Unternehmen
- Auswahl der QC-Moderatoren
- Betreuung, Beratung und Training der QC-Moderatoren
- Materielle Unterstützung der einzelnen QC's (Räume, finanzielle Mittel, didaktische Hilfsmittel, Daten usw.)

(1) Vgl. (Rehm 1983, 105), (Spiess 1982, 58f), (Engel 1981, 63ff), (Mohr 1983, 41ff), (Patchin 1983, 52ff), (Zink/Schick 1984, 81)

- Erfolgskontrolle
- Unterstützung des Informationsaustausches zwischen den einzelnen QC's und Fachabteilungen, sowie anderen Unternehmensbereichen
- Organisation des Erfahrungsaustausches zwischen den QC-Moderatoren
- Information aller beteiligten, betroffenen und interessierten
  Personenkreise über den aktuellen Stand des Gesamtprogramms,
  die Ergebnisse, sowie über konzeptionelle Aenderungen.

Der Koordinator sollte auf Grund seiner Vermittler- und Verbin-
dungsfunktion auf **allen Unternehmensebenen** akzeptiert sein. Er
muss sich bei allen Beteiligten verständlich machen können und
sollte Organisationstalent, Dynamik, sowie Einfühlungs- und Durch-
setzungsvermögen mitbringen. In den meisten Fällen handelt es sich
um eine Führungskraft aus dem **Middle-Management** (z.B. aus dem
Personalwesen oder der Qualitätssicherung). Der Koordinator des
QC-Programmes wird diesen Job häufig als Teilzeitaufgabe wahrnehmen. Beim "Fulltime-Koordinator" besteht die Gefahr, dass er die
Realitäten des betrieblichen Alltags aus den Augen verliert und
zum "Berufspädagogen" des Betriebes wird (1). Der QC-Koordinator
nimmt eine zentrale Position im QC-Konzept ein. Er sollte den
Arbeitskreisleitern jedoch nicht die Verantwortung für ihre eigenen Arbeitskreise wegnehmen. Er ist der Manager und Organisator
der QC-Bewegung im Unternehmen, der das Programm zusammen mit den
Moderatoren fördert und unter Kontrolle behält.

4.213. QC-Moderatoren (Arbeitskreisleiter)

Als Arbeitskreisleiter bieten sich die Vorgesetzten der ersten
Linie (Meister, Gruppenleiter, Vorarbeiter, Einrichter) an. In den
USA z.B. sind 88% der QC-Moderatoren die direkten Vorgesetzten der
QC-Mitglieder (vgl. Honeywell-Handbuch in: Rischar/Titze 1984,
98).

(1) Vgl. (Rischar/Titze 1984, 95ff), (Küchler 1981, 25ff), (Engel
    1981, 63ff), (Spiess 1982, 18ff)

Vorarbeiter und Einrichter werden in der Regel, von den Mitarbeitern der Basis, als Kollegen und nicht als Vorgesetzte betrachtet.
Ihr Einsatz als QC-Moderatoren kann deshalb bei der kreativen
Problemlösung durchaus positive Aspekte haben und zu einer offenen
Atmosphäre beitragen. In der Praxis zeigt sich jedoch, dass in
vielen Fällen, die fachlichen, pädagogischen und didaktischen
Fähigkeiten dieses Personenkreises, zumindest am Anfang der QC-Bewegung in einem Unternehmen, für die Arbeitskreisleitung noch
nicht ausreichen. In einzelnen Fällen wird der Gruppenleiter auch
aus dem Kreis der Gruppenmitglieder ausgewählt. Ein engagierter
Mitarbeiter mit informellen Führungsqualitäten wird sich durchaus
als QC-Moderator behaupten können. Dies ist jedoch nicht der Re-
gelfall.

Quality Circles, die unter der Leitung von qualifizierten Spezialisten stattfinden, brauchen häufig keinen eigentlichen Arbeitskreisleiter. Die Position des Moderators kann in solchen
Fällen im Rotationsprinzip von einzelnen Teilnehmern der Gruppe
übernommen werden (vgl. Küchler 1981, 26).

Unsere eigene, empirische Untersuchung zeigt, dass im deutschsprachigen Raum in **65%** der befragten Unternehmen die **direkten
Vorgesetzten** als QC-Moderatoren amtieren. In **25%** der Fälle
ist ein **hierarchisch gleichgestelltes Gruppenmitglied** als
Moderator im Einsatz, in **10%** der Unternehmen sind es **spezielle Moderatoren** (z.B. aus der Ausbildungsabteilung), die diese
Funktion wahrnehmen (vgl. 5.212.).

Im einzelnen fallen dem QC-Moderator die folgenden Aufgaben zu
(1):

- Auswahl von freiwilligen QC-Mitgliedern
- Teilnahme an der Moderatorenausbildung
- Ausbildung der Gruppenmitglieder (z.T. in Zusammenarbeit mit
  dem Koordinator und evtl. beigezogenen externen QC-Trainern)
- Planung, Leitung und Kontrolle der Gruppensitzungen (Förderung
  des partnerschaftlichen Verhaltens in der Gruppe, Herstellen
  einer offenen, kooperativen Arbeitsatmosphäre, Sicherstellung
  des systematischen Problemlösungsprozesses in der Gruppe,
  Protokollierung der Gruppenaktivitäten)

(1) Vgl. (Patchin 1983, 46ff), (Küchler 1981, 26), (Rischar/Titze
1984, 98), (Engel, 1981, 58), (Zink/Schick 1984, 52f)

- Ständige Information der Gruppenmitglieder über den Stand des Gesamtprogrammes, sowie über konzeptionelle Veränderungen im Programm
- Gewährleistung eines "Feedbacks" für geleistete Arbeit
- Aufrechterhalten der Verbindung zum zuständigen Koordinator
- Vertretung der Interessen der Gruppenmitglieder gegenüber den verschiedensten Bezugsgruppen
- Teilnahme an den Erfahrungsaustauschtreffen mit anderen QC-Moderatoren

Der Arbeitskreisleiter ist die **Schlüsselperson** für den Erfolg oder Misserfolg des Quality Circles. Sein Engagement, seine Persönlichkeitsstruktur und seine Fähigkeiten strahlen auf die Teilnehmer seiner Gruppe ab. Unsere Befragung hat gezeigt, dass in vielen Fällen die Ursache für das "Absterben" eines QC's beim Moderator lag. Der QC-Moderator prägt das Arbeitsklima, in welchem es den Teilnehmern entweder Spass macht zu arbeiten oder nicht.

Das QC-Konzept ist eine gute Chance für die Vorgesetzten der ersten Linie, basierend auf fachlicher Autorität und didaktischen Fähigkeiten, an Ansehen gegenüber den unterstellten Mitarbeitern zu gewinnen. Wenn der Moderator die Rolle eines "Coaches" dieser Gruppe einnimmt und so die Mitarbeiter anleitet, vermittelt, schlichtet und ans Ziel heranführt, nimmt er seine Führungsaufgabe wahr. Dies ist umso wichtiger, als in vielen Unternehmen das Phänomen eines rapiden Autoritätsverlustes des Vorgesetzten der ersten Linie festgestellt werden kann (vgl. Engel 1981, 59).

Der Gruppenleiter sollte sich **freiwillig** zur Verfügung stellen. Nur so kann volle Identifikation mit den QC-Aktivitäten, sowie kooperatives Führungsverhalten erwartet werden. Die QC-Moderatoren sollten eine gute, praxisorientierte **Ausbildung** erhalten, um den neuen Anforderungen, die verbunden mit den QC-Aktivitäten auf sie zukommen, gerecht werden zu können.

4.214. QC-Teilnehmer

Das QC-Steuerungskomitee, der QC-Koordinatoren und die QC-Moderatoren sind institutionelle Hilfsmittel, um den Mitarbeitern an der Basis (den QC-Teilnehmern) zu helfen, Probleme in ihrem eigenen

Arbeitsbereich zu lösen und ihr eigenes kreatives und fachliches Potential stärker zu nutzen. Die QC-Teilnehmer rekrutieren sich aus den Mitarbeitern der Fachabteilungen, in denen das QC-Konzept eingeführt wird. Das Haupteinsatzgebiet der Quality Circles, dies lässt sich aus seiner Herkunft erklären, ist der Produktionsbereich. Wir sind schon darauf eingegangen, dass sich das Konzept jedoch ohne weiteres auch auf andere Bereiche übertragen lässt. Die Möglichkeit, in einem QC mitzuarbeiten, sollte grundsätzlich **allen Mitarbeitern offen stehen**, in deren Bereich solche Arbeitskreise etabliert werden. Zahlreiche Autoren sprechen von dem **"Prinzip der Freiwilligkeit"**, als notwendige Voraussetzung für die Teilnahme an QC's (vgl. Zink/Schick, 53). Nun muss man sich aber im klaren sein, dass es sich bei den Mitarbeitern an der Basis (z.B. an einem Fliessband eines Fertigungsbereiches) in den seltesten Fällen um grosse "Kommunikatoren" oder "Innovatoren" handelt. Bis heute sind diese Mitarbeiter ja ausdrücklich angewiesen worden, sich ausschliesslich in ihrem engen Rahmen ausführender Tätigkeit zu bewegen. Solche Personen sind oft, dies zeigt sich in der Praxis, von einer neuen Idee überfordert. Sie müssen praktisch zu ihrem Glück gezwungen werden. Es gibt deshalb Fälle, in denen das Prinzip der Freiwilligkeit verletzt wurde, in denen aber trotzdem am Schluss erfolgreiche Arbeitskreise realisiert wurden.

Auch ausländische Arbeitnehmer sollten ins QC-Konzept integriert werden. Unter Umständen kann es sinnvoll sein, spezielle **fremdsprachige** Arbeitskreise zu bilden. QC-Sitzungen sollten grundsätzlich während der Arbeitszeit stattfinden. Im einzelnen haben die Teilnehmer der Problemlösungsgruppen die folgenden Aufgaben:

- Identifikation von Problemen und Schwachstellen im eigenen Arbeitsbereich
- Ermittlung der Problemursachen
- Generierung von Lösungsideen
- Auswahl und Konkretisierung der Problemlösung
- Präsentation der erarbeiteten Lösungen vor dem zuständigen Management
- Realisierung und Einführung der Lösung
- Erfolgskontrolle

In Abschnitt 6.123. werden wir darauf eingehen, wie verschiedenartig das Problemlösungsverhalten im Quality Circle vom Problemlösungsverhalten in der normalen, betrieblichen Praxis ist. Die Konsequenzen, die sich daraus ergeben, sind bedeutend. Es ist erstaunlich zu beobachten, wie schnell und positiv sich einzelne Mitarbeiter an der Basis zu entwickeln vermögen, sobald ihre Ideen und Vorschläge ernst genommen und weiterverfolgt werden.

In der Praxis zeigen sich, in Abweichung von der hier skizzierten institutionellen Ausgestaltung des QC-Konzepts, eine Reihe von Erweiterungen und betriebsspezifischen Modifikationen am Grundkonzept. Es wird z.B. **Moderatorenerfahrungsaustausch** als eigenständiges Element der QC-Organisation postuliert (vgl. Zink/Schick 1984, 54). Am skizzierten Konzept wird auch kritisiert, dass das **"mittlere Management"** zuwenig einbezogen sei. Alternative Modelle fordern aktive Programmbeteiligung dieses Personenkreises. Dies kann etwa dadurch geschehen, dass ein Teil der Betreuungsaufgaben weg vom Koordinator, hin zu den Führungskräften der mittleren Ebene, transferiert wird. Möglich ist auch, dass die Bereichs- oder Produktgruppenverantwortlichen die Koordinationsfunktion selbst übernehmen. Eine weitere Variante besteht darin, bereichsbezogene Durchführungskomitees zu schaffen, die die konkreten Aufgaben der Programmadministration in den einzelnen Funktionsbereichen der Unternehmung betreuen. Die zentrale Steuerungsgruppe beschränkt sich in diesem Fall auf Grundsatzentscheidungen (vgl. Ingle 1982, 24).

4.22. Funktioneller Aspekt (Problemlösungsprozess im QC-Konzept)

Der Problemlösungsprozess in der QC-Arbeit ist geprägt von den beteiligten Institutionen und von den Phasen des allgemeinen Problemlösungsprozesses (vgl. Abb. 18). In Abbildung 55 ist der typische Verlauf des QC-Problemlösungsprozesses dargestellt (1):

(1) Zum QC-Problemlösungsprozess: vgl. (Gryna 1981, 75ff), (Thompson 1982, 14ff), (Ingle 1982, 17ff)

Abb. 55: Der QC-Problemlösungsprozess (aus Spiess 1983, 197)

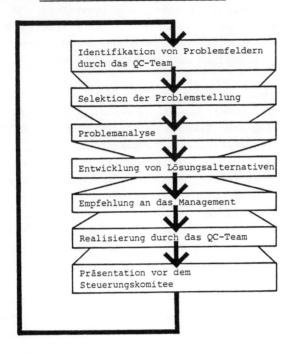

Problemerfassung

In den QC's werden arbeitsbezogene Probleme gelöst, auf die die Teilnehmer möglichst direkten Einfluss haben. Jede Gruppe hat grundsätzlich die Aufgabe, Schwachstellen im eigenen Arbeitsbereich zu identifizieren und als QC-Projektvorschläge in den Prozess einzubringen. Dies schliesst nicht aus, dass zusätzliche Projektvorschläge von aussen (z.B. durch den Vorgesetzten, durch Nachbarabteilungen oder Stabsabteilungen) an die Gruppe herangetragen werden.

Am Anfang des Problemlösungsprozesses wird ein **Problemkatalog** aufgestellt. Die Gruppe **gewichtet** die gefundenen Problemkreise und ordnet ihnen **Prioritäten** zu. Die Gruppe entscheidet schliesslich, welches Problem sie bearbeiten will (vgl. Rehm/ Strombach 1984, 13ff).

Problembearbeitung

Das ausgewählte Problem wird exakt umschrieben und allen QC-Teilnehmern transparent gemacht. In der Phase der Problemanalyse wird nach **Ursachen** des Problems geforscht. Es wird eine **Zielsetzung** formuliert, die durch die Problemlösung erreicht werden soll. **Lösungsvorschläge** werden entwickelt, **bewertet** und schliesslich eine **Entscheidung** getroffen, welche Lösungsvariante in die Praxis umgesetzt werden soll. Dieser Prozess ist den, nun als QC-Teilnehmer fungierenden Mitarbeitern, in der Regel nicht vertraut. Sie waren normalerweise nicht an Planungs-, Entscheidungs- und Kontrollprozessen beteiligt (vgl. Fink/ Schick, 98). Es wird darum eine gewisse Zeit dauern, bis sich die Mitglieder des Arbeitskreises, in dieser neuen Art des Denkens zurechtgefunden haben. Abbildung 56 zeigt das "Deming-Wheel", mit dem W.E. Deming, einer der beiden, für die Durchsetzung des QC- Konzepts in Japan entscheidenden US-Qualitätskontrollwissenschaftler, der die QC-Problembearbeitung darzustellen versuchte:

Abb. 56: <u>The Deming-Wheel</u> (aus: Ingle 1982, 9)

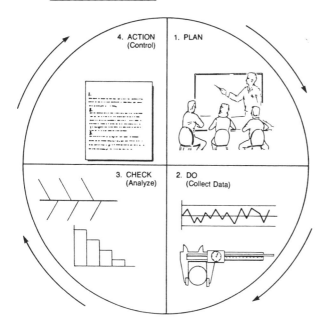

Realisierung

Die ausgewählte Lösung wird, falls eine Entscheidung auf höherer Ebene notwendig ist, dem Management präsentiert. Jetzt kann die ausgewählte Lösung, mit Hilfe eines **Massnahmenplanes,** in den Arbeitsablauf eingeführt werden. Im Massnahmenplan werden die einzelnen Arbeitsschritte festgelegt, Aufgaben verteilt und Durchführungstermine gesetzt (vgl. Küchler 1981, 41ff). Meistens ist die Gruppe sehr motiviert, die in gemeinsamer Arbeit gefundenen Problemlösungen, zu realisieren. Der Vorteil verstärkter Mitwirkung beim Planungs- und Entscheidungsprozess zeigt sich hier ganz klar.

Erfolgskontrolle

Das QC-Team prüft, ob es ihm gelungen ist, das Problem in erwartetem Umfang zu lösen. Haben sich Verbesserungen, Kosteneinsparungen oder andere Erfolge eingestellt, dann sollten diese entsprechend gewürdigt werden. Erwähnung am schwarzen Brett, in der Firmenzeitung, Anerkennung durch den QC-Koordinator, das Steuerungskomitee oder die Unternehmensleitung sind wichtige Motivationsfaktoren.

In Abbildung 57 ist der QC-Problemlösungsprozess dargestellt, diesmal nicht isoliert, sondern integriert in das Umfeld der Organisation:

Abb. 57: <u>Quality Circle-Process</u> (aus: Thompson 1982, 17)

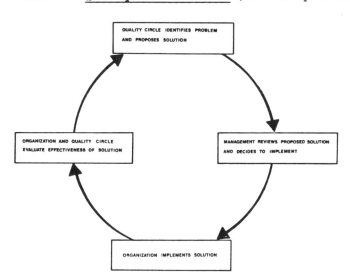

Ein Arbeitskreis löst im Jahr durchschnittlich 3-6 Probleme (vgl. Spiess 1983, 207). Obwohl der QC in erster Linie "Do-it-yourself-Team" ist, wird es in vielen Fällen notwendig sein, Spezialisten für bestimmte Aufgaben beizuziehen. Für die QC-Sitzungen sollte ein fester Platz im Arbeitsablauf eingeplant sein. Normalerweise treffen sich die QC's 1-4 mal pro Monat für 1-1,5 Stunden. Geeignete Zeitpunkte für die Sitzungen sind der Arbeitsbeginn oder der Vormittag. Ungeeignet ist der spätere Nachmittag, da das Aufnahmevermögen für geistige Arbeit zu diesem Zeitpunkt nicht mehr voll gewährleistet ist (vgl. Köhler 1985).

4.23. <u>Instrumentaler Aspekt (Arbeitstechniken)</u>

Systematische und zielgerichtete Problemlösung setzt ein gewisses Mindestmass an methodischem Rüstzeug voraus. Wir haben uns im 3. Kapitel ausführlich mit den Problemlösungsmethoden und ihrer Anwendung im Unternehmen befasst. Die dort gemachten Ausführungen zu den einzelnen Techniken und zur Arbeit in Problemlösungsgruppen treffen auch für diesen Abschnitt zu. Wir beschränken uns deshalb darauf, in diesem Abschnitt die QC-spezifischen Aspekte des Problemlösungsinstrumentariums herauszuarbeiten.

Professor Ishikawa hat 8 Methoden beschrieben, die für die Anwendung in Quality Circles ideal sind (vgl. Arbose 1980, 32):

1. Brainstorming
2. Checksheet (Datensammlung über einen bestimmten Zeitdauer)
3. Pareto-Chart
4. Cause and Effect Diagramm (Ursache/Wirkungsdiagramm; diese Technik haben wir in Abschnitt 3.231. als Ishikawa-Diagramm bezeichnet)
5. Histogramm (grafische Illustration von Häufigkeiten)
6. Scatter Diagramm (eine Methode, um Hauptfehlerquellen zu entdecken; auch Streupunktdiagramm genannt)
7. Control Chart (geeignet zur periodischen Ueberprüfung der Produktequalität von Toleranzquellen)
8. Stratification (Zufallsauswahlverfahren zur Sicherung der Produktequalität)

Dieses Instrumentarium ist sehr stark auf das Ziel der statistischen Qualitätskontrolle ausgerichtet. Es entspricht der Herkunft und der ursprünglichen Zielsetzung des QC-Konzepts.

Unsere empirische Untersuchung zeigt, dass in der QC-Praxis die Methoden "Brainstorming", "Brainwriting", "Ishikawa-Diagramm", "Pareto-Analyse" und "Bewertungstechniken" am häufigsten angewendet werden (vgl. 5.222.). Abbildung 58 zeigt eine Uebersicht über mögliche QC-Arbeitstechniken, geordnet entsprechend den Phasen des QC-Problemlösungsprozesses:

Abb. 58: **Arbeitstechniken im QC-Problemlösungsprozess** (aus: Rehm/Strombach 1984, 9)

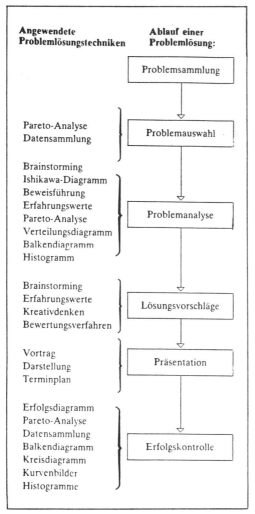

Für die QC-Sitzungen sollte ein geeignetes **Sitzungszimmer** mit **Visualisierungshilfen**, wie Flip-Charts, Pin-Wände, Hellraumprojektor zur Verfügung stehen. Die Sitzanordnung sollte **kommunikationsfördernd**, um einen Blocktisch oder in U-Form, angelegt **sein. Sitzungsprotokolle** über Ablauf, Ergebnis und Vereinbarungen der jeweiligen Gruppensitzung geben eine Uebersicht über

den Arbeits verlauf. **Projektberichte**, die neben einer Projekt-
beschreibung auch die Resultate beinhalten, dokumentieren den
Erfolg der QC-Arbeit (vgl. Zink/Schick 1984, 103). Die Anforderungen an QC-Protokolle sollten nicht hochgeschraubt sein. Das
Konzept soll nicht vermehrte Bürokratie ins Unternehmen bringen.

4.24. Inhaltliche Aspekte (QC-Politik)

Die QC-Politik ist beeinflusst durch die unternehmensspezifische
Situation und die, an das Konzept geknüpften **Zielvorstellungen**
der Unternehmensleitung. Die QC-Politik muss abstecken, welchen
Stellenwert dem QC-Programm im Unternehmen zukommt. Beginnt mit
der Einführung der Quality Circles eine grundlegend neue Aera der
Zusammenarbeit zwischen Führung und Ausführung oder ist es nur
eines, von mehreren Programmen zur Qualitätsverbesserung und Effi-
zienzsteigerung?
Die Regelung von **Belohnung und Anerkennung**, sowie die **Abgrenzung** gegenüber anderen Instrumenten der Kreativitätsförderung und Ideenfindung, wie etwa dem betrieblichen Vorschlagswesen,
sind Gegenstand der QC-Politik. Es sollte auch Vorstellungen darüber geben, **welche Problemkreise** für die QC-Arbeit "erlaubt"
oder "verboten" sind. Meistens werden z.B. Gehaltsfragen, Einstel-
lungs- und Kündigungsfragen, Personalpolitik, Arbeitszeitregelung
usw. von vornherein aus der QC-Arbeit ausgeklammert (vgl. Rischar/
Titze 1984, 25). Im Zentrum stehen eher Probleme aus der täglichen
Arbeit der Beteiligten, wie etwa Fragen der Qualitätsverbesserung,
der Arbeitsplatzgestaltung, des Arbeitsablaufes und der Zusammenarbeit, der Produktivitätssteigerung und der Verbesserung von
Arbeitsplatzsicherheit.
Im 6. Kapitel werden wir näher darauf eingehen, welche Faktoren
eine QC-Politik beinhalten soll, die sich positiv auf die Kreativitätsförderung im Unternehmen auswirkt.

4.3. Einsatz des QC-Konzepts im Unternehmen

4.31. Situationsvariablen

Das QC-Konzept kann nicht einfach als theoretisches Modell in den
betrieblichen Alltag jedes Unternehmens eingeführt werden, sondern
muss den unternehmensspezifischen Situationsvariablen und den
Zielvorstellungen, die an die QC-Arbeit geknüpft werden, Rechnung
tragen. Sowohl die formelle Ausgestaltung des Konzeptes, wie auch
die QC-Politik, werden davon beeinflusst. Wir denken dabei an die
folgenden Einzelaspekte, denen bei der Ausgestaltung des QC-Kon-
zepts und bei der QC-Arbeit Beachtung geschenkt werden muss:
- **Gesellschaftliche, kulturelle** und **mentalitätsmässige**
  Verhältnisse (z.B. Unterschied zwischen Japan und dem Westen)
- **Unternehmensgrösse**
- **Branche**
- **Funktionsbereiche**, in dem das Konzept zum Einsatz kommt
- **Gesetzliche Vorschriften** (insbesondere Mitbestimmungs-
  recht)
- **Beteiligter Personenkreis**
- **Einstellung des Managements** gegenüber dem Konzept
- Mit dem Konzept verbundenes **Belohnungs-/Anreizsystem**
- **Integration** des QC-Konzepts in die Unternehmenspolitik
  (qualitative und quantitative Zielsetzungen, die mit dem Kon-
  zept erreicht werden sollen)
- **Abgrenzung** gegenüber bestehenden Instrumenten der Kreati-
  vitätsförderung und Qualitätssicherung (z.B. gegenüber dem
  betrieblichen Vorschlagswesen)

Die angesprochenen Punkte stellen potentielle Problembereiche dar,
die sich negativ auf den Erfolg der Quality Circle-Arbeit auswirken können. Es ist notwendig ihnen bei der Ausgestaltung, bei der
Einführung und beim Weiterausbau des QC-Konzepts im Unternehmen
Beachtung zu schenken. Wir werden im Rahmen unserer Ausführungen
über die "Erfolgsvoraussetzungen beim Einsatz des QC-Konzepts" in
Abschnitt 6.2. konkrete Hinweise vermitteln, welchen Einfluss
diese Situationsvariablen auf das QC-Konzept haben können.

4.32. <u>Problematik der Effizienzanalyse (Erfolgsmessung)</u>

Die Frage nach der Effizienz der Quality Circles ist in der betrieblichen Praxis von erheblicher Bedeutung (1). Jedes Unternehmen wird sich fragen, was das QC-Programm an Nutzen bringt. Der
Effizienzbeweis dient einerseits als **Legitimationsbasis für das
Management**, andererseits brauchen auch die, am Programm Beteiligten (QC-Teilnehmer, Moderatoren, Koordinatoren), einen Grad-
messer für den **Erfolg** ihrer Aktivitäten.

So wird denn immer wieder vom **Aufwand/Ertragsverhältnis** der
Quality Circles gesprochen. Die verfügbaren Aufwand/Ertragschät-
zungen sprechen von einem Verhältnis von 1:3 bis 1:10 zu Gunsten
des QC-Konzepts. Im Durchschnitt übertrifft der Ertrag den Aufwand
im Verhältnis von 1:5 (vgl. Kieser 1985). QC-Experten aus den USA
berichten darüber, dass ein japanischer QC im Durchschnitt 3-4
Probleme pro Jahr löse und dabei ca. $ 5'000 pro gelöstes Problem
für die Firma einbringe. Sie schätzen den konsolidierten Nutzef-
fekt des QC-Konzepts für die japanische Wirtschaft auf 20 Milliarden Dollar pro Jahr (vgl. Mohr 1983, 19).

Wenn man das Problem der Effizienzanalyse des QC-Konzepts etwas
genauer untersucht, dann wird es wesentlich vielschichtiger und
komplizierter. Die Frage nach der Effizienz von Quality Circles
lässt sich nicht auf eine blosse Verhältniszahl reduzieren. Bei
der QC-Erfolgsmessung müssen sowohl **quantitative**, messbare
Erfolge, wie auch **qualitative** Erfolge, die sich in Form von
Verhaltensänderungen ausdrücken, berücksichtigt werden. Darüber
hinaus erschwert die Problematik der **"interne Effizienz"** und
der **"externen Effizienz** die Beantwortung der Frage nach dem
QC-Erfolg. Die interne Effizienz des Konzepts (d.h. quantitative
und qualitative Ergebnisse der am Konzept Beteiligten) und die
externe Effizienz (d.h. die Auswirkungen, die das QC-Konzept auf
das Unternehmen als Ganzes hat) müssen nämlich keineswegs überein-

---

(1) Zur QC-Erfolgsmessung, vgl. (Dewar 1980, 72ff), (Bungard/Wien-
    dick 1984, 63ff), (Kieser 1985), (Zink/Schick 1984, 114ff),
    (Fitzgerald/Murphy 1982, 24ff)

stimmen. Von einer hohen, internen Effizienz kann nicht auf eine
hohe, externe Effizienz geschlossen werden. Es kann durchaus sein,
dass die am Konzept Beteiligten, Freude und Befriedigung empfinden
und auch materielle Ergebnisse erzielen, dass die Ausgeschlossenen
jedoch negativ reagieren und so die Gesamteffizienz negativ beeinflussen.

Bungard/Wiendick haben aus den zur Verfügung stehenden Publikationen eine Liste von Variablen für die Messung des QC-Erfolgs
zusammengestellt (1). Sie ist in Abbildung 59 zu finden:

Abb. 59: <u>Indikatoren für die Effizienz der QC-Aktivitäten</u>
    (aus: Bungard/Wiendick 1984, 68)

Indikatoren für die Effizienz der QC-Aktivitäten	
Produktqualität	Mitarbeiterzufriedenheit
Produktivität	Fehlzeiten
Kundenreklamationen	Fluktuation
Fehlerreduzierung	Verbesserungsvorschläge
Schrottreduzierung	Unfallzahlen
Montagezeiten	Zufriedenheit mit Vor-
Inspektionsleistung	gesetzten
Kundendienst	Harmonie zwischen Kollegen
Kapazitätsausnutzung	Zufriedenheit mit der
Neuere Werkzeuge	Arbeit
Nachkalkulationsfrequenz	Identifikation mit Orga-
Materialeinsparung	nisation
Arbeitsplatzgestaltung	Betriebsklima
Maschinen-Wartungskosten	Qualitätsbewußtsein
Lagerhaltungskosten	Disziplinarstrafen
Energieeinsparungen	Kostenbewußtsein
Flexibilität der Stäbe	Vertikale Kommunikation
Schnellere Entscheidungen	Horizontale Kommunikation
Produktwerbung	Konfliktverminderung
Marketing-Strategie	Arbeitsmoral
Maschinen-Instandhaltung	Führungsfähigkeit
Arbeitsvorbereitung	Umweltbewußtsein
Qualitätskontrolle	Beschwerderate
Produktinnovationen	Trainingseffekt
	Persönlichkeitsentwicklung
	Selbstachtung der MA
	Sachlicher Dialog mit BR

(1) Aehnliche Darstellungen der QC-Erfolgsvariablen sind zu finden
    bei: (Mohr 1983, 173), (Dewar 1980, 288), (Baird/Rittoff 1983,
    32ff)

Die umfangreiche Liste macht deutlich, dass es eine Vielzahl von Faktoren gibt, die durch das QC-Konzept beeinflusst werden. Wir haben die einzelnen Erfolgsvariablen den 3 Kriterienbereichen **"programmbezogene Erfolgsdaten"**, **"qualitative Ergebnisse"** und **"quantitative Ergebnisse"** zugeordnet (vgl. Zink/Schick 1984, 115f):

Programmbezogene Erfolgsdaten

- Anzahl ausgebildeter und aktiver Moderatoren (im Verhältnis zur Gesamtzahl der Vorgesetzten in der ersten Linie)
- Anzahl aktiver QC-Teilnehmer (Anteil an der Gesamtzahl der Mitarbeiter)
- Anzahl aktiver QC's (im Vergleich zu geplanten Entwicklungen)
- Anzahl "abgestorbener" QC's
- Anzahl bearbeiteter Projekte (Gesamtzahl pro Quality Circle)
- Anteil einzelner Themenbereiche an der Gesamtzahl der bearbeiteten Projekte
- Anzahl durchgeführter Ergebnispräsentationen vor dem Management
- Anzahl der QC-Vorschläge gegenüber der Gesamtzahl der Vorschläge aus dem betrieblichen Vorschlagswesen

Quantitative Ergebnisse

a) Verbesserung von Produkt- und Dienstleistungsqualität
   - Ausschussrate
   - Fehlerraten pro Produkt, pro Mitarbeiter pro Arbeitsgruppe
   - Engpässe und Lieferverzüge
   - Kundenreklamationen
   - Anzahl Retouren
   - Reparaturkosten

b) Steigerung der Produktivität:
   - Produktionsmenge
   - Durchlaufzeit
   - Ausfall- und Verlustzeiten
   - Kapazitätsausnutzung
   - Montagezeit

c) Kostensenkungen:
   - Kosten für den Materialeinsatz
   - Werkzeug und Maschinenverschleiss

- Kostensenkung durch Produktivitätssteigerung und Qualitätsverbesserung
- Lagerhaltungskosten
- Maschinenwartungskosten
- Energieeinsparung
d) Verbesserung von Arbeitsplatzsicherheit und Senkung der Unfall-
raten

Qualitative Ergebnisse

- Arbeitszufriedenheit und Motivation
- Innerbetriebliche Kommunikation
- Qualifikation der Belegschaft
- Betriebsklima
- Verhältnis zu Vorgesetzten und Kollegen
- Einstellung der Mitarbeiter zu Qualität und Kosten
- Identifikation mit dem Unternehmen
- Ausbildungseffekte
- Konfliktlösungen

Bei der Erfolgsmessung des QC-Konzepts geht es primär um die
Systematisierung und Strukturierung, an für sich schon vorhandener
Daten. Um messbare Resultate zu erhalten, muss man sich allerdings
schon vor der Konzept-Einführung Gedanken darüber machen, welche
Erfolgsvariablen später gemessen werden sollen. Nur so ist es
möglich, abgegrenzte Daten **"vor der Konzepteinführung"** und
"nach der Konzepteinführung" zu messen. Die programmbezogenen
Erfolgsdaten wiederspiegeln ausschliesslich die **interne Effizienz** des Konzepts, während die quantitativen und qualitativen
Ergebnisse interne und externe Effizienz beinhalten. Sehr anschau-
lich sind Kosten/Nutzen-Vergleiche für einzelne QC-Projekte. Sie
beziehen sich jedoch ausschliesslich auf die quantitativen Ergebnisse. Der tatsächliche Nutzen des QC-Programms dürfte, bei positivem Verlauf des QC-Programms, wesentlich höher liegen, als sich
dies in den quantitativen Verhältniszahlen wiederspiegeln kann.
Hinter der Frage der Effizienzanalyse des QC-Konzepts verbirgt
sich ein höchst komplexer Wirkungszusammenhang (vgl. Bungard/Wien-
dick 1984, 95). Einfache, klare Antworten hierauf, wie man sie in
der Praxis häufig zu hören bekommt, sind deshalb mit Vorsicht zu
betrachten. Mayer stellt in diesem Zusammenhang die These auf: "Je

tiefgreifender der Wandlungsprozess, desto weniger operational messbar ein Erfolg!" (Mayer 1975, 342). Umgekehrt braucht die Praxis zur Motivation der Mitarbeiter und zur Programmsteuerung Erfolgsdaten. In der QC-Politik sollte sich deshalb die Unternehmensleitung, von Anfang an klar sein, welche Ziele mit dem Konzept prioritär angestrebt werden sollen. So kann ein **Zielkatalog** aufgestellt und die **Ausgangsdaten** festgehalten werden. Dies ermöglicht, in gewissen Zeitabständen, Messungen durchzuführen und zu kontrollieren, wie sich das tatsächlich Erreichte gegenüber den Zielsetzungen verhält. Nicht zu kurz kommen sollten bei diesen Erfolgsmessungen, die qualitativen Ergebnisse (Arbeitszufriedenheit, Motivation, Identifikation, innerbetriebliche Kommunikation usw.). Diese Faktoren sind zentrale Elemente des QC-Konzepts. Im 6. Kapitel werden wir darauf zurückkommen.

---

5. KAPITEL: ERFAHRUNGEN IN DER PRAXIS - EINE EMPIRISCHE
              UNTERSUCHUNG

Unsere empirische Untersuchung soll den Bezug zur Wirtschaftspraxis sicherstellen und die vorangegangenen Ueberlegungen auf ihre
Richtigkeit und Bedeutung für die betriebliche Realität überprü-
fen. Dies soll es uns ermöglichen, im 6. Kapitel Schlussfolgerungen zu ziehen, deren Gültigkeit aus theoretischer und praktischer Sicht belegt werden kann.

5.1. Vorgehen (Formelle Seite der Erhebung)

5.11. Zielsetzung

Unsere Erhebung soll zeigen, ob und wie sich das QC-Konzept in der
Praxis schweizerischer und deutscher Unternehmen bewährt.   Zudem
interessieren uns die Erfolgsvoraussetzungen, die bei der Anwen-
dung des QC-Konzepts in der Praxis zu beachten sind. Ein zweites
Hauptziel der Befragung besteht darin, den Beitrag des QC- Kon-
zepts an die Kreativitätsförderung im Unternehmen abzuschätzen.
Die folgenden Hauptaspekte werden deshalb in die Untersuchung
einbezogen:
- **Anwendungsstand** des QC-Konzepts in der Praxis
- **Ausgestaltung** des QC-Konzepts
- **Einführungsprozess** im Unternehmen
- **Beurteilung** durch die Wirtschaftspraxis
- **Zukunftsperspektiven** des QC-Konzepts aus der Sicht der
  Praxis
- **Auswirkungen** des QC-Konzepts auf die **Kreativitätsför-
  derung** im Unternehmen
- **Anwendung** von **Problemlösungs-** und **Kreativitätstechniken**
  im QC-Konzept.

5.12. Die befragten Unternehmen und Personen

Befragt wurden insgesamt 100 Unternehmen, die sich bereits mit dem QC-Konzept befassen. Ihr Interesse an diesem Konzept haben die befragten Firmen durch die Teilnahme von mindestens einem, ihrer Mitarbeiter, an einem zweitägigen Quality Circle-Seminar bekundet (1). Dieses Vorgehen bietet keine Gewähr für statistische Repräsentativität der Untersuchungsergebnisse; es ermöglicht hingegen einen relativ hohen Anteil an auswertbaren Praxiskontakten.

Befragter Personenkreis

Bei den angesprochenen Personen handelt es sich vor allem um Führungskräfte in der Funktion eines Ausbildungsleiters, Produktionsleiters oder eines Verantwortlichen für die Qualitätssicherung. Insgesamt sind 80 Schweizer- und 20 Deutsche Unternehmen in die Untersuchung einbezogen worden. Auswertbar waren die Antworten von 37 Unternehmen (32 aus der Schweiz und 5 aus Deutschland).

Ueber die Branchenherkunft der teilnehmenden Firmen gibt Abbildung 60 Auskunft:

(1) Dem Verfasser standen die Teilnehmerlisten von 10 QC-Seminaren des Zentrums für Unternehmensführung mit insgesamt 200 Teilnehmern zur Verfügung. Die angesprochenen 100 Unternehmen sind aus diesem Personenkreis ausgewählt worden.

Abb. 60: **Branchenherkunft in der Untersuchung**

BRANCHE	In die Untersu-chung einbezogen absolut	%	Auswertbare Antworten absolut	%
Investitionsgüterbereich (Maschinen, Elektro- und Elektronik-industrie, Chemie usw.)	59	59 %	22	60 %
Konsumgüterbereich (Nahrungsmittel, Körperpflege usw.)	15	15 %	7	19 %
Dienstleistungsbereich (Banken, Transport, Handel usw.)	26	26 %	8	21 %
Total	100	100 %	37	100 %

Die Mehrzahl der einbezogenen Firmen ist im Investitionsgüterbe-reich tätig (Maschinenindustrie, Bau-, Elektro- und Elektronikin-dustrie, Chemie usw.). Die übrigen Untersuchungsteilnehmer sind je etwa zur Hälfte im Konsumgüterbereich (Nahrungsmittel, Körperpfle-gemittel u.a.) und im Dienstleistungsbereich (Banken, Handel, Transport usw.) aktiv.

Abbildung 61 gibt über die Grösse der befragten Firmen Auskunft:

Abb. 61: **Grösse der befragten Unternehmen**

Unternehmensgrösse (Anzahl Mitarbeiter)	In die Untersu-chung einbezogen absolut	%	Auswertbar absolut	%
1 - 100 Mitarbeiter	10	(10 %)	1	(3 %)
101 - 1000 Mitarbeiter	45	(45 %)	14	(38 %)
► 1001 Mitarbeiter	45	(45 %)	22	(59 %)

Fast 60% der auswertbaren Antworten betreffen Unternehmen, die
mehr als 1000 Mitarbeiter beschäftigen. Dies, obwohl in die Untersuchung nur 45% solcher Grossbetriebe einbezogen wurden. Diese
Zahlen weisen darauf hin, dass sich eher grössere Unternehmen mit
dem QC-Konzept und den Fragen der Kreativitätsförderung beschäftigen.

5.13. Befragungsmethode

Für eine solche empirische Untersuchung bieten sich grundsätzlich
2 Möglichkeiten an:
a) Der **Postwurf-Fragebogen** mit schriftlicher Beantwortung
b) Das **Interview** mit mündlicher Beantwortung der Fragen.
In beiden Fällen kann zudem nach dem Standardisierungsgrad der
Fragen unterschieden werden. (vgl. Atteslander 1974, 54ff).

Es gehört zu den Anforderungen wissenschaftlicher Arbeiten, "die
Wirklichkeit systematisch zu beobachten, die Ergebnisse zu ver-
gleichen und damit Fakten, anstelle vorgefasster Meinungen, zum
Ausgangspunkt für theoretische Aussagen zu machen" (Mangold 1972,
11). Um diesem Grundsatz entsprechen zu können, brauchen wir für
die Beantwortung unserer Fragestellung sowohl eine gewisse **Untersuchungsbreite** (Anzahl der befragten Unternehmen), wie auch
eine genügende **Untersuchungstiefe** (Länge und Intensität des
Praxiskontaktes). Gegenüber dem Interview hat der Postwurf-Fragebogen einerseits den Vorteil, dass eine Vielzahl von Unternehmen,
ohne allzu grossen Aufwand, befragt werden kann; andererseits den
Nachteil fehlender Vertiefung und Präzisierung. Den reichhalti-
geren Antworten des Interviews steht der hohe Aufwand (zeitlich
und finanziell) gegenüber, der die Anzahl solcher Praxiskontakte
einschränkt.

Aus diesen Gründen haben wir in unserer Untersuchung eine **Kombination von verschiedenen Befragungsmethoden** gewählt:
1. Mit Hilfe einer schriftlichen Befragung (**Postwurf-Fragebogen**) soll die notwendige Untersuchungsbreite gewährleistet
   werden. Versandt wurde ein Fragebogen mit teils offenen, teils
   standardisierten Fragen (vgl. Anhang 1). In einem Testversand

wurde der Fragebogen im Hinblick auf seine Klarheit und Beant-
wortbarkeit getestet und korrigiert.

2. Um den Anforderungen an die Untersuchungstiefe Rechnung zu
   tragen, wurden zudem 10 **Interviews** von 2-4 Stunden Länge
   durchgeführt. Als Basis diente ebenfalls der, im Anhang vorlie-
   gende, Fragebogen. Im mündlichen Interview konnten indessen
   einzelne Punkte vertieft behandelt werden.

3. In die Untersuchung einbezogen wurden auch die praktischen
   Erfahrungen, die der Verfasser als beauftragter Berater bei der
   Einführung des QC-Konzepts in einem mittelgrossen, schweizerischen Industrieunternehmen, sammeln konnte. Diese **Mitarbeit,**
   in einem für die **QC-Einführung verantwortlichen Projektteam,**
   war vor allem für die Untersuchungstiefe relevant.

5.14. Aufbau des Fragebogens

Beim Aufbau des Fragebogens versuchten wir eine logische Fortentwicklung des Problemkreises zu erreichen. Dabei wechseln sich
einfache und geschlossenen Fragen ab, mit komplizierteren, offenen
Fragestellungen. Die letzteren wurden eher an den Schluss des
Fragebogens gestellt. Dies im Sinne der Anregungen von Goode/Hatt
für den Aufbau eines Fragebogens (vgl. Goode/Hatt, in König 1972,
115ff).

5.15. Datenauswertung

Die Auswertung der schriftlichen und mündlichen Praxiskontakte ist
in **2 Phasen** erfolgt:

1. Horizontale Addition
   Die Antworten wurden für jede Frage, über alle Fragebogen und
   alle Interviews zusammengezogen, **ohne** eine **Wertung**
   vorzunehmen. Die einzelnen Fragen wurden in Fragegruppen eingeteilt, die mit den Teilzielsetzungen der Untersuchung übereinstimmen.

2. Wertung
   Pro Fragestellung ist ein Bericht abgefasst worden, der im

Sinne eines **Gesamteindruckes** die vorliegenden Antworten zusammenzieht. Wo immer möglich, wird eine quantitative Auswertung vorgenommen. Dieses Vorgehen erlaubt auch die Beschreibung komplexerer Tatbestände. Es ermöglicht, sowohl den vorherrschenden Gesamteindruck wiederzugeben, wie auch auf interessante Einzelaspekte einzugehen.

5.2. Ergebnisse (materielle Seite der Erhebung)

Die Befragung hat eine Fülle von Antworten gebracht, die teilweise weit über die konkrete Fragestellung hinausgehen. Die Ergebnisse der Umfrage sind zweigeteilt. In Abschnitt 5.21. wird auf den Anwendungsstand, die Ausgestaltung und die Erfolge des QC- Konzepts in der betrieblichen Praxis eingegangen. In Abschnitt 5.22. sind die Untersuchungsergebnisse zum Problemkreis "Quality Circles im Rahmen der Kreativitätsförderung" wiedergegeben.

5.21. Das QC-Konzept in der Praxis

5.211. Anwendungsstand

In Bezug auf den Anwendungsstand des QC-Konzepts in der Praxis, interessieren uns die folgenden Teilaspekte:
- **Seit wann** befassen sich die befragten Unternehmen mit dem QC-Konzept?
- **Wieviele** Quality Circles sind schon eingeführt?
- In **welchen Unternehmensbereichen** sind Quality Circles eingeführt?
- **Wieviele,** der einmal eingeführten Quality Circles, arbeiten noch?
- Werden **weitere** Quality Circles dazukommen?

Kenntnis des Konzepts

Der weitaus grösste Teil der Unternehmen befasst sich erst seit 1983 oder 1984 mit dem QC-Konzept. Nur einem kleinen Teil der Befragten, war das Konzept schon 1982 oder früher bekannt. Diesen vor allem auf Grund von Artikeln, die in den USA erschienen sind. Der zeitliche Verzug gegenüber den USA, wo das Konzept schon seit 1978/79 gut bekannt ist, wird hier deutlich. Interessant sind die vielfältigen, unterschiedlichen Bezeichnungen für Quality Circles. Viele Firmen übernehmen nicht einfach die Bezeichnung "Quality Circles", sondern suchen nach eigenen, originellen Bezeichnungen für ihre Arbeitskreise. Bei IBM z.B. werden die Arbeitskreise "QIP's" genannt (für Quality Improvement Program), bei der Swissair sind es "V-Gruppen" und bei der SKA werden sie "Ideengruppen" genannt.

Anzahl eingeführter Arbeitskreise im Unternehmen

Die befragten Unternehmen haben zwischen 2 und 42 Arbeitskreisen eingeführt. Die häufigsten Nennungen liegen um 4-8 Arbeitskreise. Die Anzahl der eingeführten Arbeitskreise hängt natürlich erheblich von der Unternehmensgrösse und von dem für die QC-Einführung ausgewählten, Unternehmensbereich ab. Trotzdem zeigen diese Zahlen, dass das QC-Konzept von seinem Verbreitungsgrad her, bei uns meistens noch am Anfang steht.

Unternehmensbereiche mit Quality Circles

Die Untersuchung zeigt, dass die QC's zwar ein breites Anwendungsfeld in fast allen Unternehmensbereichen finden, das Schwergewicht der Nennungen jedoch im Produktionsbereich liegt. Auch produktionsnahe Funktionsbereiche, wie Wareneingang, Verpackung, technischer Dienst und Logistik werden häufig genannt. Als Einzelnennungen sind in der Befragung auch ganz andere Unternehmensbereiche aufgetreten, so z.B. Küche und Reception im Hotelgewerbe, Backoffice und EDV-Abteilung in der Bank, Kaufrayons in Warenhäusern, Forschungsabteilungen, Marketingsupport, Administration und Verkaufsbereiche.

Absterben von QC's

Bei etwa der Hälfte der befragten Unternehmen sind immer noch alle, der einmal eingeführten QC's in Funktion. Bei einem weiteren Drittel der Befragten wird von Ausfallraten zwischen 20 und 50% der einmal eingeführten QC's gesprochen; in einzelnen Fällen sind sogar nur noch vereinzelte Arbeitskreise in Funktion. Ein Teil der Unternehmen gestaltet allerdings das QC-Konzept bewusst so, dass die Arbeitskreise nach erfolgter Problemlösung wieder aufgelöst werden. In solchen Fällen kann man nicht von "Absterben" der Arbeitskreise sprechen. Die Untersuchung zeigt aber, dass einige, der einmal eingeführten Arbeitskreise, nicht funktionieren und sich wieder auflösen.

Weiterausbau

Etwa die Hälfte der befragten Unternehmen werden innerhalb der nächsten beiden Jahre weitere QC's einführen. Die andere Hälfte gibt sich zurückhaltender (... vielleicht, ist zu hoffen, weiss nicht...) oder verneinen die Frage nach dem Weiterausbau des QC-Konzepts. Diejenigen, die das Programm weiter ausbauen möchten, planen die Fortsetzung meistens auch in produktionsfremden Unternehmensbereichen.

5.212. Ausgestaltung des QC-Konzepts in der Praxis

Die Untersuchungsteilnehmer gestalten die QC-Arbeit in ihrem Unternehmen nach den folgenden Regeln:

Häufigkeit des Zusammenkommens

Abbildung 62 gibt Auskunft über die Häufigkeit von QC-Arbeitssitzungen:

Abb. 62: <u>Häufigkeit der QC-Meetings</u>

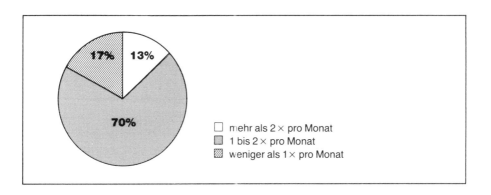

Die Arbeitskreise treffen sich meistens alle 2-4 Wochen. Nur bei 13% der befragten Unternehmen ist dies häufiger der Fall. In 17% der befragten Firmen treffen sich die Arbeitsgruppen unregelmässig, mit teilweise längeren, zeitlichen Abständen.

<u>Durchschnittliche Dauer der QC-Meetings</u>
In Abbildung 63 sind die Ergebnisse, bezüglich der Dauer von QC-Sitzungen wiedergegeben:

Abb. 63: Dauer der QC-Sitzung

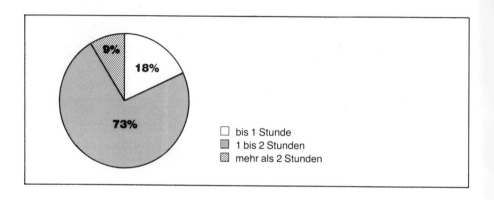

In den meisten Fällen trifft man sich für 1-2 Stunden. Bei 18% der Befragten sind die QC-Sitzungen kürzer als 1 Stunde, bei 9% dauern sie länger als 2 Stunden. Der Durchschnittswert liegt bei 1,5 Stunden.

Freiwilligkeit der Teilnahme
In über 80% der Unternehmen ist das QC-Konzept auf dem Prinzip der Freiwilligkeit aufgebaut. Hier ist der Eintrittsentscheid den Mitarbeitern freigestellt. Haben sie sich einmal für die Teilnahme an QC-Sitzungen entschieden, dann wird erwartet, dass sie diese regelmässig besuchen. Eine Minderheit der Befragten (ca. 15%) versteht das QC-Konzept anders. Sie betrachten es als Teil der Führungsaufgabe des Linienverantwortlichen. In diesen Fällen ist die Teilnahme für die Mitarbeiter nicht freiwillig.

QC-Meetings während oder ausserhalb der Arbeitszeit
Bei über 90% der befragten Unternehmen treffen sich die Arbeitskreise während der bezahlten Arbeitszeit. Bei einigen wenigen Firmen kommt hin und wieder eine Verlängerung der Sitzung über die bezahlte Arbeitszeit hinaus in Frage. Dies sind jedoch Ausnahmen.

Tagungsort

Die Arbeitskreise treffen sich häufig in Sitzungszimmern, Aufent-
haltsräumen oder speziell eingerichteten Schulungsräumen. Für die
QC-Arbeit hat der Tagungsort erhebliche Bedeutung (ungestörte
Kommunikation, Visualisierung). Speziell eingerichtete Räume, mit
den entsprechenden, didaktischen Hilfsmitteln (Flip-Charts, Hell-
raumprojektoren) sind unerlässlich. Bei sämtlichen Firmen, die von
erfolgreichen QC-Sitzungen berichten konnten, waren die räumlichen
und didaktischen Voraussetzungen für die QC-Meetings gewährleistet.

QC-Moderatoren (Arbeitskreisleiter)

In Abbildung 64 wird gezeigt, welcher Personenkreis in der Praxis
das Amt des QC-Moderators einnimmt:

Abb. 64: QC-Moderatoren

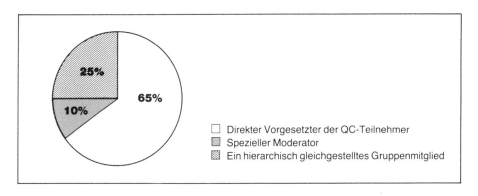

In 65% der Fälle ist der direkte Vorgesetzte der Gruppenmitglieder
als QC-Moderator tätig. Es handelt sich dabei vor allem um die
Vorgesetzten der ersten Linie (Meister oder Abteilungsleiter). Bei
10% der Unternehmen sind speziell ausgebildete Moderatoren als
Arbeitskreis-Leiter tätig, die zum Teil aus der Personalabteilung

stammen. Bei den restlichen 25% wird diese Funktion durch ein
hierarchisch gleichgestelltes Gruppenmitglied eingenommen. Dies
ist um so häufiger der Fall, je länger das QC-Konzept in einer
Firma schon eingeführt ist. Es zeigt sich in der Praxis die Tendenz, während der QC-Einführung und in der ersten QC-Arbeitsphase,
das Kader mit der Moderatorenfunktion zu betrauen und diese später, unter Umständen, an qualifizierte Gruppenmitglieder abzuge-
ben.

QC-Koordinator

In allen befragten Firmen konnte ein Verantwortlicher für die
Koordination der QC's ausgemacht werden. Der QC-Koordinator ist
meistens mit der Einführung des Konzepts im Unternehmen betraut.
Ihm fallen zudem häufig Ausbildungsaufgaben zu. In der Praxis
handelt es sich beim QC-Koordinator meistens, entweder um einen
Kadermitarbeiter aus dem Personalbereich, Produktionsleiter oder
einen Leiter der Qualitätssicherung, also um ein erfahrenes Mitglied des Middle-Managements.

QC-Steuerungskomitee

In der Praxis werden die Aufgaben des QC-Steuerungskomitees häufig
im Rahmen der normalen Linienverantwortung wahrgenommen. Eine
QC-Steuerungsgruppe ist in den meisten Fällen vorhanden, häufig
jedoch nicht explizit so benannt. In ihr sind meistens Mitglieder
der Geschäftsleitung und der QC-Koordinator vertreten. In Deutschland sind zudem Vertreter des Betriebsrates im Steuerungskomitee
dabei.

Protokollierung und Präsentation der QC-Ergebnisse

In der Praxis ist der QC-Moderator häufig auch Protokollführer. Im
Protokoll werden in groben Zügen die Aktivitäten und Ergebnisse
der QC-Sitzungen festgehalten. Meistens wird hier sehr informell
vorgegangen und z.B. das, in der QC-Sitzung bearbeitete Flip-
Chart, als Protokoll benutzt. Ist ein QC-Vorschlag reif für die
Realisierung und braucht es eine Genehmigung durch obere Stellen,
dann wird häufig eine Präsentation durch die QC-Gruppe durchgeführt. Der Entscheidungsträger (meistens das verantwortliche Ge-
schäftsleitungsmitglied) ist bei der Präsentation anwesend. In
grösseren Zeitabständen (vierteljährlich oder halbjährlich) berichtet der QC-Koordinator der Geschäftsleitung über die Programm-
entwicklung.

Belohnung für erfolgreiche QC-Arbeit

Die meisten Firmen lehnen eine institutionalisierte, finanzielle Belohnung für erfolgreiche QC-Vorschläge ab. Häufig wird die Ansicht vertreten, dass man gute Vorschläge viel eher durch Anerkennung und positiven Feedback belohnen sollte. Hierfür ist z.b. ein gemeinsames Essen mit einem Geschäftleitungsmitglied oder ein Gutschein, mit dem die QC-Gruppe etwas gemeinsames unternehmen kann, vorgesehen. In der Praxis zeigt sich, dass auch immaterielle Belohnung, wie z.B. Erwähnung in der Firmenzeitung, sehr motivierend wirkt. Bei einzelnen Unternehmen besteht die Möglichkeit, den QC-Vorschlag ins betriebliche Vorschlagswesen einfliessen zu lassen. So kann die Gruppe zu einer Ideenprämie gelangen. Von dieser Möglichkeit wird allerdings in den wenigsten Fällen Gebrauch gemacht.

Bleibt der QC nach erfolgreicher Problemlösung bestehen ?

Bei 70% der untersuchten Firmen bleibt der Arbeitskreis nach erfolgter Problemlösung bestehen und sucht sich eine neue Aufgabe. 30% der Firmen verstehen das Konzept anders. Sie lösen den QC, nach erfolgter Problemlösung, auf und setzen für ein nächstes Problem, ähnlich einem Projektteam, den QC in anderer Zusammensetzung wieder ein.

Bleibt die personelle Besetzung konstant?

Bei den meisten Unternehmen ist die personelle Besetzung der QC's, von der natürlichen Fluktuation abgesehen, ziemlich konstant. Anders bei jenen, die die QC's nach erfolgter Problemlösung auflösen. Für spezifische Probleme können jedoch fast überall auch Spezialisten beigezogen werden, die nicht zu den Stammmitgliedern des Arbeitskreises gehören.

5.213. Einführungsprozess im Unternehmen

In der Praxis wird das QC-Konzept auf sehr unterschiedliche Art und Weise eingeführt. Es lassen sich immerhin einige **typische Phasen** eines solchen Einführungsprozesses identifizieren:

1. Ausführliche **Beratung** der obersten Geschäftsleitung und Abgabe einer Absichtserklärung.
2. Bildung eines Steuerungskommitees und Beauftragung eines QC-Koordinators, der einen **Aktionsplan** für die QC-Einführung aufstellt.
3. **Information** der **Mitarbeiter** durch eine Präsentation über das QC-Konzept.
4. **Rekrutierung und Ausbildung** der QC-Moderatoren und der QC-Mitglieder (häufig zuerst Bildung von Pilotgruppen).
5. **Beginn** der QC-Arbeit mit einfacheren Problemstellungen.
6. Abschluss der ersten Problemlösungsphase mit **Präsentation** der Ergebnisse.
7. **Weiterausbau** (Rekrutierung und Schulung weiterer Moderatoren und QC-Mitglieder).

Bezüglich des zeitlichen Ablaufes halten die befragten Praktiker einen Zeitraum von einem halben Jahr zwischen der Grundsatzdiskussion in der Geschäftsleitung und dem Beginn der QC-Arbeit für realistisch. Zur Frage des optimalen Einführungsprozesses für das QC-Konzept hält die Literatur eine Vielzahl von Antworten bereit. Wir werden in Abschnitt 6.21. auf das QC-Einführungskonzept zurückkommen.

QC-Training in der Praxis

Häufig werden die zukünftigen Arbeitskreisleiter in 2-4-tägigen Kursen mit den wichtigsten Problemlösungsmethoden vertraut gemacht, die später in der QC-Arbeit angewendet werden. Hier kommen auch grundlegende Aspekte der Gruppendynamik zur Sprache. Eine spezielle Ausbildung der künftigen QC-Mitglieder wird in den meisten Unternehmen nicht betrieben. Der hohe Aufwand hierfür wird in der Praxis gescheut. Oft ist die Ansicht zu hören, dass viel Theorie nicht wichtig sei, sondern dass es für die künftigen QC-Moderatoren vor allem darum gehe, in Uebungs-Quality-Circles konkrete Probleme mit der QC-Methodik lösen zu können. In der Praxis wird meistens weniger Ausbildung betrieben, als aus theoretischer Sicht zu empfehlen wäre.

5.214. Beurteilung des QC-Konzeptes durch die befragten Praktiker - Erfahrungen und Anregungen

Abbildung 65 gibt Auskunft darüber, wie die befragten Praktiker den Erfolg des QC-Konzeptes bezüglich der 3 grundsätzlichen Zielsetzungen für ihr Unternehmen einschätzen. Auf die Problematik der Erfolgsmessung sind wir in Abschnitt 4.32. eingegangen. Sie ist auch für die, im Folgenden beschriebenen, Resultate gültig.

Abb. 65: Erfolg des QC-Konzepts

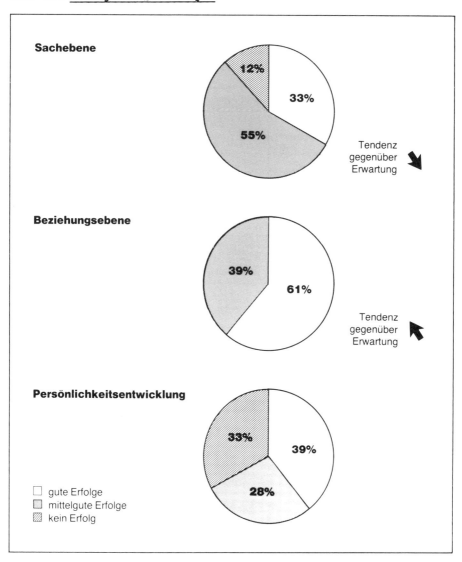

Die stärksten, positiven Auswirkungen erzielen die Quality Circles auf der **Beziehungsebene**. Arbeitsklima, innerbetriebliche Kommunikation und Motivation werden in der Praxis durch das Konzept deutlich positiv beeinflusst. Die Erfolge auf der **Sachebene** (Qualitätsverbesserung, Verbesserung von Arbeitsprozessen) werden als mittel bis gut bezeichnet. Der Erfolg auf der Ebene der **Persönlichkeitsentwicklung** (Förderung von selbständigem Denken, Problemlösungsfähigkeit) wird sehr unterschiedlich beurteilt. Die Untersuchungsteilnehmer sind der Ansicht, dass diese Erfolgskomponente stark von der Persönlichkeit der Beteiligten abhängig ist. Interessant ist die Analyse des effektiv eingetroffenen Erfolgs der QC-Arbeit, gegenüber dem, im voraus erwarteten Erfolg. Vor der Einführung des QC-Konzepts, erhofften sich die meisten Unternehmen vor allem Verbesserungen auf der **Sachebene** (Qualität, Qualitätskonstanz, Senkung von Auschussquoten, allgemeine Kostensenkung, Verbesserung des Nutzungsgrades der Produktionsaggregate u.a.). Nach der Einführung stellen die gleichen Unternehmen fest, dass die quantifizierbaren Erfolge auf der Sachebene nicht überwältigend sind, dass aber auf der **Beziehungsebene**, bei erfolgreichem Verlauf des Konzeptes, sehr grosse Fortschritte erzielt werden (Motivation, Arbeitsklima, Identifikation, innerbetriebliche Kommunikation u.a.).

Das QC-Konzept in den verschiedenen Unternehmensbereichen

Abbildung 66 zeigt die Umfragergebnisse bezüglich der Frage, für welche Unternehmensbereiche sich das QC-Konzept besonders eignet:

Abb. 66: <u>Quality Circles in den verschiedenen Unternehmensbe-</u>
<u>reichen</u>

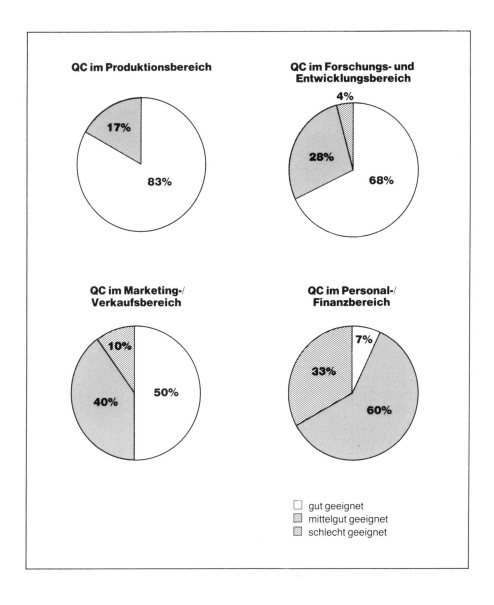

Am erfolgreichsten ist das Konzept im **Produktionsbereich.** 83%
der Untersuchungsteilnehmer waren der Ansicht, dass Quality Circles für den Fertigungsbereich sehr geeignet seien. Auch für die
Funktionsbereiche **Forschung und Entwicklung,** sowie **Market-
ing/Verkauf,** wurde der Einsatz des Konzepts vorwiegend bejaht.
Die weitaus grösste Zahl der bereits aktiven Quality Circles sind
im Produktionsbereich zu finden. In den anderen Bereichen hat man
zur Zeit im deutschsprachigen Raum noch wenig Erfahrung. Besonders
ungünstig wird das QC-Konzept für den Personal- und Finanzbereich
beurteilt.

Konkrete Beispiele für Verbesserungen und Ideen

In der Praxis ist eine Vielzahl unterschiedlichster Problemstellungen mit Hilfe von Quality Circles gelöst worden. Abbildung 67
zeigt eine Anzahl solcher Lösungen und Ideen, um das breite Anwendungsfeld für Quality Circles zu illustrieren:

Abb. 67: **Konkrete Beispiele für Verbesserungen und Ideen, die in
Quality Circles entstanden sind**

- Aufstellen von Qualitätsnormen
- Verbesserter betrieblicher Informationsfluss
- Pausenregelung
- Ordnung im Lager
- Minderung des Ausschusses
- Erhöhung der Arbeitsplatzsicherheit
- Bessere Qualitätskonstanz
- Verfahrenstechnische Fragen
- Lösung logistischer Probleme
- Selbstproduzierte Maschinen in der Fertigung
- Erarbeiten von Arbeitsablaufplänen
- Intensivere, regelmässigere Maschinenwartung
- Lösen von Verständigungsproblemen
- Verbesserung EDV-Abläufe
- Erstellen eines Job-Rotation-Planes
- Verbesserung Personaleinsatzplanung
- Erarbeiten einer Checkliste für die Verkäufer
- Neues Vorgehen bei Produkt-Neuankündigungen
- Ergonomie, Arbeitsplatzgestaltung

Zusammenfassende Beurteilung und praktische Tips für Unternehmen, die vor der QC-Einführung stehen

Besonders reichhaltig und differenziert waren die Antworten zu Frage 3 "Wie würden Sie zusammenfassend Ihre Erfahrungen mit dem QC-Konzept beschreiben?", zu Frage 6 "Gab es besondere Probleme bei der QC-Einführung in Ihrem Unternehmen?" und zur Frage 14 "Haben Sie Anregungen für Praktiker, die in ihrem eigenen Unternehmen QC's einführen möchten?". Die Antworten auf diese 3 Fragen überschneiden sich zum Teil. Sie werden deshalb im folgenden Abschnitt zusammengefasst und gegliedert nach:

1. **Positive Erfahrungen** mit dem QC-Konzept
2. **Negative Erfahrungen** mit dem QC-Konzept
3. **Probleme bei der Einführung**
4. **Anregungen für Praktiker,** die vor der QC-Einführung stehen.

1. **Positive Erfahrungen mit dem QC-Konzept**

In Abbildung 68 sind die positiven Erfahrungen der Praktiker mit Quality Circles dargestellt. Die Antworten sind den 3 Hauptaspekten des Konzepts zugeordnet, der "Sachebene", der "Beziehungsebene" und der Ebene der "Persönlichkeitsentwicklung":

Abb. 68: Positive Erfahrungen mit Quality Circles

SACHEBENE

- Echte Verbesserungen im Betrieb, Ueberdenken von eingefahrenen Arbeitsabläufen
- Probleme werden dort gelöst, wo sie entstehen
- Bessere, breiter abgestützte Vorschläge
- Verbesserung von Qualität und Qualitätskonstanz
- Neue Lösungen in Arbeitsablaufprozessen

BEZIEHUNGSEBENE

- Teamwork und Teamgeist werden gefördert
- Intensivere Kommunikation, speziell innerhalb der Basis, geförderte Dialogbereitschaft
- Positive Auswirkungen auf das Arbeitsklima
- Verbesserte Mitarbeitermotivation und Identifikation mit dem Unternehmen
- Mitarbeiter haben das Gefühl zum ersten Mal ernst genommen zu werden
- Motivation bei der Ideenrealisierung ist viel grösser
- Verbesserte Information führt zu erhöhtem Interesse an der Arbeit und zum selbständigen Mitdenken
- Wachsendes Verständnis für andere und deren Probleme
- Behebung von vielen, kleinen Reibungsverlusten

PERSOENLICHKEITSENTWICKLUNG

- Verantwortlichkeitsgefühl für die eigene Arbeitsumgebung wächst
- Eigeninitiative wird gefördert
- Methodik an der Basis entscheidend verbessert
- Förderung des Ideenflusses und des kreativen Denkens
- Förderung der Kritikfähigkeit
- Sensibilisiert für Probleme und fördert das unternehmerische Denken

Die Befragung hat gezeigt, dass die positiven Erfahrungen mit dem QC-Konzept, die negativen Eindrücke bei weitem übertreffen. Im Vordergrund stehen, wie schon erwähnt, die positiven Auswirkungen auf die Beziehungsebene. Trotzdem sind auch eine ganze Reihe von **negativen Erfahrungen** anzuführen. Diese sind in Abbildung 69 dargestellt:

Abb. 69: <u>Negative Erfahrungen mit dem QC-Konzept</u>

SACHEBENE

- Quality Circles bringen im Verhältnis zum Aufwand nur wenig, konkrete Problemlösungen
- Kosten und Zeitverlust durch Quality Circles
- Quality Circles weichen vom Arbeitsumfeld ab in andere, z.T. zu generelle Bereiche oder zu persönliche Belange
- Zu aufwendig
- Produktivitätsdruck wirkt negativ auf Quality Circles

BEZIEHUNGSEBENE

- Kritikfreudigkeit an unternehmerischen Entscheiden nimmt zu, eine Art 'Schattenhierarchie' entsteht
- Schwächere Teilnehmer können frustriert werden (können sich in Gruppe nicht behaupten)
- Falls QC-Idee von den Mitarbeitern nicht akzeptiert wird, wirkt sich das Konzept kontraproduktiv aus
- Anfängliche Skepsis der Mitarbeiter gegenüber allem Neuen, so auch gegenüber Quality Circles
- Vorurteile beim mittleren Kader gegen das Konzept (QC = Alibi-Uebung, QC = Kosten und Zeitverlust), Vakuum in der mittleren Führung
- Angst vor Eigendynamik der Quality Circles
- Spannungen zwischen QC-Mitgliedern und Nicht-Mitgliedern, Unbeteiligte können zu Aussenseitern werden
- In Deutschland: Gewerkschaftlicher Druck gegen Quality Circles vor allem über Betriebsrat und Nicht-QC-Mitglieder (wehren sich gegen eine weitere Ausbeutung der Mitarbeiter durch das Unternehmen)

PERSOENLICHKEITSENTWICKLUNG

- Ideen und Denkweise entsprechen nicht den Gewohnheiten der Mitarbeiter an der Basis
- Die QC-Mitglieder sind es von ihrer Herkunft her nicht gewohnt Ideen in der Oeffentlichkeit zu diskutieren
- QC-Moderatoren durch Doppelfunktion oft überlastet
- Das Konzept ist zu stark von den individuellen Fähigkeiten der QC-Moderatoren abhängig
- Auswirkungen auf den Führungsstil überfordert einzelne Vorgesetzte
- Mitarbeiter teilweise überfordert

Die stärksten Bedenken gegen das QC-Konzept sind beim mittleren Kader zu finden. Dieser Personenkreis befürchtet, dass durch das QC-Konzept eine Art "Schattenhierarchie" im Unternehmen entstehen könnte. Unfähige QC-Moderatoren können dem Konzept auch erheblichen Schaden zufügen. Werden die **Erfolgsvoraussetzungen** für die Einführung und Arbeit mit dem QC-Konzept beachtet, können die meisten Probleme vermieden werden. Die befragten Praktiker haben uns zahlreiche **Ratschläge** gegeben, wie Probleme zu vermeiden sind:

1. Vor dem Einführungsentscheid beachten:
Es sollte eine ausführliche **Ziel- und Grundsatzdiskussion** in der obersten Geschäftsleitung stattfinden, in der folgende Fragen diskutiert werden: Warum wollen wir QC's einführen? Ist unsere Corporate Culture und unser Führungsstil für das partizipative QC-Konzept bereit? Wollen wir überhaupt in diese Richtung steuern? Was bedeutet das QC-Konzept umgesetzt auf unsere eigenen Verhältnisse? Quality Circles sind eine **Investition** in die Zukunft; sie helfen nicht Brände zu löschen. Das richtige **Timing** für die QC-Einführung sollte abgewartet werden. Das Konzept darf nicht gleichzeitig mit einer organisatorischen Umstrukturierung eingeführt werden. Zeitdruck und Stress wirken negativ auf das QC-Konzept.

2. Während der Einführungsphase beachten:
Professionelle **Vorbereitung** der Einführung ist nach Ansicht der Befragten sehr wichtig. Einverständnis aller Beteiligten sichern (in Deutschland besonders Einverständnis des Betriebsrates). **Information** des Kaders und der Mitarbeiter auf dem Weg von oben nach unten. **Unterstützung des obersten Managements** demonstrieren. Am anfang keine allzu **hohen Erwartungen** an das Konzept knüpfen. Gründliche **Ausbildung** der QC-Moderatoren, auf möglichst praxisbezogene Art und Weise. Einen **kleinen Leitfaden** mit den wichtigsten Informationen über das QC-Konzept erstellen. Geeignete Gremien bestellen, die das Konzept einführen und betreuen können (Steuerungskomitee, Koordinator, Moderatoren). **Pilotzirkel**, in besonders geeigneten Unternehmensbereichen oder mit dem Kader, durchführen. Ueberwinden der typischen **Anfangsskepsis** der Mitarbeiter gegenüber einem neuen Konzept. QC nicht als etwas völlig Neues

oder gar etwas Japanisches darstellen, sondern als besondere
Art der **Teamarbeit** und der freiwilligen **Mitarbeitermit-**
wirkung.

3. Zu Beginn der QC-Arbeit wichtig:
   Einfache und attraktive Probleme für den Beginn der QC-Arbeit
   auswählen. **Erfolgserlebnisse** schaffen. Regelmässig über die
   QC-Arbeit **informieren** (z.B. in Firmenzeitung). Unterstützung des Managements demonstrieren. Problemlösungsmethoden, die
   einfach und den Teilnehmern angepasst sind, verwenden. Einen
   systematischen Problemlösungsprozess für die QC-Arbeit in-
   stallieren. **Unbürokratisches** Ausgestalten von Protokoll und
   Präsentation der QC-Vorschläge. Geeignete **Räumlichkeiten**
   und **Visualisierungshilfen** zur Verfügung stellen. Die optimale **Teilnehmerzahl** pro Gruppe liegt bei 6-9 Teilnehmern.
   Gute **Vorbereitung der Sitzungen** durch die Arbeitskreisleiter muss gewährleistet sein.

4. Laufende Betreuung:
   Organisation des **Erfahrungsaustausches** unter den QC-Moderatoren. Anerkennung guter QC-Arbeit institutionalisieren. Ein
   Geheimnis des QC-Konzepts besteht darin, dass ständig motiviert
   und angespornt wird (die QC-Moderatoren durch den QC-Koordinator; die QC-Teilnehmer durch die QC-Moderatoren). Breite, regelmässige und laufende Information über das Geschehen in den
   QC's.

5.215. Zukunftsperspektiven

Welche Zukunftschancen geben die befragten Praktiker dem QC-Konzept? - Hierzu wurden zwei Fragen gestellt:

a) "Glauben Sie, dass Quality Circles in 5 Jahren noch funktionieren werden?"

b) "Sehen Sie für die QC-Bewegung in Europa einen ähnlichen Erfolg voraus wie in Japan?"

Zu a): Die erste Frage wird durchwegs bejaht. Das QC-Konzept wird in den befragten Unternehmen in 5 Jahren noch funktionieren. Einschränkend ist vermerkt worden, dass das Konzept stark von personellen Voraussetzungen abhängig ist. Falls sich die Einstellung der obersten Führung ändere, sei das Konzept in Gefahr. Einige Unternehmen glauben, dass das QC-Konzept mit der Zeit zu einem festen Bestandteil des Führungs- und Arbeitsprozesses wird und dann nicht mehr unter der expliziten Bezeichnung "Quality Circles" funktioniert. Einige Unternehmen hoffen sogar auf einen sog. "Quantensprung", durch den sich das Konzept im ganzen Unternehmen verbreiten könnte.

Zu b): Kein einziger, der befragten Praktiker, sieht für die QC-Bewegung in Europa, einen ähnlichen Erfolg voraus wie in Japan. Diese Ansicht wird vor allem mit der **unterschiedlichen Mentalität** zwischen Japanern und Europäern begründet. Der Japaner sei viel stärker für Gruppenansätze konditioniert. Das Gruppendenken sei dort in Gesellschaft, Unternehmen und Familie fest verankert. Ein Untersuchungsteilnehmer hat eine Skala der Prioritäten im Leben eines Japaners und eines Europäers angeführt:

Prioritäten eines Japaners vs Europäers

Japaner	Europäer
1. Japan	1. Ich
2. Betrieb	2. Familie
3. Familie	3. Betrieb
4. Ich	4. Nation

Anderer kultureller Hintergrund, Teamunfähigkeit, Individualismus, Neuerungsfeindlichkeit, mangelnde Identifikation mit dem Unternehmen und fehlende Begeisterungsfähigkeit werden als Hauptgründe angesehen, die hierzulande einen ähnlichen Erfolg wie in Japan verunmöglichen werden. Die Befragten sind jedoch durchaus optimistisch, dass sich die Quality Circles bei fortschrittlichen Unternehmen auch in unseren Breitengraden gut entwickeln können.

5.22. Das QC-Konzept unter dem Aspekt der Kreativitätsförderung in der Praxis

In diesem Abschnitt werden die Auswirkungen des QC-Konzepts auf die Kreativitätsförderung im Unternehmen untersucht. Im Zentrum der Befragung standen die Auswirkungen auf die **Rahmenbedingungen für Kreativitätsförderung** (Corporate Culture, Führung, Organisation). Als zweiter Untersuchungsaspekt wurde die **Anwendung von Problemlösungs- und Kreativitätstechniken** im QC-Konzept zur Diskussion gestellt.

5.221. Auswirkungen auf die Rahmenbedingungen von Kreativitätsförderung

Die befragten Praktiker vertreten durchweg die Meinung, dass mit dem QC-Konzept die **Innovationskraft** und **Kreativitätsfreudigkeit** im Unternehmen **gesteigert** werden könne. Die Untersuchungsteilnehmer waren sich einig, dass durch die QC-Arbeit für die Mitarbeiter ein Umfeld gefunden werden kann, in dem "mitgedacht" werden darf und in dem man kreativ sein kann. Entscheidend sei dabei, dass dieser Prozess an der Basis im Unternehmen stattfinde. Dass die Leute also lernen, dass Mitdenken nicht nur Sache der Vorgesetzten sei. Die Untersuchung zeigt, dass das QC-Konzept eine Möglichkeit ist, Kreativität zu stimulieren. Daneben gibt es andere Instrumente, wie etwa das betriebliche Vorschlagswesen, Erfolgsbeteiligungsmodelle, Leistungsbeurteilungssysteme u.a. Die Untersuchungsteilnehmer haben auch darauf hingewiesen, dass es schwierig sei, die Ergebnisse in Bezug auf kreativitätsfördernde Auswirkungen des QC-Konzepts, zu messen.

Aufschlussreich waren die Antworten auf die Frage: "Halten Sie Kreativitätsförderung an der breiten Basis im Unternehmen für nötig, oder ist es sinnvoller nur die oberen, hierarchischen Ebenen in diesem Sinne zu fördern?". Hier traten die befragten Praktiker einmütig für **Kreativitätsförderung an der Basis** ein. Einige Unternehmen hatten zu einem früheren Zeitpunkt schon Kreativitäts-Kaderkurse durchgeführt, die aber wenig direkte, positive

Auswirkungen gebracht haben. Die Untersuchungsteilnehmer sind der
Ansicht, dass an der Basis ein **grosses Potential an ungenützten
Fähigkeiten** und kreativen Möglichkeiten schlummere, die jedes
Unternehmen zur Steigerung seiner Innovationskraft dringend nötig
hätte. Kreativitätsförderung muss auf sämtlichen hierarchischen
Ebenen ansetzen. Die grössten, ungenutzten Ressourcen sind jedoch
an der Basis zu finden.

Die Untersuchung zeigt, dass in der Praxis durch das QC-Konzept
die innerbetriebliche Kommunikation verstärkt wird und auch die
Motivation und Integration im Unternehmen verbessert werden kann.
Dies wirkt sich positiv auf das Arbeitsklima aus. Die Mitarbeiter
werden zum Mitdenken angeregt. Viele kleine Reibungsverluste können gelöst werden. Der Teamgeist der Arbeitsgruppe wird gefördert,
das unternehmerische Denken angeregt. Dieser, einmal in Gang ge-
setzte Prozess, hat erhebliche **Auswirkungen auf das Führungssystem**. Die Mitarbeiter werden kritischer. Sie haben ein grösseres
Verantwortungsgefühl für ihren Arbeitsplatz und möchten, dass ihre
Vorschläge ernstgenommen werden. Die Vorgesetzten müssen diesen
Prozessen mit **partizipativem Führungsverhalten** begegnen. Mit
ihrem Führungsstil können sie den, in Gang gesetzten Prozess,
verstärken und ähnliche Effekte für die tägliche Arbeit erreichen.
Sehr negativ wirkt es sich aus, wenn an altem, autoritärem Führungsverhalten festgehalten wird. Die Mitarbeiter können nicht
zuerst zu offenem, kreativem und positivem Denken angespornt werden und dann gleich wieder zurück in ihre Schranken, an die Unter-
nehmensbasis, verwiesen werden. Die Praktiker postulieren deshalb,
die Unternehmensleitung solle vor der QC-Einführung klären, ob
ihre Firma für partizipative Führungsansätze bereit sei. Das Konzept werde unweigerlich scheitern, wenn dies nicht der Fall sei.

Mit dem verbesserten Arbeitsklima und dem partizipativeren Führungsverhalten kann sich auch die **"Corporate Culture"** des Unternehmens ändern. Einige der befragten Praktiker waren der Ansicht, dass das Konzept ein Instrument der **Organisationsentwick-
lung** sei, durch das die Firma in die Richtung einer flexiblen,
dynamischen und partizipativen Organisation gesteuert werden
könne.

Zusammenfassend kann festgehalten werden, dass die befragten Praktiker, das QC-Konzept für einen sehr guten Ansatz, im Rahmen der
Kreativitätsförderung, halten. Sie sind durchaus der Meinung, dass
das Ideenpotential der Mitarbeiter durch das Konzept stärker genutzt werden kann und insgesamt die **Innovationskraft** des Unternehmens verbessert wird.

5.222. Die Anwendung von Problemlösungs- und Kreativitätstechniken in Quality Circles

In sämtlichen Unternehmen, die das QC-Konzept eingeführt haben,
werden auch Problemlösungs- und Kreativitätstechniken eingesetzt.
Die Verknüpfung des QC-Konzepts mit der Problemlösungsmethodik ist
in der Praxis gewährleistet. Das, zur Verfügung stehende Instrumentarium, wird jedoch in unterschiedlichem Umfang genutzt. Abbildung 70 gibt Auskunft über die Methodenanwendung in der Praxis:

Abb. 70: Die Anwendung von Problemlösungs- und Kreativitätstechniken in Quality Circles

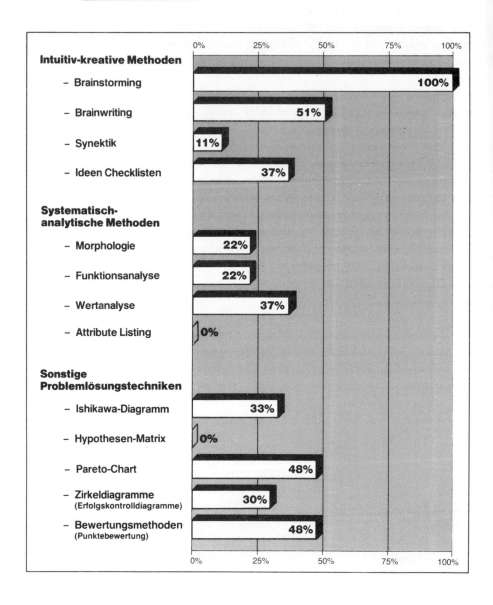

Mit Abstand am häufigsten eingesetzt, wird das **Brainstorming**.
Sämtliche befragten Unternehmen wenden diese Kreativitätstechnik
während der QC-Sitzungen an. Sehr beachtliche Verbreitung erreichen die Methoden **Brainwriting**, **Ideenchecklisten**, **Ishikawa-
Diagramm**, **Pareto-Analyse** und **Bewertungsmethoden**. Diese Techniken
werden von 30-50% der Unternehmen verwendet (zur Ausgestaltung und
Funktionsweisen der einzelnen Methoden vgl. Abschnitt 3.2.).

Es erstaunt nicht, dass vor allem **einfache, übersichtliche und
leicht handhabbare Techniken in der Praxis** eingesetzt werden.
Dies hängt stark mit dem beteiligten Personenkreis zusammen. Die
QC-Teilnehmer sollen durch den Vorgehensprozess der Methode selbst,
nicht überfordert werden. Komplexere Techniken, wie etwa Synektik
und Morphologie, scheiden darum praktisch aus. In der Praxis wird
es nicht als ausschlaggebend angesehen, welche Methoden zum Einsatz kommen. Auch schon das blosse Einhalten eines gewissen **Pro-
blemlösungsschemas** (Problembeschreibung, Ideensammlung, Ideenbe-
wertung, Auswahl, Realisierung und Kontrolle) stellt einen methodischen Fortschritt dar und verbessert die Problemlösungsfähigkeit
der beteiligten Mitarbeiter. Die Praktiker sind darüber hinaus der
Ansicht, dass im **Zwang zum methodischen Vorgehen**, eine Stärke
des QC-Konzepts liege. Ist der QC-Problemlösungsprozess einmal im
Unternehmen etabliert, arbeiten die QC's sehr selbständig und
können immer neue Problemkreise in Angriff nehmen. Es wird darauf
hingewiesen, dass zu Beginn der QC-Sitzungen mit wenigen, gut
verständlichen Arbeitstechniken, intensiv gearbeitet werden soll,
damit diese später von allen Beteiligten beherrscht werden.

Die Untersuchung zeigt, dass die Praxis den Einsatz von Problemlö-
sungs- und Kreativitätstechniken in QC's als positiven Beitrag im
Rahmen der Kreativitätsförderung, versteht. Hier wird versucht,
methodisches "Know-How" an die Basis im Unternehmen zu tragen.
Dies wird sich mittel- und längerfristig in Form von verbesserter
Arbeitseffizienz und gesteigerter Innovationskraft auswirken.

6. KAPITEL: DAS QC-KONZEPT IM RAHMEN DER KREATIVITÄTSFÖRDERUNG

Als Schlussfolgerung aus dem theoretischen Teil und den Resultaten aus der empirischen Untersuchung werden in diesem Kapitel die Auswirkungen des QC-Konzepts auf die Kreativitätsförderung im Unternehmen beschrieben. Damit soll die Kernfrage unseres Themas beantwortet werden: "Welchen Beitrag leistet das QC-Konzept im Rahmen der Kreativitätsförderung?" Um präzise Antworten auf die vielfältigen Teilaspekte dieser Fragestellung geben zu können, bedienen wir uns der Terminologie, die im theoretischen Teil verwendet wurde und fragen uns:

1. Was sind die Auswirkungen des QC-Konzepts auf die verschiedenen **Aspekte der Kreativitätsförderung** (psychologischer, methodischer und Informationsaspekt)?

2. Wie beeinflusst das QC-Konzept die **Rahmenbedingungen für Kreativitätsförderung** im Unternehmen (Corporate Culture, Führung, Organisation)?

3. Wie wirkt sich das QC-Konzept auf die **Anwendung von Problemlösungs- und Kreativitätstechniken** im Unternehmen aus?

4. Welche **Erfolgsvoraussetzungen** sind beim Einsatz des QC-Konzept im Unternehmen zu beachten?

6.1. Der Beitrag des QC-Konzepts an die Kreativitätsförderung

6.11. Auswirkungen des QC-Konzepts auf die verschiedenen Aspekte der Kreativitätsförderung

In Abschnitt 2.2. haben wir festgehalten, dass jedes Konzept, das einen kreativitätsfördernden Beitrag leisten soll, zumindest Auswirkungen auf einen, der drei Aspekte von Kreativitätsförderung,

zeigen muss. in Abbildung 71 versuchen wir deshalb, die Beziehungen zwischen dem QC-Konzept und den Aspekten der Kreativitätsförderung in der Unternehmung aufzuzeigen:

Abb. 71: <u>Auswirkungen des QC Konzepts auf die verschiedenen</u>
<u>Aspekte der Kreativitätsförderung</u>

Wirkungen des Quality-Circles-Konzepts	Aspekte der Kreativitätsförderung im Unternehmen
1. Beziehungsebene (Arbeitsklima, innerbetriebliche Kommunikation)	**1. Psychologischer Aspekt** (Motivation, Arbeitsklima)
2. Sachebene (Qualitätssteigerung, Verbesserung der Arbeitsprozesse, Produktivitätssteigerung)	**2. Informationsaspekt** (Gesamtzusammenhänge, unternehmerisches Denken)
3. Persönlichkeitsentwicklung Förderung selbständiges Denken und Kreativität, Verbesserung der Problemlösungsfähigkeit)	**3. Methodischer Aspekt** (Methodentraining zur Steigerung von Problemlösungsfähigkeit und Arbeitsmethodik)

Prozesse, die sich auf der Beziehungsebene des QC-Konzepts abspie-
len, zeigen Auswirkungen sowohl auf den psychologischen Aspekt,
wie auch auf den Informationsaspekt der Kreativitätsförderung.
Durch die QC-Arbeit wird auf der Ebene der Persönlichkeitsentwicklung das selbständige Denken und die Problemlösungsfähigkeit trainiert. Dies hat Auswirkungen auf den methodischen und den psycho-

logischen Aspekt der Kreativitätsförderung. Ebenso besteht ein Zusammenhang zwischen der Sachebene des QC-Konzepts (den materiellen Ergebnissen der QC-Arbeit) und dem Informationsaspekt der Kreativitätsförderung.

Die skizzierten Beziehungen werden im nächsten Abschnitt näher untersucht. Wenn wir hier von den "Auswirkungen des QC-Konzepts auf die Aspekte der Kreativitätsförderung" sprechen, dann sind wir uns bewusst, dass es auch im umgekehrten Sinne "Auswirkungen der Kreativitätsförderung auf das QC-Konzept" gibt. Es ist deshalb präziser, von **Schnittstellen** zwischen den beiden Bereichen zu sprechen. Ob sich aus diesen Schnittstellen positive oder negative Effekte ergeben, hängt von der Ausgestaltung und der Akzeptanz des QC-Konzepts im Unternehmen ab.

6.111. Psychologischer Aspekt

Die Schnittstelle zwischen der Beziehungsebene des QC-Konzepts und dem psychologischen Aspekt der Kreativitätsförderung beinhaltet komplexe Fragestellungen. Ein funktionierendes QC-Konzept kann Verhaltensänderungen bewirken, die sich in den folgenden Erscheinungen äussern:

- Verbesserung der **Teamfähigkeit**
- Förderung der **innerbetrieblichen Kommunikation** (horizontal und vertikal)
- Verbesserte **Motivation**
- Verstärkte **Identifikation** mit der eigenen Arbeit und dem Unternehmen als Ganzes
- Abbau von **Konflikten**
- Verstärktes **Verantwortungsgefühl**
- Grösseres **Verständnis** für Probleme von Kollegen und Vorgesetzten
- Gefühl **ernst genommen** zu werden und eigene Beiträge einbringen zu können
- Insgesamt verbessertes **Arbeitsklima**

Alle diese Effekte sind auch Anliegen der Kreativitätsförderung. So haben wir schon im 2. Kapitel postuliert, dass Kreativität nur

in einer offenen, positiven Atmosphäre gedeihen kann und moti-
vierte Mitarbeiter voraussetzt. Diese Voraussetzungen werden durch
ein gut funktionierendes QC-Konzept positiv beeinflusst.
Die Verbindungen zwischen dem QC-Konzept und der Kreativitätsförderung sind an der psychologischen Schnittstelle so intensiv, dass
sie auch einen latenten Gefahrenherd darstellen. Ein schlecht
funktionierendes QC-Konzept kann folgende Erscheinungen bewirken:

- **Frustration** von schwächeren, geistig weniger beweglichen
  QC-Mitgliedern
- **Ueberforderung** des QC-Moderators
- **Zunahme negativistischer Kritik** an unternehmerischen Ent-
  scheidungen
- Aufbau einer Art **"Schattenhierarchie"**
- Abwertung oder Frustration des **mittleren Kaders**
- Gefühl des **"Ausgeschlossenseins"** bei Mitarbeitern, die
  nicht an den QC-Sitzungen teilnehmen.
- **Spannungen** zwischen QC-Teilnehmern und anderen Mitarbeitern
- **Versagergefühl**, falls der QC ein Problem nicht lösen kann.

Dies sind unerfreuliche Effekte, die mit dem QC-Programm verbunden
sein können. Sie werden in der Praxis auch beobachtet und können
zum Scheitern des ganzen QC-Programms führen. Diese Fälle bilden
jedoch eine kleine Minderzahl. Unsere Befragung hat gezeigt, dass
die Erfolge des QC-Konzepts auf der Beziehungsebene, die Erwartungen zumeist übertroffen haben (vgl. 5.2.4.). durch das Beachten
der Erfolgsvoraussetzungen für die QC-Arbeit lassen sich die negativen Effekte zum grossen Teil vermeiden (vgl. 6.2.).

Wir sind der Ansicht, dass das QC-Konzept über die psychologische
Schnittstelle einen **sehr positiven Beitrag** an die Kreativitätsförderung im Unternehmen leisten kann. Dieser Beitrag ist in
den meisten Fällen sogar **bedeutender**, als die Auswirkungen auf
der Sachebene und auf der methodischen Ebene.

6.112. Informationsaspekt

Kreativität basiert auf Information. Ueber je mehr Information
(Wissen um Gesamtzusammenhänge und fachspezifisches Wissen) jemand

verfügt, umso vielfältiger und umfangreicher sind die, von ihm herstellbaren originellen Denkverbindungen. Kreative Leistungen sind in den meisten Fällen lediglich Kombinationen von bereits Bekanntem. Wird durch die Arbeit mit Quality Circles diese Informationsbasis vergrössert? - Wir sind der Ansicht, dies bejahen zu können.

Die, am QC-Problemlösungsprozess beteiligten Personen, werden in verstärktem Ausmass mit Gedanken und Ideen von Kollegen, Vorgesetzten und beigezogenen Fachleuten konfrontiert. Dies **verbessert den Informationsstand**, sowohl in bezug auf das fachspezifische Wissen, wie auch in bezug auf Allgemeinwissen über Ziele und Aufgaben des Unternehmens. Hier hat das QC-Konzept eindeutig Vorteile gegenüber anderen Instrumenten der Kreativitätsförderung, wie etwa gegenüber dem betrieblichen Vorschlagswesen. Das Verständnis für Probleme und Aufgaben anderer wächst. Das Denken in Gesamtzusammenhängen und das Interesse an Firmenproblemen wird durch die Arbeit in den Problemlösungsgruppen gefördert.

Neben den **"formellen Kommunikationsbeziehungen"** während den ordentlichen QC-Sitzungen, wird auch die **"informelle Kommunikation"** gefördert (1). In der Praxis kann z.B. beobachtet werden, dass die QC-Teilnehmer in der Pause und beim Mittagessen über ihre QC-Aktivitäten diskutieren. In den Arbeitskreisen lernen die QC-Teilnehmer häufig neue Personen im Unternehmen kennen, zu denen sie auch bei anderer Gelegenheit leichter Kontakt finden.

Das QC-Konzept verbessert die Informationsbasis der Beteiligten. Dies schafft eine gute Ausgangsbasis für kreatives Denken und für das Hervorbringen von Innovationen. So können wir auch über den Informationsaspekt **positive Auswirkungen** des QC-Konzepts auf die Kreativitätsförderung im Unternehmen feststellen.

(1) Zur Abgrenzung zwischen formalen und informalen Aspekten der Kommunikation, vgl. (Bartram 1969, 25ff)

6.113. <u>Methodischer Aspekt</u>

Hier geht es um die Frage, wie sich das QC-Konzept auf die Anwendung von Problemlösungs- und Kreativitätstechniken im Unternehmen auswirkt. Unter dem Begriff "direkte Kreativitätsförderung" haben wir im 2. Kapitel alle Massnahmen und Methoden zusammengefasst, die dazu dienen, das kreative Potential der Mitarbeiter verstärkt auszuschöpfen (vgl. Abb. 2). Wir sind darauf eingegangen, dass zwischen der "direkten Kreativitätsförderung" und den kreativitätsfördernden Rahmenbedingungen" eine enge Wechselwirkung besteht. Wenn wir jetzt von den Auswirkungen des QC-Konzepts auf den methodischen Aspekt der Kreativitätsförderung sprechen, dann handelt es sich eigentlich um die Auswirkungen des Konzepts auf die **"direkte Kreativitätsförderung"**.

In unserer empirischen Untersuchung hat sich gezeigt, dass das Instrumentarium der Problemlösungs- und Kreativitätstechniken von den Firmen, mit eingeführtem QC-Konzept, in erheblich stärkerem Umfang genutzt wird. Während z.B. die Methode "Brainstorming" im Durchschnitt von 80% aller Unternehmen angewendet wird, liegt der entsprechende Wert bei den QC-Anwendern bei 100%. Die Methode "Brainwriting" wird im Durchschnitt von 14% der Firmen eingesetzt, bei den QC-Anwendern sind es 51%. Auch für andere Methoden lassen sich entsprechende Werte aufzeigen. Dies ist ein deutlicher Hinweis auf **verstärkten Methodeneinsatz** durch das QC-Konzept.

Die Kenntnis von Denkmethoden, mit denen Probleme besser bewältigt werden können, verstärkt die kreativen Fähigkeiten. Das QC-Konzept zwingt geradezu, bei der Problemlösung systematisch vorzugehen und entsprechende Techniken einzusetzen. Der QC-Problemlösungsprozess umfasst Planungs-, Analyse-, Ideenfindungs-, Bewertungs-, Realisierungs- und Kontrollphasen, in denen entsprechende Instrumente angewendet werden. Die Auswirkungen auf die methodische Komponente der Kreativitätsförderung sind unverkennbar. Sie werden umso deutlicher je stärker man sich vor Augen führt, wie gross das **methodische Defizit** in den meisten Fällen, an der Basis des Unternehmens, ist. Methodisches Vorgehen ist diesen Mitarbeitern häufig fremd. Schon einfache Problemlösungstechniken können sich deshalb sehr positiv auswirken und stark zur Verbesserung der Effizienz der Beteiligten beitragen.

Für die QC-Arbeit sind darum auch eher einfachere Problemlösungs-
und Kreativitätstechniken geeignet. Im Vordergrund stehen Methoden
wie "Brainstorming", "Ishikawa-Diagramm", "Pareto-Analyse" und
einfache "Bewertungs-Methoden". Auf kompliziertere Techniken, wie
"Synektik" oder "Morphologie", muss in diesem Rahmen verzichtet
werden. Abbildung 72 zeigt eine Auswahl von Problemlösungs- und
Kreativitätstechniken, die für die QC-Arbeit besonders geeignet
sind:

Abb. 72: Problemlösungsmethoden für Quality Circles

PHASEN DES PROBLEMLOESUNGSPROZESSES	GEEIGNETE METHODEN
Problemanalyse	- Ishikawa-Diagramm - Pareto Analyse
Lösungssuche	- Brainstorming - Brainwriting - Ideen Checklisten
Bewertung/Entscheidung	- Punktebewertung mit 2 - 4 Kriterien - Moderierte Entscheidungsdiskussion
Realisierung	- Massnahmenpläne (wer, was, wie, wann) - Zeitpläne
Kontrolle	- Zirkeldiagramme (Erfolgskontroll- diagramme) - Vergleichsmessungen

Die Ergebnisse unserer Untersuchung zeigen zudem, dass die meisten
QC-Teilnehmer gegenüber den Problemlösungs- und Keativitätstechni-
ken durchaus positiv eingestellt sind. Sie sind, bei entsprechen-
der Motivation lernwillig und bereit, diese Methoden, die ihnen
bei der Arbeit helfen können, aufzunehmen.

Im 3. Kapitel haben wir erwähnt, dass das, schon seit längerem
bereitstehende Problemlösungsinstrumentarium, von der Unternehmenspraxis nicht in genügendem Ausmass genutzt wird (vgl. 3.14.).
Damit drängt es sich geradezu auf, nach Konzepten zu suchen, wie
die Methodenanwendung in der Praxis verstärkt werden kann. Das
QC-Konzept ist eine Möglichkeit hierfür. Mit Hilfe der Quality
Circles wird das methodische Instrumentarium an eine **breite
Basis** im Unternehmen getragen. Dies multipliziert den Verbreitungsgrad. Wir ziehen als Schlussfolgerung daraus, einen eindeuti-
gen Zusammenhang zwischen dem QC-Konzept und der Anwendung von
Problemlösungs- und Kreativitätstechniken im Unternehmen. Ueber
die methodische Schnittstelle leisten die Quality Circles einen
Beitrag an die Kreativitätsförderung. Man ist sogar versucht zu
behaupten, dass mit dem QC-Konzept endlich ein Weg gefunden werden
kann, die schon seit Jahrzehnten bereitstehenden Methoden, die von
allen Seiten positiv beurteilt werden, in **verstärktem Umfang**
ins Unternehmen einzuführen.

6.12. **Das QC-Konzept und die Rahmenbedingungen der Kreativitäts-
      förderung**

Die unternehmensspezifische Corporate Culture, das Führungssystem,
sowie die Aufbau- und Ablauforganisation stecken den Rahmen für
die kreative Entfaltung der Mitarbeiter ab. Sie sind mitbestimmend
für den Kreativitätsgrad des Unternehmens. Kreativitätsfeindliche
Rahmenbedingungen machen selbst das interessanteste Kreativitätstraining wertlos. Im 2. Kapitel sind wir darauf eingegangen, wie
kreativitätsfördernde Rahmenbedingungen ausgestaltet sind. In
diesem Abschnitt wenden wir uns den Auswirkungen des QC-Konzepts
auf Corporate Culture, Führung und Organisation zu. Wir sind uns
dabei bewusst, dass in umgekehrtem Sinne, die Rahmenbedingungen
auch das QC-Konzept beeinflussen. Abbildung 73 versucht dieses
Wirkungsgefüge darzustellen:

Abb. 73: Auswirkungen des QC-Konzepts auf die Rahmenbedingungen der Kreativitätsförderung

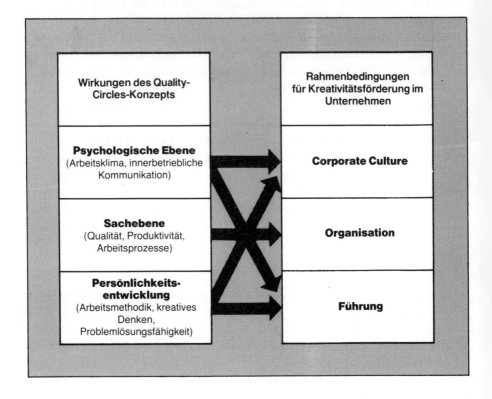

Zwischen dem QC-Konzept und der Organisation besteht ein Zusammenhang. Dies geht schon aus unserem Begriffsverständnis hervor, haben wir doch das QC-Konzept als einen teamorientierten Organisationsansatz bezeichnet. Darüber hinaus hat das Konzept auch Auswirkungen auf die Unternehmenskultur und die Führung. In den nächsten Abschnitten gehen wir näher auf diese Wirkungsbeziehungen ein.

6.121. Quality Circles und Corporate Culture

Die Corporate Culture ist das Meinungs-, Norm- und Wertgefüge, das das Verhalten von Führungskräften und Mitarbeitern im Unternehmen prägt (1). Sie äussert sich im Führungsverhalten, in der Sprache, in besonderen Ritualen und in der Geschichte des Unternehmens. Corporate Culture bewirkt Verbundenheit, Motivation, Orientierung und Koordination (vgl. Kieser 1985).

Im 2. Kapitel ist darauf eingegangen worden, aus welchen Gründen es schwierig ist, die Corporate Culture zu verändern (vgl. 2.211.). Es stellt sich deshalb jetzt die Frage, ob es dem QC-Konzept einfach so gelingen kann, diese "Kulturelle Transformation" zu bewirken. Natürlich ist dies keineswegs der Fall! Es geht viel mehr um die Frage, ob das, in den Quality Circles praktizierte Verhalten, von der Unternehmenskultur überhaupt akzeptiert wird. Primär steht also die Frage im Vordergrund, welche Auswirkungen die Corporate Culture auf das QC-Konzept hat und nicht umgekehrt.

Die Unternehmenskultur ist ohne weiteres in der Lage, erfolgreiche QC-Arbeit zu verhindern. Der, in den Quality Circles praktizierte Arbeitsstil, ist offen und partizipativ. Die Teilnehmer sollen sich frei äussern, werden zum Mitdenken angeregt, ihr "schöpferischer Funke" soll gezündet werden. In der Anfangszeit, nach der Konzept-Einführung, werden die Beteiligten motiviert sein, wenigstens während der QC-Sitzungen einen solchen Arbeitsstil praktizieren zu können. Irgendwann stellt sich dann aber die Frage, ob sich das QC-Problemlösungsverhalten nicht auch auf die tägliche Arbeit übertragen lässt.

Entspricht der, in den Arbeitskreisen praktizierte Stil, der schon bestehenden Unternehmenskultur, dann bereitet diese Frage keine Sorgen. In diesem Falle finden die Quality Circles das Umfeld, das sie zu ihrer Entfaltung benötigen. Ist die Corporate Culture hinge-

---

(1) Zu den Elementen einer Corporate Culture, vgl. (Deal/Kennedy 1982, 13ff), (Pümpin 1984, 9)

gegen von traditionellen Führungs- und Organisationsprinzipien
hierarchischer, autoritärer Art geprägt, dann muss das QC-Programm
von einem Wandel in der Unternehmenskultur begleitet sein. In
diesem Falle sind zuerst die **kulturellen Voraussetzungen** zu
schaffen, in denen das QC-Konzept gedeihen kann. Aenderungsprozesse sind hier unvermeidlich. Die Aenderungen werden sich nieder-
schlagen in einem Wandel:
- des Unternehmensleitbildes
- von Einstellungen und Verhaltensweisen der Personen auf der
  obersten Führungsebene
- der obersten Unternehmensziele
- des Führungsstils
- der Belohnungs- und Beurteilungssysteme
- des Images der Firma gegen innen und aussen u.a.

Das Schaffen von QC-geeigneten, kulturellen Voraussetzungen im
Unternehmen bedeutet vollumfängliche Unterstützung des Konzepts
durch das Management. Ein eigentliches "Vorleben" der QC-Philosophie durch die Führungskräfte, verstärkte innerbetriebliche Oef-
fentlichkeitsarbeit für die Quality Circles, Aenderung der Unternehmensziele im Sinne langfristiger Zukunftssicherung und Verbesserung von Innovationskraft, anstatt kurzfristigen Profit- und
Marktanteilsdenken, ist notwendig. Belohnung und Anerkennung von
Kreativität, Initiative und Engagement durch die betrieblichen
Belohnungs- und Beurteilungssysteme, sowie das Schaffen von Symbo-
len für das QC-Programm sind alles Erscheinungen, die der kulturelle Wandel mit sich bringt. Können so die kulturellen Voraussetzungen für die Entfaltung des QC-Konzepts geschaffen werden,
dann kann sich die die "QC-Subkultur" entwickeln und letztlich zu
einem Teil der Corporate Culture werden. Abbildung 74 möchte
diesen komplexen Wirkungszusammenhang mit Hilfe einer einfachen
Grafik verdeutlichen:

Abb. 74: <u>Das QC-Konzept und die Corporate Culture</u>

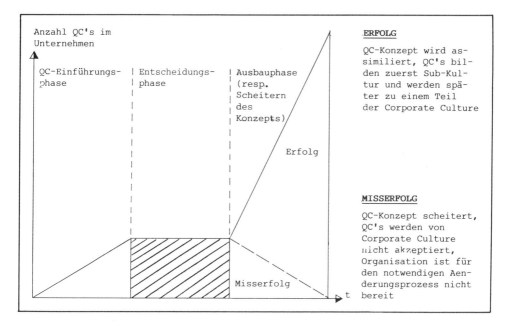

Der QC-Einführungsphase folgt die **Entscheidungsphase.** Das
QC-Konzept wird von der Corporate Culture entweder **assimiliert**
oder **abgestossen.** Setzt es sich durch, so wird die QC-Subkultur mit der Zeit zu einem Teil einer veränderten Unternehmenskultur. Wird sie abgestossen, scheitert das QC-Programm.

Die Schnittstelle zwischen dem QC-Konzept und der Corporate Culture ist ein vielschichtiges Thema. Ein Zusammenhang zwischen den
Quality Circles und der Kultur kann in beiden Richtungen bejaht
werden. Im positiven Fall bereichert und verändert das QC-Konzept
die Unternehmenskultur in innovations- und kreativitätsfördernder
Art und Weise; im negativen Fall wird es von ihr abgestossen.
Diese These lässt sich sowohl aus theoretischer, wie auch aus
praktischer Sicht belegen. Die Ergebnisse unserer Befragung zei-

gen, dass in den wenigen Fällen, in denen sich das QC-Konzept als Misserfolg herausgestellt hat, grosse Gegensätze zwischen der Corporate Culture und der QC-Philosophie bestanden haben.

6.122. Quality Circles und Führung

In Abschnitt 2.212. haben wir skizziert, welche Anforderungen an innovations- und kreativitätsförderndes Führungsverhalten zu stellen sind. Dabei haben wir einen partizipativen Führungsstil gefordert, der sowohl mitarbeiter-, wie auch aufgabenorientiert ist und den situativen Umständen Rechnung trägt.

Führen bedeutet Einfluss nehmen auf die multipersonale Problemlösung (vgl. Rühli 1973, 20). Die Problemlösung, wie sie während der QC-Sitzungen von den Beteiligten erlebt wird, weicht in sehr grundsätzlicher Art und Weise vom normalen Problemlösungsprozess ab. Im normalen Problemlösungsprozess unterscheidet man meistens streng zwischen den beiden Ebenen der **Führung** und der **Ausführung**. Im QC-Problemlösungprozess fallen den Mitarbeitern der ausführenden Ebene plötzlich auch Aufgaben zu, die sonst von der Führungsebene wahrgenommen werden. Abbildung 75 illustriert diesen wichtigen Unterschied (vgl. Kieser 1985, 2):

Abb. 75: Problemlösungsprozesse im Unternehmen

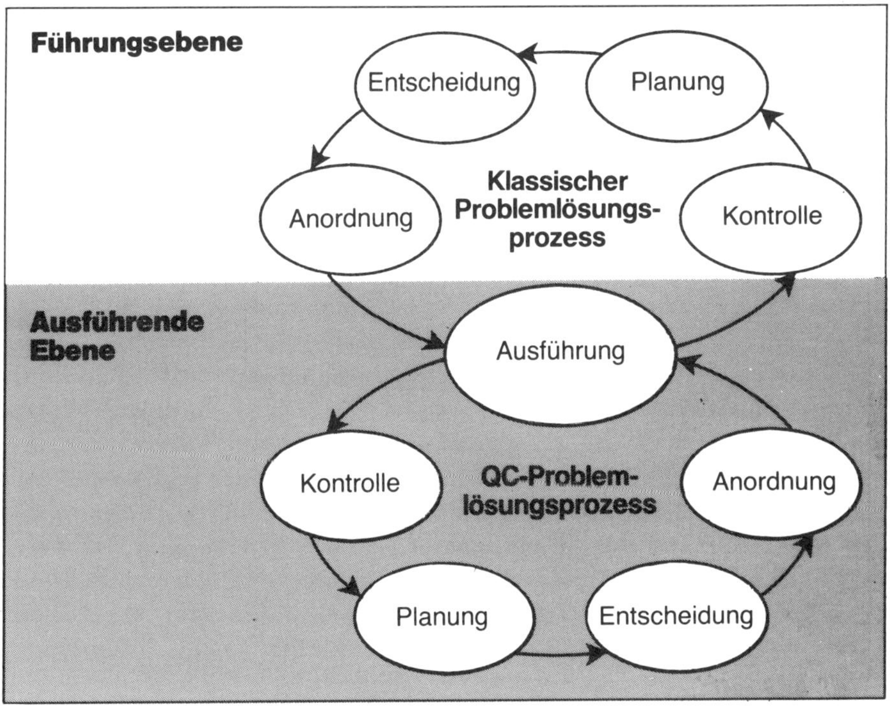

Im klassischen Problemlössungsprozess sind die Phasen der "Planung", "Entscheidung", "Anordnung" und "Kontrolle" der Führungsebene zugeordnet. Nur die Phase der "Realisierung" fällt der ausführenden Ebene zu. Der QC-Arbeitsstil vereinigt sämtliche Phasen des Problemlösungsprozesses bei der QC-Arbeitsgruppe. Nur bei grösseren Projekten wird ein Entscheid der Führungsebene eingeholt. Relativ häufig wird also die Situation eintreten, dass Mitarbeiter, die bisher nur mit ausführenden Arbeiten konfrontiert waren, in Planungs-, Entscheidungs- und Kontrollprozessen mitwirken sollen. Dies bringt entscheidende **Veränderungen im Problemlösungsverhalten** der Beteiligten mit sich. Wo früher Zuverlässigkeit, Sorgfalt, Arbeitsdisziplin, sowie Akzeptanz der Autorität des Vorgesetzten erwartet wurden, wird jetzt plötzlich Initiative, Kreativität und Engagement gewünscht. Solche Veränderungsprozesse

- 204 -

werden nur über einen längeren Zeitraum hinweg erfolgen können und
setzen partizipative Führung zwingend voraus. Hier wird wieder
deutlich, dass das QC-Konzept Teil einer längerfristigen Personal-
entwicklungsstrategie sein muss. In ihrem Verlauf werden die Mitarbeiter immer stärker in den betrieblichen Entscheidungsprozess
einbezogen. Das QC-Konzept ist ein "Kür-Programm" für Unternehmen,
die bereit sind Veränderungsprozesse einzugehen. Ohne dauerhaftes
Engagement und richtungsweisendes Verhalten des Managements wird
dies nicht möglich sein.

Ebenfalls kein Erfolg wird sich einstellen, wenn während der QC-
Sitzungen lockere, partizipative Führung praktiziert wird, im
Arbeitsalltag jedoch das autoritäre Verhalten beibehalten wird.
Die Beteiligten werden solche Unterschiede mit der Zeit spüren und
hinterfragen. Falls keine entsprechende Aenderung eintritt, werden
sie sich enttäuscht und frustriert zurückziehen. Kreative Problemlösung lässt sich nicht anordnen. Offenheit und Engagement der
Beteiligten sind Voraussetzungen dafür. Es lohnt sich sicher, solche Ziele anzustreben. Der Unterschied zwischen engagiertem Verhalten und blosser Pflichterfüllung kann nämlich nicht hoch genug
eingeschätzt werden! Praktiker beziffern die dahinter versteckte
Leistungsbandbreite auf bis zu 50% (vgl. Leicht 1985).

Das QC-Konzept hat **tiefgreifende Auswirkungen** auf die Führung.
Die Führung ihrerseits ist ein wichtiges Element der Rahmenbedingungen, die den Freiraum für kreative Entfaltung der Mitarbeiter
absteckt. Das QC-Konzept steuert die Führung in eine **koopera-
tivere Richtung** und trägt so zur Kreativitätsförderung im Unternehmen bei.

6.123. Quality Circles und Organisation

Das QC-Konzept ist in unserem Begriffsverständnis ein teamorien-
tierter Organisationsansatz. Es ist somit ein Teil der Aufbau- und
Ablauforganisation. In Abschnitt 2.213. haben wir uns überlegt,
wie eine kreativitätsfördernde Organisation ausgestaltet sein
sollte. Wir haben festgehalten, dass solche Organisationen die
folgenden Eigenschaften aufweisen:

- **Flexibilität**
- **Flache, hierarchische Struktur**
- **Eigenverantwortung** der Sub-Systeme
- **Geringer Formalisierungsgrad**
- Fähigkeit zur Bildung von **Arbeitsgruppen**
- Ausgeprägte, **informelle Kommunikationsbeziehungen**
- Grosse Bedeutung des **menschlichen Faktors**

Es fällt uns nun nicht schwer zu zeigen, dass ein funktionierendes QC-Konzept die meisten dieser Eigenschaften positiv beeinflusst und deshalb zu einer kreativitätsfreundlicheren Ausgestaltung der Organisation beiträgt.

Quality Circles sind Arbeitsgruppen, die im Normalfall über einen längeren Zeitraum hinweg zusammenbleiben und sich immer neuen Projekten zuwenden. Dies fördert die Fähigkeit der Beteiligten zur **Mitarbeit in Projekt-Teams.** Eine grössere Zahl von Mitarbeitern kann dadurch für verschiedenartige Aufgaben eingesetzt werden. Durch die Fähigkeit des ausführenden Bereiches, auch dispositive Aufgaben wahrzunehmen, wird der Handlungs- und Entscheidungsspielraum erweitert (1). Dies erhöht die Flexibilität des Unternehmens.

Während der QC-Meetings wird kooperativ gearbeitet. Auch wenn der direkte Vorgesetzte der Beteiligten als Arbeitskreisleiter amtiert, erscheint er (oder sollte dies zumindest tun, wenn er Erfolg haben möchte), während der QC-Sitzungen als mitarbeitendes Vorbild. Er vermittelt Informationen, moderiert und geht auf die Beteiligten ein. Dies **baut hierarchische Strukturen ab** und entspricht dadurch den Anforderungen einer kreativitätsfreundlichen Organisationsform.

Durch das QC-Konzept wird die **informelle Kommunikation** gefördert (vgl. 6.112.). QC-Arbeit ist unbürokratisch und weist einen geringen Formalisierungsgrad auf. Dem menschlichen Faktor kommt grosse Bedeutung zu. Diese Wesensmerkmale des QC-Programms entsprechen den Anforderungen, die an eine kreativitätsfördernde Organisationsform gestellt werden. So wird deutlich, dass ein funktionierendes QC-Konzept, auch unter dem Aspekt der Organisation, zur Kreativitätsförderung im Unternehmen beiträgt.

(1) Vgl. (Dachwitz 1985, 3), (Mohr 1983, 6), (Woodcock 1981, 9ff)

Das QC-Konzept ist allerdings nicht der einzige Ansatz, der in diese Richtung steuern will. Auch das betriebliche Vorschlagswesen, abteilungsübergreifende Projekt-Teams, Massnahmen wie "Job-Rotation", "Job-Enlargement" und "Job-Enrichment" wirken in eine ähnliche Richtung. Hier tritt ein **Abgrenzungsproblem** auf. Wie werden Vorschläge der QC-Arbeitsgruppen gegenüber dem betrieblichen Vorschlagswesen behandelt? -Fliessen sie als Gruppenvorschläge ein und werden entsprechend honoriert, oder sind sie vom betrieblichen Vorschlagswesen ausgeschlossen?

Das **betriebliche Vorschlagswesen** funktioniert, im Gegensatz zum QC-Konzept, spontan, ohne Ausbildung, ausserhalb der offiziellen Arbeitszeit und betrifft nicht unbedingt Themen aus dem unmittelbaren Arbeitsumfeld der Teilnehmer. Alle Mitarbeiter können Vorschläge einreichen. Hauptanreiz bildet ein Prämiensystem. Dieses beurteilt die Vorschläge entsprechend ihrer finanziellen Bedeutung für das Unternehmen und belohnt sie mit einer Prämie (1).

Die QC-Vorschläge entstehen während der bezahlten Arbeit und betreffen meistens Probleme, die in das direkte Arbeitsumfeld der Beteiligten gehören. Können gute QC-Vorschläge nicht ins Vorschlagswesen eingebracht werden, so fehlt ein Motivationsfaktor um neue, innovative Vorschläge hervorzubringen. Werden die QC-Vorschläge im Vorschlagswesen zugelassen, stellt sich die Frage wie und an wen die Prämie ausbezahlt werden soll.

Unsere Befragung hat gezeigt, dass in der Praxis nur in wenigen Ausnahmefällen QC-Vorschläge ins betriebliche Vorschlagswesen einfliessen können. Dies erscheint uns nicht optimal. Wir treten vielmehr dafür ein, dass QC-Vorschläge als Gruppenvorschläge im Vorschlagswesen **akzeptiert** werden. Die Prämie soll zu Handen einer, von der Gruppe geführten, QC-Kasse ausbezahlt werden und für gemeinsame Aktivitäten verwendet werden. Bei diesen Aktivitäten sollten auch jene, nicht zur QC-Stammbelegschaft gehörenden Personen mitmachen können, die zur Lösung des prämierten Problems beigetragen haben. Der Arbeitskreisleiter sollte zudem darauf

(1) Vgl. (Thom 1982, 9ff), (Rischar/Titze 1984, 105ff), (Küchler 1981, 47ff), (Schwarz 1981, 21ff)

achten, dass nur aussergewöhnliche, über das normale Mass hinaus-
gehende Leistungen der Arbeitsgruppe im Vorschlagswesen einge-
reicht werden. Es ist nicht im Sinne der QC-Idee, wenn sich die
Gruppe als "Prämienjäger" betätigt. Umgekehrt sollte man einen
Motivatinseffekt, der vom betrieblichen Vorschlagswesen durchaus
ausgehen kann, nicht unterbinden (1).

Organisatorische Umstrukturierung

Ein weiterer Aspekt im Rahmen der Beschreibung der Schnittstellen
zwischen dem QC-Konzept und der Organisation, sind die Auswirkungen von **organisatorischen Umstrukturierungen** auf das QC-Konzept. Auf diesen wichtigen Punkt sind wir im Rahmen unserer Befragung gestossen. Bei einem sehr bekannten schweizerischen Unternehmen der Maschinenindustrie hat sich deutlich gezeigt, wie **ungünstig** sich Umstrukturierungen und Unsicherheitsmomente auf das
QC-Konzept auswirken können. Während 2 Jahren haben in diesem Unternehmen 20 Arbeitskreise im Produktionsbereich funktioniert und
gute Vorschläge hervorgebracht. Dann geriet das Unternehmen in
eine Phase der Umstrukturierung. Eine Gemeinkostenwertanalyse
wurde durchgeführt. Niemand wusst so recht, wo und ob er überhaupt
noch gebraucht würde. Dies führte dazu, dass zum heutigen Zeitpunkt von den 20 Arbeitsgruppen nur noch 2 aktiv sind. Ein anderes
Grossunternehmen im Pharmabereich hat diese Problematik vor der
QC-Einführung erkannt. Hier wurde die Einführung des Konzeptes
bewusst um 2 Jahre zurückgestellt, um zuerst einmal die Gemeinkostenwertanalyse und die, damit verbundenen Umstrukturierungen, über
die Bühne zu bringen.
Arbeitsplatzsicherheit und ein stabiles Arbeitsklima sind also
wichtige Voraussetzungen für erfolgreiche QC-Arbeit und so auch
Voraussetzungen, damit das QC-Konzept einen positiven Beitrag zur
Kreativitätsförderung im Unternehmen leisten kann.

(1) Zur Weiterentwicklung des betrieblichen Vorschlagswesens, vgl.
    (Haidack/Brinkmann 1984)

6.2. Erfolgsvoraussetzungen

Das QC-Konzept kann nicht einfach als theoretisches Modell in den betrieblichen Alltag jedes Unternehmens umgesetzt werden. Es muss der unternehmensspezifischen Situation und den Zielvorstellungen, die mit dem Konzept verbunden sind Rechnung tragen. In Abschnitt 4.31. sind wir auf die Situationsvariablen eingegangen, die die formelle und inhaltliche Ausgestaltung des QC-Konzepts beeinflussen können. Der QC-Einführungsprozess, die Einstellung der Unternehmensleitung gegenüber dem Konzept, der beteiligte Personenkreis, die Unternehmensgrösse, die Mentalität, der Funktionsbereich, die Branche, gesetzliche Vorschriften, Belohnungs- und Beurteilungssysteme, die Abgrenzung gegenüber anderen Instrumenten der Kreativitätsförderung und Qualitätssicherung und die Integration des QC-Konzepts in die Unternehmenspolitik, dies alles sind Variablen, denen bei der unternehmensspezifischen Ausgestaltung des QC-Programms Beachtung geschenkt werden muss.

In der Praxis, dies zeigt unsere empirische Untersuchung und auch die Beiträge zahlreicher QC-Experten, treten die folgenden **Hauptprobleme** auf:

- Falsches Vorgehen bei der **QC-Einführung**
- Fehlender **Rückhalt** bei der **Unternehmensleitung**
- Mangelhaftes Einbeziehen des **Middle-Managements**
- **Ueberlastung** der Arbeitskreisleiter
- **Fehlende Ausbildungsmassnahmen**
- **Umstrukturierungen** (evtl. sogar Entlassungen in Arbeitsbereichen mit Quality Circles)
- **Fehlende Zeit** für das QC-Programm wegen Produktivitätsdruck und voller Kapazitätsauslastung
- **Gewerkschaftliche** Einwände
- Zu hohe **Erfolgserwartungen**
- Fehlendes **Durchhaltevermögen**
- Fehlende Bereitschaft zu **Aenderungen** in der Führung und Unternehmenskultur
- Fehlende **Integration** in die Unternehmenspolitik

Von den Unternehmen, die an unserer empirischen Untersuchung beteiligt waren, hatten insgesamt 3 Firmen grosse Probleme mit den Arbeitskreisen, so dass sie das Konzept als Fehlschlag bezeichneten.

Eine Untersuchung, die 1984 in Grossbritanien durchgeführt wurde, zeigt, dass dort jeder 5. Arbeitskreis in der Praxis gescheitert ist (vgl. Managermagazin 1984, IV). Diese Ergebnisse machen deutlich, dass die Einführung des QC-Konzepts zwar nicht unproblematisch ist, dass in der Mehrzahl der Fälle jedoch positive Ergebnisse erzielt werden. Im Folgenden kommen wir auf einige, besonders wichtige Erfolgsvoraussetzungen für die QC-Arbeit zu sprechen.

6.21. Das Einführungskonzept

Die Einführung von Quality Circles im Unternehmen ist eine Investition, die, wenn überhaupt, erst mittel- und längerfristig Erträge fliessen lässt. Das QC-Konzept ist kein Instrument für schnelle Produktivitätsverbesserungen und Ertragssteigerungen. Man kann sich deshalb vor der Konzept-Einführung ruhig Zeit lassen, für eine ausführliche **Ziel- und Grundsatzdiskussion** und den **richtigen Zeitpunkt** abwarten. Die Geschäftleitung muss sich darüber im klaren sein, dass sie mit der Einführung einen Prozess in Gang setzt, der Auswirkungen auf die Führung und die Unternehmenskultur hat. Sie muss deshalb vor der Konzepteinführung überlegen, ob die Firma zu diesen **Aenderungsprozessen** bereit ist. Soll das Unternehmen wirklich in die Richtung partizipativerer Führung und offenerer, lockerer, innovationsfreundlicherer Corporate Culture gesteuert werden? Muss die Geschäftsleitung diese Frage verneinen oder auch nur anzweifeln, so ist der Zeitpunkt für eine erfolgreiche QC-Konzept-Einführung noch nicht gegeben. In diesem Falle sollte vorerst auf die Einführung von Quality Circles **verzichtet** werden und zuerst am Führungssystem und an der bestehenden Struktur gearbeitet werden.

Ist die Geschäftleitung bereit, das QC-Konzept einzuführen, so tut sie gut daran, die folgenden Punkte im **Einführungsprozess** zu berücksichtigen:

Phase 1

- Hinzuziehen eines externen QC-Experten, Bildung einer Steuerungsgruppe und Auswahl eines QC-Koordinators
- Gründliche Vorbereitung der QC-Einführung mit Hilfe eines schriftlich fixierten Aktionsplanes, in dem die folgenden Punkte festgelegt sind: quantitative und qualitative Zielsetzungen, Programmausbaustufen (meistens wird mit einem Versuch- oder Pilotprogramm in 3-6 Arbeitsgruppen begonnen), personelle, materielle und finanzielle Unterstützung des Programms, Ausbildungsaktivitäten, Ausarbeiten eines QC-Leitfadens (QC-Statuten).
- Diese Vorbereitungsaktivitäten müssen unter Einbezug der Interessenvertreter der Arbeitnehmer erfolgen.

Phase 2

- Information des Kaders und der Mitarbeiter über das Wesen und die Zielsetzung des QC-Konzepts, in Anwesenheit und mit demonstrativer Unterstützung der obersten Geschäftsleitung.
- Verbreitung der Information auf dem Weg von "oben nach unten", um die Unterstützung des Middle-Managements sicherzustellen.
- Ausbildung von QC-Koordinator und den QC-Moderatoren
- Praktische Erfahrungen zeigen, dass die direkten Vorgesetzten der QC-Teilnehmer, besonders in der Anfangsphase, am besten als Arbeitskreisleiter geeignet sind.

Phase 3

- Start der QC-Arbeit mit einfachen, möglichst attraktiven Problemen, um rasche Erfolgserlebnisse zu schaffen.
- Etablieren eines systematischen Problemlösungsprozesses, durch den die QC-Arbeit in einem geregelten Rahmen ablaufen kann.
- Laufende Betreuung der Beteiligten durch Information, Anschlagsbrett, Personalzeitung, Meetings, Förderung des Erfahrungsaustausches unter den QC-Moderatoren usw.
- Intensive Betreuung der Arbeitskreisleiter bei den ersten Sitzungen durch den QC-Koordinator und eventuell externen QC-Trainern.
- Geeignete Räumlichkeiten und Visualisierungshilfen bereitstellen, gute Vorbereitung der einzelnen Sitzungen sicherstellen.

- Es empfiehlt sich mit 6-9 Teilnehmern pro Quality Circle, während 1-2 Stunden, alle 2-4 Wochen, während der bezahlten Arbeitszeit QC-Sitzungen abzuhalten.

Phase 4
- Erfolgserlebnisse, Belohnung und Berichterstattung gehören zum QC-Konzept. Dabei steht nicht finanzielle Belohnung, sondern Anerkennung, im Vordergrund. Nur aussergewöhnliche Vorschläge sollten auch finanziell prämiert werden.
- Eine "QC-Kultur", ein gewisses "Eigenleben" des Konzeptes, sollte gefördert werden, so dass es zu einem festen Bestandteil des Wertsystems der Unternehmung werden kann.

Vom Einführungsentscheid bis zum Start der Gruppenarbeit ist mit einem Zeitraum von einem halben Jahr zu rechnen. Hierauf folgt eine Testphase von einem halben bis zu einem Jahr, worauf an den Weiterausbau des QC-Programms gedacht werden kann. Um den Erfolg des QC-Konzepts als Gesamtes abschätzen zu können, wird es zwischen 3 und 5 Jahren dauern, da Verhaltensänderungen nicht über kurze Zeiträume stattfinden. Wenn man daran denkt, dass es in Japan 15-20 Jahre gedauert hat, während denen sich das Konzept kontinuierlich entwickelt hat, dann wird klar, dass nur Geduld zum Erfolg führen kann (1).

Ausbildungsmassnahmen
Im QC-Konzept spielen Aus- und Weiterausbildung eine wichtige Rolle (2). Das Training reicht vom Vermitteln der QC-Idee über das Erlernen von Arbeitstechniken bis hin zum Einüben von Führungs- und Moderationsverhalten. Alle Gruppen und Personen, die im Rahmen des QC-Konzepts eine Rolle übernehmen, müssen deshalb einen Lernprozess durchmachen.

(1) Zur QC-Einführung vgl. (Engel 1981, 97ff), (Küchler 1981,45), (Dewar 1980, 218ff), (Wunderli 1984, 3), (Mohr 1983, 26ff), (Mir-Leitfaden 1984, 6.3), (Zink/Schick 1984, 108ff), (Rischar /Titze 1984, 129ff), (Gryna 1984, 42ff), (Ingle 1982, 18ff)
(2) Zur QC-Ausbildung vgl. (Engel 1981, 109ff), (Küchler 1981, 57ff), (Rischar/Titze 1984, 129ff), (Wunderli 1984, 8), (Spiess 1982, 12), (Dewar 1980, 104ff)

Einführung des Steuerungskomitees und des Managements

Es empfiehlt sich, unter Anleitung eines externen Beraters, für das Management eine Präsentation vorzubereiten, in welcher in geraffter Form die geplanten QC-Aktivitäten vorgestellt werden. Begriffserklärung, Ziele, Spielregeln, Trainingsprogramm, zu erwartende Schwierigkeiten sollten in dieser Präsentation zur Sprache kommen und anschliessend diskutiert werden.

Training der QC-Koordinatoren

Der QC-Koordinator muss methodisch und didaktisch gut ausgebildet sein und selbst Erfahrungen als QC-Moderator gesammelt haben. Diese Erfahrungen kann er sich in einem externen QC-Seminar, durch Besuchen von Quality Circles in anderen Firmen und durch das Moderieren von Test-Arbeitskreisen unter dem Kader aneignen.

Training der QC-Moderatoren

Gute Ausbildung der QC-Moderatoren ist wichtig für den Erfolg des Konzepts. Normalerweise sind Vorarbeiter und Meister didaktisch und methodisch nicht speziell geschult. Dies muss im Einführungstraining für QC-Moderatoren nachgeholt werden. Hier sollte auch auf verschiedene Aspekte der Gruppendynamik eingegangen werden. Die QC-Moderatoren brauchen gute Kenntnis über das QC-Konzept (Idee, Zielsetzung und Organisation). Sie müssen mit einigen Methoden der Problemanalyse, Ideenfindung, Bewertung, Realisierung und Kontrolle vertraut gemacht werden. Die Führungs- und Moderationsaufgaben müssen praktisch eingeübt werden.

Ein solches Training wird dem QC-Moderator den notwendigen Wissensvorsprung geben, den er braucht, um als wichtigster Träger des QC-Konzepts im Unternehmen gute Arbeit leisten zu können.

Organisation von Erfahrungsaustausch-Veranstaltungen

Erfahrungsaustausch zwischen den verschiedenen QC's wird in Japan sehr gross geschrieben. Dies gilt sowohl für den Erfahrungsaustausch der QC-Moderatoren im Unternehmen, wie auch für den Erfahrungsaustausch zwischen den verschiedenen Unternehmen. In der Firma kann durch den QC-Koordinator in regelmässigen Abständen ein solcher Erfahrungsaustausch organisiert werden. Dies trägt auch zur Motivation der QC-Moderatoren bei. In den einzelnen Ländern übernehmen nationale QC-Organisationen die Funktion eines unternehmensübergreifenden Erfahrungsaustausches.

6.22. Situative Ausgestaltung des QC-Konzepts

6.221. Anpassung an die europäischen Verhältnisse

In bezug auf das gesellschaftliche Umfeld und auf das Wertsystem der Mitarbeiter zeigen sich zwischen Japan und dem Westen erhebliche Unterschiede. Diesen muss bei der Ausgestaltung des QC-Konzepts und bei den Erwartungen, die an QC-Arbeit geknüpft werden, Rechnung getragen werden (1).

In Japan gibt es in den grösseren Unternehmen die faktische **Arbeitsplatzsicherheit** (lifelong employment), die sich in einer sehr umfassenden Fürsorge der Firmen für ihre Stamm-Mitarbeiter ausdrückt. In Westeuropa und den USA ist eher die Unsicherheit des Arbeitsplatzerhaltes die Regel. Die Fürsorge der Unternehmen für die Arbeitnehmer bezieht sich vor allem auf gewerkschaftliche Forderungen.

In Japan ist die **vielseitige Einsatzfähigkeit** eines Mitarbeiters im Unternehmen ein sehr wichtiges Ziel. Der Mitarbeiter bleibt zwar in der Firma, wird jedoch in ganz verschiedenen Positionen eingesetzt (Job-Rotation). In den westlichen Industrienationen ist im Normalfall eine sehr hohe Spezialisierung festzustellen. Das Unternehmen ist vor allem daran interessiert, dass ein Mitarbeiter ein fest umrissenes Arbeitsgebiet mit festen, klaren Aufgaben und Kompetenzen so effizient wie möglich bewältigen kann.

Japaner sind es gewohnt, Entscheidungen **im Team** zu fällen und **kollektive Verantwortung** zu tragen. Der europäische Individualismus hingegen, betont den Einzelentscheid. In Japan sollen komplexe Entscheidungen von möglichst vielen Mitarbeitern mitgetragen werden. Deshalb werden möglichst alle betroffenen Gruppen und Einzelpersonen am Entscheidungsprozess beteiligt. Dieser dau-

---

(1) Zur gesellschaftlichen und ökonomischen Situation in Japan, vgl. (Sasaki 1981, 1ff), (Widmer 1981, 4ff), (Ingle 1982, 18ff), (Wolff 1984, 3ff)

ert zwar lange, der effektive Entscheid ist aber sehr breit und
gut abgestützt. Dies bringt bei der **Realisierung** erhebliche
Vorteile. In westlichen Unternehmen entscheiden Einzelpersonen
oder kleine Gruppen. Die Reaktionsgeschwindigkeit ist grösser, der
Zeitaufwand für den Entscheidungsprozess geringer, dafür dauert
meistens der Umsetzungszeitraum länger.
Die Einstellung der Japaner zu **Rationalisierungsmassnahmen** ist
meistens positiv. Sie möchten die perfekte Technologie und werden
in dieser Hinsicht selbst offensiv. Sie feiern Rationalisierung
und Qualitätsverbesserung als persönlichen Erfolg. In Europa wehrt
man sich zum Teil gegen zentralistisch verordnete, als arbeits-
platzvernichtend empfundene, neue Technologien und strebt über die
gewerkschaftlichen Interessenvertreter einen Schutz vor Rationalisierungsmassnahmen an.

Japanische Realität

Im Rahmen unserer empirischen Untersuchung konnten wir ein sehr
aufschlussreiches Gespräch über die Praxis der Quality Circles in
Japan führen. Gesprächspartner waren 2 Mitarbeiter der Firma
Sulzer, von denen der eine ein Jahr in Japan in einer grossen
Maschinenfabrik verbracht hat. Dieser Gesprächspartner hat selbst
an den firmeninternen Quality Circle-Sitzungen teilgenommen. Seine
Ausführungen zeigen deutlich, dass die Realität in den japanischen
Unternehmen offenbar bei weitem nicht dem, in der Literatur oft
idyllisch skizzierten Bild von Freiwilligkeit, Motivation und
Identifikation des japanischen Arbeiters mit dem Unternehmen,
entspricht.
Bei der erwähnten, japanischen Maschinenfabrik basiert die Kreativitätsförderung auf 2 Hauptelementen. Der erste Faktor ist das
betriebliche Vorschlagswesen, in das jeder Mitarbeiter pro Monat
2 Vorschläge einreichen muss. Dies ist ein **obligatorischer**
Bestandteil der Arbeit. Insgesamt bringt also jeder Mitarbeiter 24
Vorschläge pro Jahr ein. Diese Vorschläge werden von den Vorgesetzten bewertet und in 4 Güteklassen eingeteilt. Klasse 1-3 sind
brauchbare und realisierbare Vorschläge, Klasse 4 wird nicht realisiert. Jeder Mitarbeiter wird nun unter anderem danach qualifi-
ziert, wie seine Vorschläge übers Jahr hinweg, in dieser Bewer-
tungsskala aussehen.

Als zweites Element der Kreativitätsförderung werden in jedem
Meisterbereich Quality Circles durchgeführt. QC-Moderator ist
meistens der Meister (eventuell auch ein Vorarbeiter). Die Ergebnisse der QC-Arbeit fliessen in die **Leistungsbeurteilung** jedes
Meisters ein. Die QC-Vorschläge werden auch in Güteklassen eingeteilt. Die besten Vorschläge dringen hierarchisch weiter nach oben
und werden auch vom Management beurteilt. Die Meister stehen so
unter dem Druck pro Jahr möglichst viele Vorschläge in der Hierarchie möglichst weit nach oben zu bringen. So wird für die Führung transparent, was in einem Meisterbereich passiert. Dringen
keine Vorschläge nach oben, hört man nichts von einem Meisterbereich, werden die Führungseigenschaften des Verantwortlichen in
Zweifel gezogen.
In diesem japanischen Unternehmen (und dies gilt auch für weitere
Firmen) spielt sich also effektiv ein harter Wettbewerb ab. Das
Vorschlagswesen und das QC-Konzept sind ins **Führungssystem ein-
gebettet.** Wer nach oben will, muss hier Erfolge vorweisen können. Rund um das QC-Konzept wird in diesen Unternehmen eine eigentliche Kultur geschaffen. Es werden Diplome und Zertifikate
verteilt. Es wird über die QC-Arbeit publiziert. Bei der jähr-
lichen Inspektion durch das obere Management werden die QC-Resul-
tate wie bei einer Ausstellung präsentiert.

Was ist aus diesem japanischen System nach Europa übertragbar? -
Die Leistungen, die ein Mitarbeiter oder ein QC-Moderator durch
seine Mitwirkung im QC-Konzept erbringt, dürfen nicht einfach
unbeachtet bleiben. Sie müssen in die Leistungsbeurteilung und
Qualifikation des Einzelnen irgendwie einfliessen. Die Beurteilungskriterien müssen erweitert werden, damit solche Leistungen
auch berücksichtigt werden können. Zum Teil hält man sich bei uns
noch allzu stark an Leistungsbeurteilungskriterien, wie Termin-
treue, Kostentreue, Budgeterfüllung usw. Das QC-Konzept darf nicht
ein Aussenseiterdasein fristen, dessen Resultate zwar beachtens-
wert sind, Ende Jahr aber nichts einbringen.
Ein weiteres Hinderniss stellt in der Praxis unserer Industrie oft
das Lohnsystem dar. Im Produktionsbereich wird häufig mit einem
Prämien- oder Stücklohn gearbeitet, bei dem Richtzeiten vorgegeben
sind. In einem solchen System sind die Mitarbeiter gar nicht daran

interessiert, Rationalisierungsvorschläge einzubringen, die Kostensenkungen bewirken. Diese würden nämlich ihren Leistungsdruck
erhöhen, die Richtzeiten kürzen und so das eigene Einkommen schmä-
lern.

In Japan funktioniert das Konzept durch die Integration ins Führungssystem, sowie durch ein ausgeprägtes Gefühl der Gruppenzuge-
hörigkeit. Es lebt also bis zu einem gewissen Grad von der menta-
litätsbedingten Angst, gegenüber Bekannten und Kollegen das "Ge-
sicht" zu verlieren. In Europa funktioniert das Konzept ganz
anders. Der Wille zu partizipativer Führung und einem offenen,
kreativen Arbeitsklima ist hier Voraussetzung. Der grössere Individualismus des westlichen Mitarbeiters kann nicht durch verstärkten Druck überbrückt werden, sondern der Prozess muss von innen
heraus, von den beteiligten Mitarbeitern her, kommen. Hierin besteht der wesentliche Unterschied in der Anwendung des QC-Konzepts
in japanischen bzw. westlichen Unternehmen.

**6.222. Quality Circles in verschiedenen Funktionsbereichen und
Branchen**

War ursprünglich die Verbesserung der Produktequalität das primäre
Ziel und das Einsatzgebiet des QC-Konzepts war, sind die Ziele
heute wesentlich weiter gesteckt. In Abschnitt 4.13. sind wir auf
die Entwicklungsrichtungen eingegangen, denen das QC-Konzept heute
in Japan folgt. Dort ist ein Trend zur Ausweitung des Konzeptes
auf produktionsfremde Bereiche und auch auf bereichsübergreifende
Quality Circles festzustellen. In der Schweiz und in Deutschland,
dies zeigt unsere Befragung, betreffen die Erfahrungen mit dem
QC-Konzept vor allem noch den Produktionsbereich. Da hierzulande
erst seit 3-4 Jahren mit dem Konzept gearbeitet wird, erstaunt
dies nicht. In der ersten Phase steht der Produktionsbereich stets
im Vordergrund. Die Entwicklung in Japan und auch in den USA
zeigt, dass erst mit der Zeit, sukzessive auch produktionsfremde
Bereiche vom Konzept erfasst werden. Abbildung 76 zeigt die Resultate einer Untersuchung bei 713 amerikanischen Unternehmen, die
1982 durchgeführt wurde (vgl. Seelye/Sween 1982, bei Zink/Schick
1984, 37).

Abb. 76: Das QC-Konzept in den verschiedenen Funktionsbereichen amerikanischer Unternehmen (aus Zink/Schick 1984, 37)

Bereiche mit Quality Circles	Anzahl der Unternehmen	Prozentualer Anteil
nur Produktion	210	30,0
nur Verwaltung	70	10,0
nur Management	4	0,5
Produktion und Verwaltung	232	33,0
Produktion und Management	24	3,0
Produktion, Verwaltung und Management	152	22,0
Verwaltung und Management	11	1,5

Nur noch bei knapp einem Drittel der befragten Unternehmen war das QC-Konzept ausschliesslich im Produktionsbereich eingeführt. Die übrigen Firmen hatten Arbeitskreise auch in der Verwaltung und beim Management installiert. Es ist anzunehmen, dass diese Entwicklung in Europa ähnlich verlaufen wird. Die USA sind in bezug auf die Entwicklung des QC-Konzepts, Westeuropa um ca. 3-4 Jahre voraus.

Wir sind der Ansicht, dass einer Einführung des QC-Konzepts in produktionsfremden Bereichen, wie Forschung und Entwicklung, Marketing, Verkauf usw. nichts im Wege steht. Bei der Einführung gelten grundsätzlich dieselben Erfolgsvoraussetzungen wie im Produktionsbereich. Abbildung 77 zeigt einige Anwendungsmöglichkeiten für das QC-Konzept in verschiedenen Funktionsbereichen des Unternehmens:

Abb. 77: Das QC-Konzept in den verschiedenen Funktionsbereichen
(aus: Rischar /Titze 1984, 48)

Bereich	Mögliche Thematik
Betriebliches Bildungswesen	— Genauere Bildungsbedarfsanalyse — Seminarkonzeption für besonders schwer veränderbare Verhaltensweisen bestimmter Zielgruppen
Einkauf mit Fachabteilungen	— Substitution von teuren Gütern — Reibungslosere Zusammenarbeit
Materialwirtschaft	— Kostengünstigere, aber zugleich effektivere Wareneingangskontrolle — Entwicklung einer Matrix zum besseren Vergleich zwischen mehreren Lieferanten
Auftragsabwicklung	— Raschere Erledigung der Kundenaufträge — Verhinderung von gegensätzlichen Vorgehensweisen von Vertrieb, Auftragsabwicklung, Entwicklung und Produktion
Vertrieb	— Bessere Kommunikation und Kooperation mit Hauptverwaltung/Produktion — Lückenlosere Marktanalyse — Verhalten gegenüber bestimmten Mitbewerbern — Entwicklung von Konzeptionen zum Durchbruch bei bisher erfolglos bearbeiteten Zielgruppen
Allgemein im Verwaltungsbereich	Verhinderung von bürokratischen Auswüchsen.

Die Entwicklung in den verschiedenen Branchen

Nachdem sich das QC-Konzept in Japan zuerst vor allem in den Industriebetrieben entwickelt hat, kümmern sich heute Dienstleistungs- und Handelsbetriebe, wie Banken, Versicherungen, Warenhäuser, Supermärkte, Gastronomiebetriebe u.a. sehr intensiv um diese Möglichkeit der Mitarbeitermotivierung. Es ist anzunehmen, dass diese Entwicklung mit zunehmender Verbreitung des QC-Konzepts auch in Europa ähnlich verlaufen wird.

6.223. Das QC-Konzept und die Unternehmensgrösse

In Westeuropa und den USA ist das QC-Konzept zuerst praktisch ausschliesslich von grossen Unternehmen eingeführt worden. Die Entwicklung in Japan ist in der Anfangsphase ähnlich verlaufen. Dort sind inzwischen aber unzählige mittlere und kleinere Betriebe dazugestossen. In neuester Zeit ist auch bei uns ein verstärktes Interesse von Führungskräften mittlerer und kleinerer Betriebe am QC-Konzept festzustellen, z.B. an Informations- und Trainingsveranstaltungen zu diesem Thema. Dies erlaubt den Schluss, dass über kurz oder lang auch hierzulande die mittleren und kleineren Unternehmen das QC-Konzept einführen werden. Bei neuen Methoden und neuen Entwicklungen wird häufig beobachtet, dass sich zuerst die Grossunternehmen damit befassen und erst in einer zweiten Phase das Know-How auch von mittleren und kleineren Betrieben aufgenommen wird. Bei Grossunternehmen ist das Rationalisierungs- und Kostensenkungspotential oft sehr gross, so dass sich eine Investition in neues Wissen und neue Methoden auf jeden Fall lohnt.

Mittlere und kleinerer Unternehmen können die weiter oben beschriebene, institutionelle Ausgestaltung des QC-Konzepts nicht einfach übernehmen. Die Funktionen des Steuerungskomitees und des QC-Koordinators werden bei mittleren und kleineren Betrieben oft zusammenfallen und entweder vom Geschäftsführer oder von einem Geschäftleitungsmitglied wahrgenommen (vgl. Wilhelms 1982, 119ff).

Im Kleinbetrieb werden ähnliche kommunikative Vorgänge, wie sie im Quality Circle ablaufen, ohnehin schon bestehen. Der Arbeitsprozess ist in solchen Betrieben meistens nicht so stark spezialisiert wie in grösseren Unternehmen. Trotzdem können Quality Circles auch in Kleinbetrieben sehr wirkungsvoll eingesetzt werden. Die Teamarbeit, der Einsatz von Problemlösungs- und Kreativitätstechniken, das Arbeiten nach dem "Prinzip der hinausgeschobenen Beurteilung" usw. erlaubt es auch hier, das geistige Potential der Mitarbeiter verstärkt zu nutzen. Für Klein- und Mittelbetriebe empfiehlt es sich, das Know-How über das QC-Konzept an einem überbetrieblichen Seminar aufzunehmen und dann das Konzept auf die spezifischen Bedürfnisse der Firma zugeschnitten, einzuführen.

6.224. Quality Circles und Mitbestimmung

Bezüglich der Mitbestimmungsfragen ist die Situation in den verschiedenen Ländern sehr unterschiedlich. In der Schweiz werden
einem Unternehmen, das das QC-Konzept einführen will, von gewerkschaftlicher Seite her, sicher keine Widerstände erwachsen. Anders
ist die Situation z.B. in Deutschland, wo die Gewerkschaften direkt und über den Betriebsrat, starken Einfluss auf die Arbeitsge
staltung im Unternehmen ausüben. Die Erfahrungen in Deutschland
zeigen ein sehr unterschiedliches Bild. Sie reichen von der vollen
Befürwortung und Unterstützung des QC-Konzepts durch den Betriebsrat, bis hin zu entschiedener Ablehnung des QC-Programms (1).
Das zwiespältige Verhältnis der Interessenvertreter der Arbeitneh-
merseite gegenüber dem QC-Konzept hat folgende Gründe:
- Es wird befürchtet, dass die gewerkschaftliche Interessenver-
  tretung **übergangen** wird.
- Es herrscht Misstrauen gegenüber allen, vom Unternehmen als
  "freiwillig" angebotenen, Mitwirkungsmöglichkeiten.
- Es wird befürchtet, dass die Mitarbeiter dazu benutzt werden,
  ihren eigenen Arbeitsplatz **wegzurationalisieren.**
Diese Befürchtungen können durch entsprechende Ausgestaltung des
QC-Konzepts zum grössten Teil ausgeräumt werden. Das Programm
sollte aus gewerkschaftlicher Sicht den folgenden Anforderungen
genügen:
- **Freiwilligkeit**
- **Allen** Mitarbeitern **offen stehend**
- Während der **normalen, bezahlten Arbeitszeit**
- **Kein Arbeitsplatzrisiko** auf Grund der QC-Aktivitäten
In einem Unternehmen, in dem das QC-Konzept als partizipatorisches
Instrument der Personalentwicklung verstanden wird, sind diese
Anforderungen sicher erfüllt. Um kein Misstrauen gegenüber den
Vertretern der Arbeitnehmer aufkommen zu lassen, sollten folgende
Grundsätze berücksichtigt werden:

(1) Zur gewerkschaftlichen Position gegenüber dem QC-Konzept vgl.
    (Briefs 1983, 35ff), (Küchler 1981, 47), (Rischar/Titze 1984,
    34), (Zink/Schick 1984, 131ff), (Dachwitz 1985, 1ff), (Schmahl
    1985, 1ff)

- Formulierung eines "QC-Verhaltenskodex" durch die Geschäftsleitung, der mit dem Betriebsrat abgesprochen ist.
- Einsitz des Betriebsrates im QC-Steuerungskomitee
- Beteiligung des Betriebsrates an der Planung der QC-Aktivitäten.

Die Gewerkschaften sehen sich als gesellschaftliche Kraft, die die
Mitwirkungsrechte der Arbeitnehmer vorantreibt. Wenn die Unternehmensleitung nun mit Hilfe des QC-Konzepts die Mitarbeiter verstärkt einbeziehen will, so dient das QC-Konzept eher der **Annä-
herung** gewerkschaftlicher und unternehmerischer Standpunkte.
Falls die gemeinsame Abstimmung bereits in der ersten Planungs-
phase des QC-Programms erfolgt und sich in der Erarbeitung eines
unternehmensspezifischen Konzepts fortsetzt, dann sollte es möglich sein, sogar mit Hilfe und Unterstützung der Gewerkschaften,
Quality Circles im Unternehmen arbeiten zu lassen.

**6.23. Persönliches Engagement von Unternehmensleitung und Mitar-
beitern**

Erfolgreiche Quality Circles sind ein Instrument der Kreativitätsförderung im Unternehmen. Erfolgreich sind sie nur dann, wenn die
Beteiligten motiviert und engagiert sind. Dazu benötigt das QC-
Konzept die Mitwirkung aus ganz verschiedenen Bereichen im Unternehmen. Das Top-Management, das Middle-Management, die Meister-
ebene und die QC-Teilnehmer müssen am gleichen Strick ziehen. Dies
setzt einerseits voraus, dass die Unternehmensleitung eine kooperative Haltung einnimmt, andererseits, dass die Beteiligten den
Willen aufbringen, das in ihnen steckende Problemlösungspotential
überhaupt zu entfalten. Die ganze Theorie über Methoden der Motivation von Mitarbeitern und Führungskräften findet deshalb im
QC-Konzept ein neues Anwendungsfeld (1). Abbildung 78 möchte dies
verdeutlichen:

(1) Zum Themenkreis Quality Circles und Motivation, vgl. (Ingle
    1982, 17ff), (Baird 1982, 5ff), (Dewar 1980, 46ff), (Fitzge-
    rald/Murphy 1982, 16ff), (Mohr 1983, 16ff)

Abb. 78: <u>Motivationsansätze und das QC-Konzept</u> (aus Ingle 1982, 179)

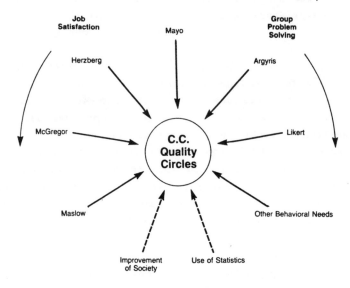

Vorurteile abbauen, aufeinander eingehen, voneinander lernen und zuhören sind einfache, aber wichtige Elemente der Arbeit in Teams. Das QC-Konzept bietet ein geeignetes Anwendungsfeld hierfür. Eine engagierte, entschlossene Haltung der Unternehmensführung gegenüber dem QC-Konzept wird die Mitarbeiter motivieren, den Weg der Veränderung zu beschreiten. Das Resultat kann mit der Formel "Aktivieren des Leistungspotentials aller Mitarbeiter des Unternehmens" umschrieben werden. Diese Möglichkeit, die Fähigkeiten der Mitarbeiter verstärkt nutzen zu können, ist es sicher wert, die Risiken, die mit dem QC-Konzept verbunden sind, einzugehen. Quality Circles sind ein Weg, die Kreativität und Effizienz der Mitarbeiter im Unternehmen zu verbessern.

---

7. KAPITEL: ZUSAMMENFASSENDE BEURTEILUNG

Unser Ziel war es, das QC-Konzept im Rahmen der Kreativitätsförderung in der Unternehmung zu untersuchen. Wir wollten abklären, ob dieser teamorientierte Organisationsansatz Flexibilität und Innovationskraft positiv beeinflusst und somit zur Verbesserung der Zukunftschancen der Firma beitragen kann. Die Beschäftigung mit diesem Gegenstand hat uns zu folgenden acht Thesen geführt:

These 1

Das QC-Konzept und die Unternehmenskultur beeinflussen sich gegenseitig. Im positiven Fall wird die, mit den Quality Circles verbundene "QC-Subkultur", von der Unternehmenskultur aufgenommen und verändert diese in eine innovations- und kreativitätsfördernde Richtung. Im negativen Fall wird das QC-Konzept von der bestehenden Corporate Culture abgestossen und ist so zum Scheitern verurteilt.

These 2

Das QC-Konzept wird, falls es sich im Unternehmen durchsetzt, das Führungssystem in eine kooperative Richtung steuern und so den Freiraum für kreative Leistungen vergrössern. Das Konzept wird dort scheitern, wo an autoritärer Führung festgehalten wird.

These 3

Durch die Quality Circles kann die Fähigkeit zur Teamarbeit gefördert, die innerbetriebliche Kommunikation verstärkt, die Flexibilität verbessert und hierarchische Strukturen aufgeweicht werden. Dies beeinflusst die organisatorischen Gestaltungsmöglichkeiten und trägt dazu bei, kreativitätsfördernde Rahmenbedingungen im Unternehmen zu schaffen.

These 4

Das QC-Konzept ist eine Möglichkeit, das schon seit Jahrzehnten vorhandene Instrumentarium der Problemlösungs- und Kreativitätstechniken an die Basis im Unternehmen zu tragen. Der Verbreitungsgrad dieser Methoden kann so vervielfacht werden.

These 5

Die, mit dem QC verbundene Denkhaltung, entspricht weitgehend den Anforderungen, die auf der psychologischen Ebene an die Kreativitätsförderung im Unternehmen gestellt werden. Motivation, Identifikation, Konfliktabbau, verbesserte Teamfähigkeit und ähnliche Erscheinungen verbessern die Ausgangslage für kreatives Denken und erhöhen die Chancen, Innovationen hervorzubringen.

These 6

Das QC-Konzept kann nicht einfach als theoretisches Modell in den betrieblichen Alltag jedes Unternehmens eingeführt werden. Es muss der unternehmensspezifischen Situation und den Zielvorstellungen, die an das Konzept geknüpft werden, angepasst sein. Gesellschaftliche und mentalitätsmässige Verhältnisse, Art und Persönlichkeit der Beteiligten, die Abgrenzung gegenüber weiteren Instrumenten der Kreativitätsförderung, die Integration in die Unternehmenspolitik, sowie Branche, Unternehmensgrösse, Funktionsbereich und Mitbestimmungsaspekte müssen bei der unternehmensspezifischen Ausgestaltung des Konzepts berücksichtigt werden und in Planung, Einführung und den Weiterausbau des QC-Programms einfliessen.

These 7

Engagement und Motivation der, am QC-Problemlösungsprozess beteiligten Mitarbeiter, sind ebenso notwendige Voraussetzungen für erfolgreiche QC-Arbeit, wie rückhaltlose Unterstützung durch die Unternehmensleitung.

These 8

Das QC-Konzept wird sich bei fortschrittlichen Unternehmen, die
bereit sind, Aenderungsprozesse einzugehen, auch in unseren Breitengraden durchsetzen. Wir stehen heute erst am Anfang einer solchen Entwicklung, die voraussichtlich nie dasselbe hohe Ausmass
annehmen wird, wie es in Japan beobachtet werden kann.

Das QC-Konzept ist ein interessanter Ansatz im Rahmen der Kreativitätsförderung im Unternehmen. Quality Circles können durchaus
dazu beitragen, die Fähigkeit zur Lösung von offenen, schlechtstrukturierten Problemen zu verbessern und so mithelfen, die Organisation durch die Unbill und Herausforderung der heutigen Markt-
und Konkurrenzsituation zu steuern.

A N H A N G

- Fragebogen
- Literaturverzeichnis

Empirische Untersuchung im Rahmen der Dissertation "Kreativitätsförderung im Unternehmen unter besonderer Berücksichtigung des Quality Circles Konzepts" bei Prof. Dr.Jan S.Krulis-Randa, Institut für betriebswirtschaftliche Forschung der Universität Zürich.

P. Beriger, lic. oec., April 1985

---

tte beantworten Sie die Fragen (soweit wie möglich) auch dann, wenn in Ihrer Firma
»ch keine Quality Circles eingeführt sind.

:finition:

▪ALITY CIRCLES sind Gruppen von Mitarbeitern, meistens aus dem gleichen Arbeitsbereich
:e sich freiwillig und regelmässig zu Arbeitssitzungen treffen, um Probleme aus dem
▪genen Arbeitsbereich zu identifizieren, nach Lösungen im Hinblick auf die Verbes-
▪erung von Arbeitsprodukt und Arbeitsprozess zu suchen und die gefundenen Lösungen
▪nzuführen.

. **Seit wann befasst sich Ihre Firma mit dem QC-Konzept?**

_____

. **Sind bereits Quality Circles eingeführt?**
   Wenn ja: Wie viele Quality Circles wurden bis heute eingeführt? _____
                In welchen Unternehmensbereichen? _____

                Wie viele davon arbeiten noch? _____
                Werden in der nächsten Zeit weitere Quality Circles dazukommen? _____
                (wenn ja, in welchen Bereichen?) _____
   Wenn nein: Beabsichtigt Ihre Firma Quality Circles einzuführen? _____
                Wenn ja, in welchen Bereichen? Wie viele? _____
                Wenn nein, aus welchem Grunde nicht? _____

■. **Falls QC-Konzept eingeführt ist:** Wie würden Sie zusammenfassend Ihre Erfahrungen mit
   dem QC-Konzept beschreiben? _____

   Positive Wirkungen der Quality Circles: _____
   _____
   _____

   Negative Wirkungen der Quality Circles: _____
   _____
   _____

   Falls Quality Circles noch nicht eingeführt: Was erwarten Sie von der Einführung des
   QC-Konzepts in Ihrem Unternehmen? _____
   _____
   _____
   _____

4. **Können Sie einige konkrete Beispiele für Verbesserungen und Ideen geben, die in den
   Quality Circles entstanden sind?** _____
   _____
   _____
   _____

5. **Nach welchen Regeln arbeiten die Quality Circles in Ihrem Unternehmen?**
   - Häufigkeit des Zusammenkommens? _____
   - Durchschnittliche Dauer der Sitzung? _____
   - Ist die Teilnahme freiwillig oder nicht? _____
   - Treffen sich die QC's während oder ausserhalb der Arbeitszeit? _____
   - Wo treffen sich die QC's _____
   - Wer sind die QC-Moderatoren (Arbeitskreisleiter)? _____
   - Gibt es QC-Koordinatoren und ein QC-Steuerungskomitee? _____
   - Wie erfolgt die Berichterstattung (Protokollierung) über die QC-Arbeit? _____
   - Gibt es finanzielle oder andere Belohnung für erfolgreiche QC-Arbeit? _____
   - Bleibt der QC nach erfolgter Problemlösung bestehen oder wird er aufgelöst? _____
   - Bleibt die personelle Besetzung der Quality Circles immer konstant? _____

6. **Gab es besondere Probleme bei der Einführung der Quality Circles in Ihrem Unternehmen? (Bitte schildern Sie kurz)** _____
   _____
   _____
   _____

7. **Auf welcher Ebene wirkt sich das Quality Circle-Konzept in Ihrem Unternehmen am stärksten aus?** (Bitte ankreuzen)

EBENE	ERFOLG		
	gross	mittel	klein
Sachebene (Qualität/Arbeitsprozesse)			
Zwischenmenschliche Beziehungen (Arbeitsklima/Kommunikation der Mitarbeiter untereinander)			
Persönlichkeitsentwicklung (Förderung des selbständigen Denkens/Förderung der Problemlösungsfähigkeit)			

8. **Glauben Sie, dass die Quality Circles in Ihrem Unternehmen in 5 Jahren noch funktionieren werden?** (Bitte begründen Sie Ihre Antwort kurz): _____
   _____
   _____
   _____

   Sehen Sie für die Quality Circles-Bewegung in Europa einen ähnlichen Erfolg voraus wie in Japan? _____
   _____
   _____
   _____

. Wird in den QC-Sitzungen mit Problemlösungs- und Kreativitätstechniken gearbeitet?
  - Es werden keine Problemlösungs- und Kreativitätstechniken eingesetzt _____

  - Es wird mit folgenden Problemlösungs- und Kreativitätstechniken gearbeitet:
  (Bitte ankreuzen)

Intuitiv-kreative Methoden

	JA	NEIN
- Brainstorming		
- Brainwriting		
- Synektik		
- Ideen Checklisten		

Systematisch-analytische Methoden

- Morphologie		
- Funktionsanalyse		
- Wertanalyse		
- Attribute Listing		

Sonstige Problemlösungstechniken

- Ishikawa-Diagramm		
- Hypothesen-Matrix		
- Pareto-Chart		
- Zirkeldiagramme (Erfolgskontrolldiagramme)		
- Bewertungsmethoden (Punktebewertung)		

- Sonstige Methoden (welche?) _____

_____

_____

0. Welche Erfahrungen sind mit dem Einsatz von Problemlösungs- und Kreativitätstechiken
   in der Quality Circle-Arbeit gemacht worden?

_____

_____

- Welche Techniken sind am besten geeignet? _____
- Arbeiten QC-Teilnehmer gerne mit diesen Techniken und werden diese Techniken auch
  ausserhalb der QC-Sitzungen angewendet? _____

1. Wie beurteilen Sie das Quality Circle-Konzept als Hilfsmittel zur Förderung der
   Kreativität der Mitarbeiter im Unternehmen?

_____

- Sind die Mitarbeiter durch die QC-Arbeit zu Kreativität stimuliert worden? _____

- Haben die QC-Teilnehmer ihre Fähigkeit, Probleme richtig anzupacken verbessern
  können? _____

- Halten Sie Kreativitätsförderung an der breiten Basis im Unternehmen für nötig
  oder ist es sinnvoller nur die oberen Hierarchie-Ebenen in Bezug auf Kreativität
  zu fördern? _____

_____

_____

12. **Für welche Unternehmensbereiche eignet sich das QC-Konzept besonders?**
    (Bitte ankreuzen)

BEREICHE	EIGNUNG FUER QUALITY CIRCLES		
	gut	mittel	schlecht
Forschung und Entwicklung			
Produktion			
Marketing/Verkauf			
Personal/Finanz			
Sonstige Bereiche			

13. **Denken Sie, dass sich das Quality Circle-Konzept positiv auf den Führungsstil, das Arbeitsklima und die Unternehmenskultur (Corporate Culture) Ihres Unternehmens ausgewirkt hat oder noch auswirken wird?**

    _____
    _____
    _____
    _____
    _____

14. **Haben Sie Anregungen für Praktiker, die in ihrem eigenen Unternehmen QC's einführen möchten?**

    _____
    _____
    _____
    _____
    _____

LITERATURVERZEICHNIS

Adams, J.L.: Conceptual Blockbusting - A Guide to better Ideas, San Francisco 1974

Alter, U./Geschka, H./Schaude, R./Schlicksupp, H.: Methoden und Organisation der Ideenfindung, unveröffentlichter Forschungsbericht des Batelle Instituts, Frankfurt 1972

Altschul, K.: Marketing um Mark und Dollar - Der Innovationszug rollt, in: Absatzwirtschaft Nr. 3/80, S. 12-15

Andrews, B.: Creative Product Development: A Marketing Approach to New Product Innovation and Revitalisation, London/New York 1975

Arbose, J.R.: Quality Control Circles, The West adops a Japanese Concept, in: International Management, Dec. 1980, 32ff

Arnold, J.E.: Useful creative techniques, in Parnes/Harding (Eds.), A Source Book for Creative Thinking, New York 1962

Atteslander, P.: Methoden der empirischen Sozialforschung, 3. Aufl., Berlin/New York 1974

Baird, J.E.: Quality Circle, Leader's Manual, Illinois (USA) 1982

Baird, J.E./Rittof, D.J.: Quality Circles, Facilitator's Manual, Positive Personnel Practices, Illinois (USA) 1983

Barra, R.: Putting Quality Circles to Work - A Practical Strategy for Busting Productivity and Profits, New York 1983

Barron, F.: Creative Person and Creative Process, New York 1960

Barth, H.: Führungsstile im Marketing, in: Zeitschrift für Organisation (ZfO), Nr. 3, 1974

Bartram, P.: Die innerbetriebliche Kommunikation, in: Grundlagen und Praxis der Betriebswirtschaft, Bd. 14, Berlin 1969

Batelle-Institut e.V.: Einführung und Anwendung der Methoden der Ideenfindung im Unternehmen - Probleme und Ansätze zu ihrer Ueberwindung, empirische Untersuchung bei 500 Unternehmen, Frankfurt 1975

Batelle-Institut e.V.: Vademecum der Ideenfindung, in: ZfU-Seminarunterlagen "Innovationsmanagement", Kilchberg 1980

Batelle-Institut e.V.: Empirische Untersuchung bei 126 Unternehmen, Frankfurt 1974

Beer, U./Erl, W.: Entfaltung der Kreativität, Tübingen 1972

Benton, L.R.: A Guide to Creative Personel Management, Englewood Cliffs (New York) 1962

Berry, D.: Corporate Culture - Neuentdeckung der Strategieberatung, in: Manager Magazin Trendletter, Nr. 2/84

Bierter, W.: Die Herausforderung der laufend sich verändernden Umwelt (Technological Forecasting and Futurology) in: ZfU-Seminardokumentation "Innovationsmanagement", Kilchberg 1981

Bischoff, F.: Ist unsere Wirtschaft innovativ genug? - Die Bedeutung von Innovationen für Wachstum und Beschäftigung in: VDI-Z (Verein Deutscher Ingenieure) Nr. 22/1978, S. 1045-1088

Blake, R.R: Verhaltenspsychologie im Betrieb - Das Verhaltensgitter, eine Methode zur optimalen Führung in Wirtschaft und Verwaltung, Düsseldorf 1969

Blake, R.R./Mouton J.S.: The Managerial Grid, Houston (Texas) 1964

Blümle, E.B.: Innovationsmanagement, in: Seminarunterlagen ZfU-Seminar "Innovations-Workshop, Kilchberg 1983

Blümle, E.B.: Management by Innovation - Innovationsfreudlicher Führungsstil, in: ZfU-Seminar "Innovationsmanagement", Kilchberg 1982

Brandenburg, A.G./Brödner, P./Hetzler, H.W./Schienstock, G.: Die Innovationsentscheidung, Göttingen 1975

Brauchlin, E.: Problemlösungs- und Entscheidungsmethodik, in: Unternehmung und Unternehmensführung Bd. 5, Bern/Stuttgart 1978

Braune-Krickau, M.: Quality Circles in den Kimitsu-Stahlwerken von Nippon Steel, in: Dokumentation 2. Dt. QC-Kongress, Bonn 1983, S. 155ff

Briefs, U.: Gewerkschaftliche Kriterien für die Quality Circle Bewegung, in: Dokumentation 2. Dt. QC-Kongress, Bonn 1983, S. 35ff

Brinkmann, E.P.: Arbeitskreise zur Qualitätssteigerung - Ein Erfolgsgeheimnis der Japaner, in: REFA-Nachrichten Nr. 1/1984

Brinkmann, E.P./Heidack, C.: Betriebliches Vorschlagswesen, Freiburg i.Br. 1982

Burns, T./Stalker, G.M.: The Management of Innovation, London 1961

Bungard, W./Wiendick, G.: Problematik der Effizienzanalyse von Quality Circles, in: Dokumentation 3. Dt. QC-Kongress, Düsseldorf 1984

Cavanagh, R.E./Clifford, D.K.: Lessons from America's Midsized Growth Companies, in: McKinsey Quarterly, Nr. 3/83, in: Manager Magazin Trendletter Nr. 4/84, S. 1f)

Churchman, C.W.: Der Systemansatz und seine Feinde, Bern 1981

Churchman, C.W.: Einführung in die Systemanalyse, München 1980

Ciba-Geigy: Richtlinien für Führung und Zusammenarbeit, unveröffentlichtes Dokument, Basel 1981

Clark, C.H.: Brainstorming, 2. Aufl. München 1967

Crawford, R.P.: Techniques of Creative Thinking, New York 1954

Crosby, A.: Kreativität gegen Routine, Düsseldorf/Wien

Dachwitz, H.: Chancen und Risiken für Arbeitnehmer bei partizipatorischen Gruppenkonzepten, in: Dokumentation 4. Dt. QC-Kongress, Düsseldorf, 1985

Deal, T.E./Kennedy A.: Corporate Cultures, Reading (Mass.), 1982

De Bono, E: Laterales Denken, Rheinbeck 1971

De Bono, E: The Use of Lateral Thinking, London 1968

De Bono, E.: Das spielerische Denken, Bern/München, 1967

Dehr, G.: Die Unternehmung als Kreativsystem - Ansätze zur Gestaltung einer kreativen Organisation, Diss., Berlin 1981

Delhees, K.H.: Psychologie der Kreativität, in: Dokumentation ZfU-Seminar "Innovations-Management", Kilchberg 1981

Delhees, K.H.: Die kreative Persönlichkeit, in: Neue Zürcher Zeitung, Nr. 177, 27.3.8.1980

Delhees K.H.: "15 Stichworte zum Thema Förderung der persönlichen Kreativität", in: Fides-Mitteilungen Nr. 2/82

Dewar, D.L.: Quality Circles: Answers to 100 frequently asked Questions, Red Buff (CA) 1979

Dewar, D.L.: The Quality Circle Guide to Participation Management, Englewood Cliffs (New York) 1980

Dirlewanger A.P.: Die Methoden der Ideenfindung, Vortrag am ZfU-Seminar "Innovations- und Kreativitätsworkshop 84", Zürich 1984

Dirlewanger, A.P.: Dokumentation Problemlösungs-Workshop, Batelle Institut, Frankfurt 1984

Dokumentation 2. Dt. QC-Kongress, Bonn 1983

Dolan P.: Quality Circles in Great Britain, Referat am 4. Dt. QC-Kongress, Düsseldorf 1985

Douglas, V.: Kreativitätsmethoden schulen, aber wie? in: Management Zeitschrift iO 51 (1982) Nr. 1

Dreger, W.: Wie setzen wir Innovationsziele? in: Management Zeitschrift iO 48 (1979) Nr. 11

Drescher, U.M./Mauch, H.: Werkstattzirkel, in: Dokumentation 2. Dt. QC-Kongress, Bonn 1983, S. 50ff

Drevet, A./Fustier, M./Kaufmann, A.: Moderne Methoden der Kreativität, München 1972

Drucker P.F.: Die Praxis des Managements, München/Zürich 1970

Drucker P.F.: Neue Management-Praxis, Düsseldorf/Wien 1974

Drucker P.F.: What we can learn from Japanese Management, in: Harvard Business Review 49 (1971), Nr. 2, S. 110-122

Drucker, P.F.: Management - Impulse durch Marketing, Zürich 1967

Dunkel, D./Hammer, O.: Lernstatt - Zusammenarbeit und Arbeitsumfeld aktiv gestalten lernen, in: Dokumentation 2. Dt. QC-Kongress, Bonn 1983, S. 65ff

Engel, P.: Japanische Organisationsprinzipien - Verbesserung der Produktivität durch Quality Circles, Zürich 1981

Fabian, R.: Bessere Lösungen finden - Kreativität ist unsere einzige Chance, Freiburg 1977

Fitzgerald, L./Murphy J.: Installing Quality Circles - A Strategic Approach, San Diego (CA) 1982

Flechtheim, O.K.: Futurologie - Der Kampf um die Zukunft, Frankfurt 1972

Franke, H.: Das Lösen von Problemen in Gruppen, München 1975

Freund, K.P.: Kreativitätsförderung - Analyse experimenteller Untersuchungen in allgemeinen und berufbildenden Schulen, Göttingen 1980

Fürstenberg, F.: Grundlagen der Betriebssoziologie, Köln 1964

Fuchs, W.: Innovative Unternehmensentwicklung (Fallbeispiel Mettler AG), in: VAV-Information (Verband akad. Volks- und Betriebswirtschafter) Nr. 1/84

Gebert, D.: Gruppendynamik in der betrieblichen Führungsschulung, Berlin 1972

Geschka, H.: Innovationsmanagement, Artikel des Diskussionskreises industrielle Forschungs- und Innovationsplanung, Frankfurt 1981

Gloning, K.: Chancen und Risiken für Arbeitnehmer bei partizipatorischer Gruppen-Konzepten, in: Dokumentation 4. Dt. QC-Kongress, Düsseldorf 1985

Gmelch, W.H./Miskin V.D.: Productivity Teams beyond Quality Circles, New York 1984

Goode, W.J./Hatt P.K.: Beispiel für den Aufbau eines Fragebogens, in: König, R.: Das Interview, 7. Aufl., Köln 1972, S. 115ff

Gordon, W.J.J.: Synectics - The Development of Creative Capacity, New York 1961

Gross, H.: Der Mut zum Neuen am Markt von morgen, Düsseldorf/Wien 1963

- 235 -

Gröll, W.: Kreativität im Marketing, Congena Texte Nr. 2, 1971

Gryna, F.M.: Quality Circles - A Team Approach to Problem Solving, New York 1981

Guilford, J.P.: Analysis of Intelligence, Weinheim/Basel 1976

Guilford, J.P./Hoepfner, R.: Analyse der Intelligenz, Dt. Uebersetzung, Weinheim-/Basel 1976

Guilford, J.P.: Kreativität, in: Mühle, G./Schell, C.: Kreativität und Schule, München, 1970, S. 13-36

Guilford, J.P.: Traits of Creativity, in: Anderson, H.H., (Hrsg.): Creativity and its Cultivation, New York/London 1959, S. 142-161

Guilford, J.P.: Personality; Dt. Uebersetzung: Persönlichkeit, Weinheim 1964

Haefele, J.: Creativity and Innovation, New York 1962

Haselbeck, F.: Stillstand ist Rückschritt-Innovationsmanagement, in: Der Organisator Nr. 7/83, S. 33ff

Haseloff, O.W.: Innovationsmanagement, Markteinführung von Innovationen - Durchsetzung von Innovationen im eigenen Unternehmen, innovative Kommunikation, soziale Innovationen, ZfU-Seminardokumentation, Kilchberg 1980

Haseloff, O.W.: Kreativität: Von der Idee bis zur Problemerkennung, in: Manager Magazin, Nr. 1/1972, S. 76ff

Hayek, N.: Der Schweiz fehlen Krisenmanager, in: Bilanz, Das Schweizer Wirtschafts Magazin, Nr. 4/83

Hegi, O.: So fördern wir den dauernden Innovationsprozess, in: Management Zeitschrift io 47, Nr. 1, Zürich 1978

Heidack, C./Brinkmann E.P.: Betriebliches Vorschlagswesen, Bd. 1, Freiburg i.Br. 1982

Heidack, C./Brinkmnn E.P.: Betriebliches Vorschlagswesen - Fortentwicklung zum Ideenmanagement durch Motivation und Gruppen, Bd. 2, Freiburg i.Br. 1984

Heinen, E: Industriebetriebslehre, 6. Aufl., Wiesbaden 1978

Höhn, R.: Wer führt muss schöpferisch sein, in: Management heute, Nr. 8, August 1976

Hofer, H.R.: Diversifikation in der Industrie, in: Management Zeitschrift io 46, Nr. 1, Zürich 1977

Hoffmann, H.: Kreativitätstechniken für Manager, Zürich 1980

Hofstede, G.: Kultur und Organisation, in: Grochla, E.: (Hrsg.) Handwörterbuch der Organisation, 2. Aufl., Stuttgart 1980, Sp. 1169-1182

Holliger, H.: Handbuch der Morphologie, Zürich 1974

Holliger, H.: Methodisches Denken und seine Schulung für die Unternehmenspraxis, in: Management Zeitschrift iO, Nr. 39 (1970) 5, S. 217-220

Holtgrewe, K.G.: Methode Kepner-Tregoe, in: die neuen Methoden der Entscheidungsfindung, Hrsg.: Thumm, G.W., Landberg am Lech 1980, S. 30ff

Hürlimann, W.: Probleme lösen - wie?, in: Management Zeitschrift iO, Nr. 2, 1974, S. 91-99

Hürlimann, W.: "Die Kreativität der Mitarbeiter fördern", in: Management Zeitschrift iO, Nr. 2, 1974, S. 91-99

Hürlimann, W.: Methodenkatalog - Systematisches Inventar von 3'000 Problemlösungsmethoden, in: Schriftreihe der Fritz Zwicky Stiftung Glarus, Bern 1981

Hug, P.: Sicherung und Fremdverwertung von Innovationen, in: ZfU-Seminardokumentation Lizenzen, Kilchberg 1981

Hummer, W.: Stichwort: Brainstorming, in: Management Enzyklopädie Bd. 1, München 1969, S. 1216-1222

Husi, B.: Möglichkeiten und Grenzen der Humanisierung der Arbeit im Produktionsbereich der Schweizer Industrie, HWV-Diplomarbeit, Olten 1981

Ingle, S.: Quality Circles in the Service Industrie, Englewood Cliffs, New York 1983

Ingle, S.: Quality Circles, Master Guide, Englewood Cliffs, New York, 1982

Ishikawa K.: Economic Development in Asian Perspective, The Institute of Economic Research, Hitotsubashi University, Toyko/Kinokunia 1967

Jackson, K.F.: Die Kunst der Problemlösung, München 1984

Jeserich, W.: Mitarbeiter auswählen und fördern. Das Assessment-Center-Verfahren, München/Wien 1982

Johannson, B.: Kreativität und Marketing, Diss., Gais 1978

Joller, P.: Betriebliches Kreativitätstraining in Theorie und Praxis, HWV-Diplomarbeit, Olten 1981

Juran, J.M.: Quality Control, Handbook, New York 1951

JUSE: (The Union of Japanese Scientists and Engineers): Course on Quality Control, Tokyo 1985

Kamp, M.E.: Kleinere und mittlere Unternehmen im Forschungs- und Entwicklungsprozess, in: Zeitschrift für Betriebswirtschaft Nr. 51, 1981

Kaufmann, A./Fustier, M./Drevet, A.: Moderne Methoden der Kreativität, München 1972

Kede, T.: Management Philosophie des Quality Circles in Japan, in: Dokumentation
1. Dt. QC-Kongress, Düsseldorf 1983

Keller, A.F.: Methoden zum Finden neuer Ideen, in: Marketing Journal Nr. 2/74, S.
154ff

Kepner, C./Tregoe, B.B.: Management - Entscheidungen vorbereiten und richtig
treffen, (Dt. Uebersetzung), München 1971

Kepner, C./Tregoe, B.B.: Handbuch für praktische Ergebnisplanung, Wiesbaden 1969

Kieser, A.: Innovationen, in: Handwörterbuch der Organisation, Stuttgart 1969, S.
741-750

Kieser, A.: Innovation in Strategie und Planung, Seminarunterlagen ZfU-Seminar
Innovationsmanagement, Kilchberg 1981

Kieser, A.: Quality Circle - Voraussetzungen zum unternehmerischen Erfolg?, in:
Dokumentation 4. Dt. QC-Kongress, Düsseldorf 1985

Kieser, A.: Quality Circles, Referat am 4. Dt. QC-Kongress, Düsseldorf 1985

Kieser, A./Kubicek, H.: Organisation, Berlin/New York 1977

Kirchhoff, B./Gutzan, P.: Die Lernstatt, Grafenau, 1982

Kirst, W./Diekmayer, U.: Creativitätstraining, Stuttgart 1971

Kivenko, K.: Quality Control for Management, Englewood Cliffs (New York) 1984

Klein, B.: Erfolgreichere Innovationen und Produkte durch strategische Planung,
in: Zeitschrift des Vereins Deutscher Ingenieure, VDI-Z, Nr. 1/2, 1982

Köhler, H.J.: Quality Circles bei Ciba-Geigy, in einem Referat am ZfU-Seminar
"Quality Circles", Zürich 1984

König, R.: Das Interview, 7. Aufl. Köln 1972

Kotler, P.: Marketing Management, Deutsche Ausgabe, 1982

Kratz, P.: Management-Philosophie für die Zukunft, in: Management Zeitschrift iO,
Nr. 1/82

Krulis-Randa, J.S.: Innovation in the Marketing Organization - Creativity in
Marketing, USA 1971

Krulis-Randa, J.S.: Marketing Logistik, eine system-theoretische Konzeption der
betrieblichen Warenverteilung und Warenbeschaffung, Schriftenreihe des Instituts für betriebswirtschaftliche Forschung der Universität Zürich, Bd. 21,
Bern/Stuttgart 1977

Krulis-Randa, J.S.: Marketing in der Rezession, VAV-Bulletin (Verband akademi-
scher Volks- und Betriebswirtschafter), Nr. 2/83

Krulis-Randa, J.S.: Marketing-Strategien der Schweizerischen Textilmaschinenindu-
strie, in: Referat am Oekreal-Veranstaltungszyklus, Zürich 1984

Küchler, J.: Theorie und Praxis der Qualitätszirkel, in: Bericht 18 der Deutschen Vereinigung zur Förderung und Weiterbildung von Führungskräften, (Wuppertalöer Kreis e.V.), Köln 1981

Küttenbaum, V.: Innovationsprozesse schneller und sicherer, in: Management Zeitschrift iO 48, (1979) Nr. 7/8

Küttenbaum, V.: Innovation fordert ein neues kalkulatorisches Denken, in: Management Zeitschrift iO 50 (1981), Nr. 1

Küttenbaum, V.: Innovation fördert oder gefährdet, in: Management Zeitschrift iO 50, (1981), Nr. 10

Kunz, H.U.: Innovation - Unternehmerische Spitzenleistung, Arlesheim 1983

Kurka, S.: Unternehmensführung im Wandel der Gesellschaft, Diss., Berlin 1982

Kurtz, H.J.: Kreativität - Grundlagen zu einem Trainingskonzept, in: Fortschrittliche Betriebsführung und Industrial Engineering, Heft 1, 1977

Landau, E.: Psychologie der Kreativität, München/Basel 1969

Lattmann, C.: Die psycho-sozialen Grundlagen und Auswirkungen der Neuerung in der Unternehmung, in: Ulrich, H./Ganz, V., (Hrsg.): Strukturwandlungen der Unternehmung, Bern, 1969, S. 217-243

Lattmann, C.: Das norwegische Modell der selbstgesteuerten Arbeitsgruppe, ein Beitrag zur Verwirklichung der Mitbestimmung am Arbeitsplatz, Betriebswissenschaftliche Mitteilungen Heft 56, Bern 1972

Leicht, M.: Humankapital - Soziale Verantwortung und wichtigster Produktionsfaktor, Referat am 4. Dt. QC-Kongress, Düsseldorf 1985

Lersch, P.: Der Mensch als soziales Wesen, Eine Einführung in die Sozialpsychologie, (2. Aufl.) München 1965

Leumann, P.: Die Matrix-Organisation, Schriftenreihe des Instituts für betriebswirtschaftliche Forschung an der Universität Zürich, Bd. 30, Bern 1980

Levitt, T.: Ideas are useless unless used, USA, 1981

Lewin, K.: Feldtheorie in den Sozialwissenschaften, Bern/Stuttgart 1953

Libis, B.: Statuten der I.Q.G., Internes Ciba-Geigy-Dokument, Basel 1982

Likert, R.: Neue Ansätze der Unternehmensführung, Bern/Stuttgart 1972

Likert, R.: Die integrierte Führungs- und Organisationsstruktur, Frankfurt 1975

Link, K.J.: Quality Circles in der BRD, in: Dokumentation 2. Dt. QC-Kongress, Bonn 1983, S. 134ff

Linneweh, K.: Kreatives Denken, Techniken und Organisation innovativer Prozesse, Karlsruhe 1973

Linneweh, K.: Kreatives Denken - Techniken und Organisation produktiver Kreativität, Rheinzabern 1981

Losse, K.H/Thom, N.: Das betriebliche Vorschlagswesen als Innovationsinstrument, Frankfurt 1977

Manager Magazin: Gründe für das Fehlschlagen von QC's, Trendletter Nr. 11/84

Mangold, W.: Empirische Sozialforschung, 3. Aufl., Heidelberg 1972, S. 11

Marr, R.: Innovation und Kreativität - Planung und Gestaltung industrieller Forschung und Entwicklung, Schriftenreihe "Die Betriebswirtschaft in Forschung und Praxis", Wiesbaden 1973

Maslow, A.: Motivation and Personality, New York 1954

Mason, J.G.: How to be more creative, New York 1960

Mate, H.: Qualitätszirkel - Ein Verfahren zur Produktivitätssteigerung bei gleichzeitiger Humanisierung des Arbeitslebens, in: Der Schlüssel Nr. 4/82, S. 13ff

Mauch, H.: Werkstattzirkel, Metaplan, Quickborn 1981

Matenaar, D.: Vorwelt und Organisationskultur, in: Zeitschrift für Organisation (ZfO) Nr. 1/83

Mayer, G.: Divisionalisierung - Beispiel eines geplanten Wandels von Organisationen, Diss., Mannheim 1975

Meffert, H.: Marketing, Wiesbaden 1977

Meili, E.: Erfolgreiche Strategien schweizerischer Spitzenreiter im Quervergleich, in: Management Zeitschrift iO 47, Nr. 2, 1978

Menzl, A.: Neuere Tendenzen in Organisationslehre und Organisationspraxis, Diessenhofen 1981

Michael, M.: Produktideen und Ideenproduktion, Wiesbaden 1973

Miles, L.D.: Value Engineering - Wertanalyse, ein Weg zur Kostensenkung (Deutsche Uebersetzung), München 1964

Miles., L.D.: Techniques of Value-Analysis and Engineering, New York 1961

MIR-Leitfaden: Die schweizerische Antwort auf den japanischen Qualitäts-Zirkel, Hrsg: Idee-Suisse, Zürich 1985

Mohr, W.L.: Quality Circles, Changing Images of People at work, Addison & Wesley, Menlo Park (CA), 1983

Müller, D./Krupp, A.D.: Japanische Qualitätszirkel aus westlicher Sicht, in: Betriebstechnik Nr. 5/1983, S. 55ff

Müri, P.: Der kritische Punkt der Kreativitätsförderung, in: Management Zeitschrift 10, Nr. 1/1982

Newell, A./Simon, H.A.: Human Problem Solving, Englewood Cliffs (NY) 1972

Nütten-Hart, I.: Zehn Gebote für Innovatoren, in: Absatzwirtschaft Nr. 2/1978

Nütten, I./Sauermann, P.: Wie kreativ sind Ihre Mitarbeiter? - Dem Innovations- potential auf der Spur, in: Absatzwirtschaft 5/85, S. 26ff

Oess, A.: Qualitätszirkel und die Entwicklung in Deutschland, in: Dokumentation 2. Dt. QC-Kongress, Bonn 1983, S. 234ff

Osborn, A.F.: Applied Imagination, Principles and Procedure of Creative Thinking, 3. Aufl., New York, 1965

Ouchi, W.: Theory Z, Reading (Mass.) 1981

Papanec, V.J.: Bionics, in: Journal of Creative Behaviour, Nr. 1, 1967, S. 52ff

Patchin, R.I.: The Management and Maintenance of Quality Circle, Homewood (Ill.), 1983

Pausewang, V.: Vademecum der Ideenfindung - Eine Anleitung zum Arbeiten mit Methoden der Ideenfindung, Batelle Institut, Frankfurt 1980

Pausewang, V.: Kreativitätstechniken, in: ZfU-Seminardokumentation Innovations- management, Kilchberg 1981

Peters, T.J./Waterman, P.H.: In Search of Excellence: Lessons from America's Best Run Companies, New York 1982.

Peters, T.J./Waterman, P.H.: Auf der Suche nach Spitzenleistungen (In Search of Excellence), Deutsche Ausgabe, Landsberg 1983

Pillhofer, G.: Leistungsbeurteilung in den USA, Karlsruhe 1982

Poincaré, H.: The Foundations of Science, Science Press, New York 1913

Porter, M.E.: Competitive Strategy, New York 1980

Prince G.M.: Creative meetings through power sharing, in: Harward Business Revue Nr. 4/50, 1972

Pümpin, C.: Unternehmenskultur - Neuer Motor der Produktivität, in: Schweize- rische Handelszeitung Nr. 20/1984

Pümpin, C.: Kreativität in der Unternehmung, Seminarunterlagen HSG-Weiterbil- dungsstufe, St.Gallen 1976

Purtschert, R.: Wie fördern wir die Kreativität im Verkauf?, in: Management Zeit- schrift io 46, Nr. 5, Zürich 1977

Quiske, F.H./Skirl, S.J./Spiess, G.: Arbeit im Team, Hamburg 1975

Raudsepp, E.: So steigern Sie Ihre Kreativität, München 1984

Raschke, H.: Taschenbuch der Personalbeurteilung, Heidelberg 1974

Raveleau, G.: The French Quality Circles, Condition of Success and Durability, in: Dokumentation 4. Dt. QC-Kongress, Düsseldorf 1985

Rehm, S./Strombach, M.E.: Arbeitstechniken für Qualitätszirkel, Bericht 25 des Wuppertaler Kreis e.v., Köln 1984

Rehm, S.: Quality Circles in Japan - Vorbild für Deutschland?, in: Reihe Japanwirtschaft des Deutsch-Japanischen Wirtschaftsförderungsbüro, Heft Nr. 16, Düsseldorf, 1983

Rehm, S.: QC in der Praxis von Klein- und Mittelbetrieben, in: Dokumentation 2. Dt. QC-Kongress, Bonn 1983, S. 105ff.

Révész, G.: Talent und Genie, Bern 1952

Rischar, K./Titze, C.: Qualitätszirkel - effektivere Problemlösung durch Gruppen im Betrieb, Grafenau 1984

Richards, T.: Problem Solving Through Creative Analysis, New York 1974

Ried, A.P.: Intuitive und systematische Kreativitätstechniken, Karlsruhe 1981

Rohrbach, B.: Innovationstechniken, in: Marketing Enzyklopädie, Bd. 1, München 1974

Rohrbach, B.: Kreativ - nach Regeln, in: Absatzwirtschaft Nr. 10, 1967, S. 73ff

Rohrbach, B.: Basic Synectics, in: ZfU-Seminardokumentation "Probleme systematisch und kreativ lösen", Kilchberg 1979

Rohrbach, B.: Methode 635 - eine neue Technik zum Lösen von Problemen, in: Die Absatzwirtschaft 12 (1969) 19, S. 73-76

Rubin. I.M.: Task-Oriented Team Development, Situation Management Systems, Mc Graw Hill, USA 1977

Rühli, E.: Beiträge zur Unternehmensführung und Unternehmenspolitik, Schriftenreihe des Instituts für betriebswirtschaftliche Forschung an der Universität Zürich, Bd. 1, Bern 1975

Rühli, E.: Unternehmensführung und Unternehmenspolitik, Bd. 1, Bern/Stuttgart 1973

Rühli, E.: Unternehmensführung und Unternehmenspolitik, Bd. 2, Bern/Stuttgart 1978

Sasaki, N.: Management and Industrial Structure in Japan, New York 1981

Schelker, T.: Problemlösungsmethoden im Produktinnovationsprozess - Ergebnisse einer empirischen Untersuchung, in: Schriftenreihe Führung und Organisation des Unternehmens, Bd. 25, Bern/Stuttgart 1976

Scheuing, E.E.: Das Marketing neuer Produkte, Wiesbaden 1970

Schischkoff, G.: (Hrsg.) Philosophisches Wörterbuch, 17. Aufl. Stuttgart 1965

Schlicksupp, H.: Innovation, Kreativität und Ideenfindung, Würzburg 1980

Schlicksupp, H.: Kreative Ideenfindung in der Unternehmung, Berlin/New York 1977

Schmahl, K.: Qualitäts-Zirkel und neue Technologien aus der Sicht der IG-Metall, in: Dokumentation 4. Dt. QC-Kongress, Düsseldorf 1985

Schumpeter, J.: Theorie der wirtschaftlichen Entwicklung, Leibzig 1912

Schwarz, H.: Betriebsorganisation als Führungsaufgabe, 8. Aufl., München 1977

Schwarz, R.: Vorschlagswesen und Qualitätszirkel, in: Information der Arbeitsgemeinschaft Vorschlagwesen, Heft Nr. 3, Wien 1981

Shaw, R.: Der Qualitätszirkel, in: Der Schweizer Treuhänder, Nr. 4/1983, S. 6ff

Smith, E.: Are you creative?, in: Business Week, 30.9.1985, S. 46ff

Spiess, G.: Quality Circles, in: Dokumentation zum 2. Dt. QC-Kongress, Bonn 1983

Spiess, G.: Dokumentation ZfU-Seminar "Quality Circles", Kilchberg 1983

Stadler, K.: Innovative Unternehmenspolitik, Reihe Betriebswirtschaft, Bd. 2, Diessenhofen 1978

Steinle, C.: Leistungsverhalten und Führung in der Unternehmung, Das Harzburger Führungsmodell im Vergleich mit einem motivationstheoretisch fundierten Leistungs- und Verhaltensmodell, Berlin 1975

Thom, N.: QC und betriebliches Vorschlagswesen, in: Dokumentation 1. Dt. QC-Kongress, Düsseldorf 1982

Thom, N.: Organisation und Innovation, in: Seminardokumentation ZfU-Seminar "Innovationsmanagement", Kilchberg 1980

Thompson, P.C.: Quality Circles - How to make them work in Amerika, New York 1982

Toffler, A.: Die Zukunftschance, Dt. Uebersetzung von The Third Wave, Zürich 1980

Ueda, T.: Quality Circles in Japan, in: Dokumentation 1. Dt. QC-Kongress, Düsseldorf 1982, S. 127ff

Ulmann, G.: Kreativität, neue amerikanische Anästze zur Erweiterung des Intelligenzkonzepts, Weinheim/Berlin 1968, S. 17

Ulmann, G.: Kreativitätsforschung, Köln 1973

Ulrich, H.: Die Unternehmung als produktives, soziales System, Bern/Stuttgart 1970

Ulrich, H.: Die Förderung der schöpferischen Kräfte in der Unternehmung, in: Management Zeitschrift iO 28 (1959) 4, S. 99-103

Ulrich, W.: Kreativitätsförderung in der Unternehmung, Ansatzpunkte eines Gesamtkonzepts, Bern/Stuttgart 1975

Ulrich, W.: Systematische Kreativitätsförderung in der Unternehmung, in: Zeitschrift für Organisation, Nr. 7/1974

Vauthier, H.R: Kreativität, Innovation und Unternehmenserfolg, in: Neue Zürcher Zeitung, Nr. 258 1979, S. 19f

Vedin, B.A.: Corporate Culture for Innovation, Blund (Schweden), 1980

Watermann, R.H.: Der Beitrag der Mitarbeiter zu Spitzenleistungen, Referat am 4. Dt. QC-Kongress, Düsseldorf 1985

Wehrli, H.P.: Marketing - Zürcher Ansatz, Schriftenreihe des Instituts für betriebswirtschaftliche Forschung an der Universität Zürich, Bd. 38, Bern 1981

Weinreich, H.: Methoden der Ideenfindung, in: ZfU-Seminarunterlagen "Leiten von Sitzungen", Kilchberg 1984

Weisser J.: Probleme lösen - Entscheidungen vorbereiten, Hamburg 1975

Wiedemann, F.: Geistig mehr leisten, 10. Aufl., Stuttgart 1968

Widmer, B.: Möglichkeiten und Grenzen der Anwendung japanischer Führungsinstrumente in Schweizer Unternehmen, dargestellt am Beispiel der Qualitätszirkel, HWV-Diplomarbeit, Olten 1981

Wieland, W.: Forschung und Entwicklung in der industriellen Unternehmung, Betriebswirtschaftliche Mitteilungen Heft 42, Bern 1968

Wildmann, P.: Delphi-Methode, in: Management Zeitschrift iO 48, Nr. 6, 1979

Wilhelms, E.: Quality Circle in der Praxis von Klein- und Mittelbetrieben, in: Dokumentation 1. Dt. QC-Kongress, Düsseldorf 1982

Wirz, A.: Lerne schöpferisch denken. Die Lehre von der Kreativität, Zürich 1970

Wolff, H.: Innovations- und Produktivitätsmanagement in Japan, in: Dokumentation 3. Dt. QC-Kongress, Düsseldorf, 1984

Woodcook, M./Francis, D.: Teambuilding, Mansfield (USA) 1981

Wülser, R.: Quality Circles bei Sulzer, in: Dokumentation ZfU-Seminar "Quality Circles", Kilchberg 1983

Wunderli, R.: QZ-Auswirkungen auf die betriebliche Ausbildung, Referat am Forum der Zentralstelle für betriebliche Ausbildung (ZBA), Zürich 1984

Wullschleger, G.: Anforderungen an die Gestaltung des betrieblichen Vorschlagswesens, mit besonderer Berücksichtigung der Gemeinschaftsprämien, HWV-Diplomarbeit, Olten 1978

Zimmermann, D.: Organisatorische Massnahmen für die Wertanalyse, in: Management Zeitschrift iO 38, 1969

Zink, K.J./Schick, G.: Quality Circles - Problemlösungsgruppen, München/Wien 1984

Zuchelli, F.: Die Quality Circles in Italien, in: Dokumentation 4. Dt. QC-Kongress, Düsseldorf, 1985

Zwicky, F.: Morphologische Forschung; Wesen und Wandel materieller und geistiger, struktureller Zusammenhänge, Winterthur/Pasadena 1959

Zwicky, F.: Jeder ein Genie, Berlin/Frankfurt, 1971

Zwicky, F.: Entdecken, Erfinden, Forschen, im morphologischen Weltbild, München/Zürich 1966